元史

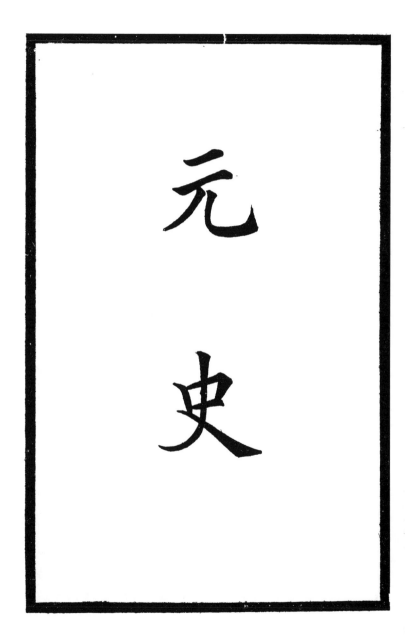

四部備要

史部

中華書局據武英殿本校刊

桐鄉陸費逵總勘

杭縣高時顯
吳汝霖輯校

杭縣丁輔之監造

進元史表

銀青榮祿大夫上柱國錄軍國重事中書左丞相兼太子少師宣國公臣李善長等言伏以紀一代以爲書史法相延於遷固考前王之成憲周家有監於夏殷蓋因已往之廢興用作將來之法戒惟元氏之有國本朔漠以造家事兵戈而爭強并部落者十世逐水草而爲食擅雄長于一隅逮至成吉思之時聚會斡難河之上方尊位號始定教條既近取於乃蠻復遠攻於回紇渡黃河以蹴西夏踰居庸以瞰中原太宗繼之而金源爲墟世祖承之而宋籙遂訖立經陳紀用夏變夷肆宏遠之規模成混一之基業爰及成仁之主見稱願治之君唯祖訓之式遵思孫謀之是遺自茲以降亦號隆平豐亨豫大之言壹倡於天曆之世離析渙奔之禍馴致於至正之朝徒玩細娛浸忘遠慮權姦蒙蔽於外嬖倖蠱惑於中周綱遽致於陵遲漢網實因於疏闊由是羣雄角逐九域瓜分風波徒沸於重溟海岳竟歸於眞主臣善長等誠惶誠恐稽首頓首欽惟皇帝陛下奉天承運濟世安民建萬世之丕圖紹百王

之正統大明出而爝火息率土生輝迅雷鳴而衆響銷鴻音斯播載念盛衰
之故乃推忠厚之仁僉言實既亡而名亦隨亡獨謂國可滅而史不當滅特
詔遺逸之士欲求論議之公文辭勿致於艱深事跡務令於明白苟善惡瞭
然在目庶勸懲有益於人此皆天語之丁寧足見聖心之廣大於是命翰林
學士臣宋濂待制臣王褘協恭刊裁儒士臣汪克寬臣胡翰臣宋僖臣陶凱
臣陳基臣趙壎臣曾魯臣趙汸臣張文海臣徐尊生臣黃篪臣傅恕臣王錡
臣傅著臣謝徽臣高啓分科脩纂上自太祖下迄寧宗據十三朝實錄之文
成百餘卷粗完之史若自元統以後則其載籍靡存已遣使而旁求俟續編
而上送愧其才識之有限弗稱三長兼以紀述之未周殊無寸補臣善長忝
司鈞軸幸睹成書信傳信而疑傳疑僅克編摩於歲月筆則筆而削則削敢
言褒貶於春秋仰塵乙夜之觀期作千秋之鑑所撰元史本紀四十七卷志
五十三卷表六卷傳九十七卷目錄二卷通計二百十卷凡一百三十萬六
千餘字謹繕寫裝潢成一百二十冊隨表上進以聞臣善長下情無任激切

屏營之至臣善長等誠惶誠恐稽首頓首謹言
洪武二年八月十一日銀青榮祿大夫上柱國錄軍國重事中書左丞相
兼太子少師宣國公臣李善長上表

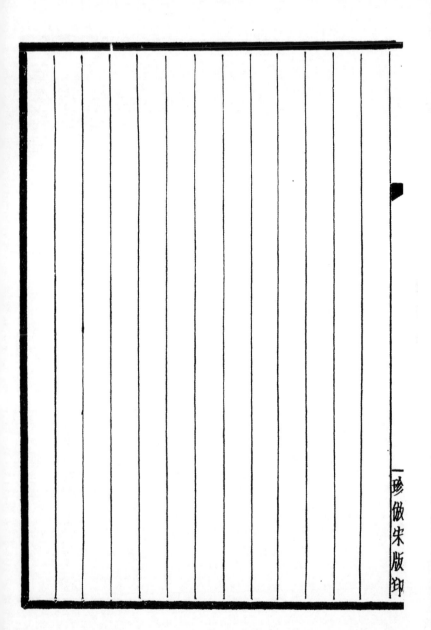

纂修元史凡例

一本紀

按兩漢本紀事實與言辭並載兼有書春秋之義及唐本紀則書法嚴謹全倣乎春秋今脩元史本紀準兩漢史

一志

按歷代史志爲法間有不同至唐志則悉以事實組織成篇考覈之際學者憚之惟近代宋史所志條分件列覽者易見今脩元史志準宋史

一表

按漢唐史表所載爲詳而三國志五代史則無之唯遼金史據所可考者作表不計詳略今脩元史表準遼金史

一列傳

按史傳之目冠以后妃尊也次以宗室諸王親也次以一代諸臣善惡之總也次以叛逆成敗之歸也次以四夷王化之及也然諸臣之傳歷代名

目又自增減不同今倣元史傳準歷代史而參酌之

一歷代史書紀志表傳之末各有論贊之辭今倣元史不作論贊但據事直書具文見意使其善惡自見準春秋及欽奉聖旨示意

元史目錄上

明翰林學士亞中大夫知制誥兼修國史宋　濂等修

本紀四十七卷
志五十三卷
表六卷
列傳九十七卷　共二百十卷

表

元史目錄上

元史目錄下

明翰林學士亞中大夫知制誥兼修國史宋　濂等修

列傳

元史卷一百十四

列傳第一

元史卷一百二十三

列傳第十

元史卷一百三十四
列傳第二十二

元史卷一百三十五
列傳第二十二

元史卷一百五十二

列傳第三十九

元史卷一百五十三

元史卷一百六十六

列傳第五十三

元史卷一百七十一

列傳第五十八

元史卷一百七十二

列傳第五十九

忠義一

元史卷一百九十四

列傳第八十一

忠義二

元史卷一百九十五

列傳第八十二

忠義三

元史卷一百九十六
列傳第八十三
忠義四

元史卷一百九十七

列傳第八十四

孝友一

列傳卷八十五

孝友二

王庸　黄贇
石明三　劉琦
劉源　祝公榮
陸思孝　姜兼
胡伴侶　王士弘
何從義　哈都赤
高必達　曾德
靳昺　黄道賢
史彥斌　張紹祖
李明德　張緝

崔氏　周氏
楊氏　胡烈婦
闞文興妻　郎氏
秦氏二女　孫氏女　張氏女　許氏女　焦氏　周氏
趙孝婦　霍氏二婦
王德政妻　只魯花真
段氏　朱虎妻
闡氏　劉氏　馬英　趙玉兒
馮氏　李君進妻　移剌氏　趙哇兒
朱淑信　葛妙真　畏吾氏三女
王氏　張義婦
丁氏　白氏　趙美妻　李冬兒　李氏
脫脫尼　王氏　趙彬妻　王安哥

元史卷二百一

列傳第八十八

列女

陳淑真 李頤宗妻夏氏　秦閏夫妻柴氏
也先忽都　呂彥能妻劉氏
劉公翼妻蕭氏　袁氏孤女
徐允讓妻潘氏　趙洙妻許氏
張正蒙妻韓氏　劉氏二女
于同祖妻曹氏　李仲義妻劉氏
李弘益妻申氏　鄭琪妻羅氏
周如砥女　狄恆妻徐氏
柯節婦陳氏　李馬兒妻袁氏
王士明妻李氏　陶宗媛 王淑
高麗氏　張訥妻劉氏
觀音奴妻卜顏的斤　安志道妻劉氏
宋謙妻趙氏　齊關妻劉氏

元史卷二百二

元史卷二百三

元史卷二百九
列傳第九十六
安南
元史卷二百十
列傳第九十七
緬　占城
暹　瓜哇
瑠求　三嶼
馬八兒等國
元史目錄下

元史卷一

明翰林學士亞中大夫知制誥兼脩國史宋　濂等修

本紀第一

太祖

太祖法天啓運聖武皇帝諱鐵木真姓奇渥温氏蒙古部人其十世祖孛端叉兒母曰阿蘭果火嫁脫奔咩哩犍生二子長曰博寒葛答黑次曰博合覩撒里直既而夫亡阿蘭寡居夜寢帳中夢白光自天窗中入化爲金色神人來趨臥榻阿蘭驚覺遂有娠產一子卽孛端叉兒也孛端叉兒狀貌奇異沉默寡言家人謂之癡獨阿蘭語人曰此兒非癡後世子孫必有大貴者阿蘭沒諸兄分家貲不及之孛端叉兒曰貧賤富貴命也貲財何足道獨乘青白馬至八里屯阿懶之地居焉食飲無所得適有蒼鷹搏野獸而食孛端叉兒以緡設機取之鷹卽馴狎乃臂鷹獵兔禽以爲饍或闕卽繼似有天相之居數月有民數十家自統急里忽魯之野逐水草來遷孛端叉兒結茅與之居出入相資自此生理稍

足一日仲兄忽思之曰孛端乂兒獨出而無齎近者得無凍餒乎卽自來訪邀與俱歸孛端乂兒中路謂其兄曰統急里忽魯之民無所屬附若臨之以兵可服也兄以爲然至家卽選壯士令孛端乂兒帥之前行果盡降之孛端乂兒歿子八林昔黑剌禿合必畜嗣生子曰咩撚篤敦咩撚篤敦妻曰莫挐倫生七子而寡莫挐倫性剛急時押剌伊而部有羣小兒掘田間草根以爲食莫挐倫乘車出適見之怒曰此田乃我子馳馬之所羣兒輒敢壞之邪驅車徑出輾傷諸兒有至死者押剌伊而忿怨盡驅莫挐倫馬羣以去莫挐倫諸子聞之不及被甲往追之莫挐倫私憂曰吾兒不甲以往恐不能勝敵令子婦載甲赴之已無及矣既而果爲所敗六子皆死押剌伊而乘勝殺莫挐倫滅其家唯一長孫海都尚幼乳母匿諸積木中得免先是莫挐倫第七子納真於八剌忽民家爲贅壻故不及難聞其家被禍來視之見病嫗十數與海都尚在其計無所出幸驅馬時兄之黃馬三次掣套竿逸歸納真至是得乘之乃僞爲牧馬者詣押剌伊而路逢父子二騎先後行臂鷹而獵納真識其鷹曰此吾兄所擎者也趨前紿

其少者曰有赤馬引羣馬而東汝見之乎曰否少者乃問曰爾所經過有鴉鴈
乎曰有曰汝可爲吾前導乎曰可遂同行轉一河隈度後騎相去稍遠刺殺之
縶馬與鷹趨迎後騎紿之如初後騎問曰前射鴉鴈者吾子也何爲久臥不起
耶納真以鼻衄對騎者方怒納真乘隙刺殺之復前行至一山下有馬數百牧
者唯童子數人方擊髀石爲戲納真熟視之亦兄家物也紿問童子亦如之於
是登山四顧悄無來人盡殺童子驅馬臂鷹而還取海都幷病嫗歸八刺忽之
地止焉海都稍長納真率八剌忽怯谷諸民共立爲君海都既立以兵攻押刺
伊而臣屬之形勢寖大列營帳於八刺合黑河上跨河爲梁以便往來由是四
傍部族歸之者漸衆海都歿子拜姓忽兒嗣拜姓忽兒歿子敦必乃嗣敦必乃
歿子葛不律寒嗣葛不律寒歿子八哩丹嗣八哩丹歿子也速該嗣幷吞諸部
落勢愈盛大也速該崩至元三年十月追諡烈祖神元皇帝初烈祖征塔塔兒
部獲其部長鐵木真宣懿太后月倫適生帝手握凝血如赤石烈祖異之因以
所獲鐵木真名之志武功也族人泰赤烏部舊與烈祖相善後因塔兒不台用

事遂生嫌隙絶不與通及烈祖崩帝方幼沖部衆多歸泰赤烏近侍有脫端火
兒真者亦將叛帝自泣留之脫端曰深池巳乾矣堅石巳碎矣留復何爲竟帥
衆馳去宣懿太后怒其弱己也麾旗將兵躬自追叛者驅其太半而還時帝麾
下搠只別居薩里河札木合部人禿台察兒居玉律哥泉時欲相侵凌掠薩里
河牧馬以去搠只麾左右匿羣馬中射殺之札木合以爲怨遂與泰赤烏諸部
合謀以衆三萬來戰帝時駐軍答蘭版朱思之野聞變大集諸部兵分十有三
翼以俟已而札木合至帝與大戰破走之當是時諸部之中唯泰赤烏地廣民
衆號爲最強其族照烈部與帝所居相近帝常出獵偶與照烈獵騎相屬帝謂
之曰今夕可同宿乎照烈曰同宿固所願但從者四百因糗糧不具已遣半還
矣今將奈何帝固邀與宿凡其留者悉飲食之明日再合圍帝使左右驅獸向
照烈照烈得多獲以歸其衆感之私相語曰泰赤烏與我雖兄弟常攘我車馬
奪我飲食無人君之度有人君之度者其惟鐵木真太子乎照烈之長玉律時
爲泰赤烏所虐不能堪遂與塔海答魯領所部來歸將殺泰赤烏以自效帝曰

我方熟寐幸汝覺我自今車轍人跡之塗當盡奪以與汝矣已而二人不能踐其言復叛去塔海答魯至中路爲泰赤烏部人所殺照烈部遂亡時帝功德日盛泰赤烏諸部多苦其主非法見帝寬仁時賜人以裘馬心悅之若赤老温若哲別若失力哥也不干諸人若朵郎吉若札剌兒若忙兀諸部皆慕義來降帝會諸族薛徹大丑及薛徹別吉等各以旄車載湩酪宴于斡難河上帝與諸族及薛徹別吉之母忽兒真之前共置馬湩一革囊薛徹別吉次母野別該之前獨置一革囊忽兒真怒曰今不尊我而貴野別該乎疑帝之主膳者失丘兒所爲遂笞之於是頗有隙時皇弟別里古台掌帝乞列思事（乞列思華言禁外繫馬所也）播里掌薛徹別吉乞列思事播里從者因盜去馬鞦別里古台執之播里怒斫別里古台傷其背左右欲鬭別里古台止之曰汝等欲即復讐乎我傷幸未甚姑待之不聽各持馬乳橦疾鬭奪忽兒真火里真二哈敦以歸薛徹別吉遣使請和因令二哈敦還會塔塔兒部長蔑兀真笑里徒背金約金主遣丞相完顏襄帥兵逐之北走帝聞之發近兵自斡難河迎擊仍諭薛徹別吉帥部人來助候六

曰不至帝自與戰殺蔑兀真笑里徒盡虜其輜重帝之麾下有爲乃蠻部人所掠者帝欲討之復遣六十人徵兵於薛徹別吉薛徹別吉以舊怨之故殺其十人去五十人衣而歸之帝怒曰薛徹別吉曩笞我失丘兒斫傷我別里古台今又敢乘敵勢以陵我耶因帥兵踰沙磧攻之殺虜其部衆唯薛徹大丑僅以妻孥免越數月帝復伐薛徹大丑追至帖烈徒之隘滅之克烈部札阿紺孛來歸札阿紺孛者部長汪罕之弟也汪罕名脫里受金封爵爲王番言音重故稱王爲汪罕初汪罕之父忽兒札胡思盃祿既卒汪罕嗣位多殺戮昆弟其叔父菊兒帥兵與汪罕戰逼於哈剌溫隘敗之僅以百餘騎脫走奔于烈祖烈祖親將兵逐菊兒走西夏復奪部衆歸汪罕汪罕德之遂相與盟稱爲按答（按答華言交物之友）也烈祖崩汪罕之弟也力可哈剌怨汪罕多殺之故復叛歸乃蠻部乃蠻部長亦難赤爲發兵伐汪罕盡奪其部衆與之汪罕走河西回鶻回回三國奔契丹既而復叛歸中道糧絕捋羊乳爲飲刺橐駝血爲食困乏之甚帝以其與烈祖交好遣近侍往招之帝親迎撫勞安置軍中振給之遂會于土兀刺河上尊汪

罕爲父未幾帝伐蔑里乞部與其部長脫脫戰于莫那察山遂掠其貲財田禾以遺汪罕汪罕因此部衆稍集居亡何汪罕自以其勢足以有爲不告於帝獨率兵復攻蔑里乞部部人敗走脫脫奔八兒忽真之隘汪罕大掠而還於帝一無所遺帝不以屑意會乃蠻部長不魯欲罕不服帝復與汪罕征之至黑辛八石之野遇其前鋒也的脫孛魯者領百騎來戰見軍勢漸逼走據高山其馬鞍轉墜擒之曾未幾何帝復與乃蠻驍將曲薛吾撒八刺二人遇會日暮各還營壘約明日戰是夜汪罕多燃火營中示人不疑潛移部衆於別所及旦帝始知之因頗疑其有異志退師薩里河旣而汪罕亦還至土兀刺河汪罕子亦刺合及札阿紺孛來會曲薛吾等察知之乘其不備襲虜其部衆于道亦刺合奔告汪罕汪罕命亦刺合與卜魯忽䚟共追之且遣使來曰乃蠻不道掠我人民太子有四良將能假我以雪恥乎帝頓釋前憾遂遣博爾朮木華黎博羅渾赤老溫四人帥師以往師未至亦刺合已追及曲薛吾與之戰大敗卜魯忽䚟成擒流矢中亦刺合馬胯幾爲所獲須臾四將至擊乃蠻走盡奪所掠歸汪罕已而

與皇帝哈撒兒再伐乃蠻拒鬬於忽闌盞側山大敗之盡殺其諸將族衆積屍以爲京觀乃蠻之勢遂弱時泰赤烏猶強帝會汪罕於薩里河與泰赤烏部長沆忽等大戰斡難河上敗走之斬獲無算哈荅斤部散只兀部朶魯班部塔塔兒部弘吉剌部聞乃蠻泰赤烏敗皆畏威不自安會於阿雷泉斬白馬爲誓欲襲帝及汪罕弘吉剌部長迭夷恐事不成潛遣人告變帝與汪罕自虎圖澤逆戰於盃亦烈川又大敗之汪罕遂分兵自由綠憐河而行札阿紺孛謀於按敦阿述燕火脫兒等曰我兄性行不常既屠絶我昆弟我輩又豈得獨全乎按敦阿述泄其言汪罕令執燕火脫兒等至帳下解其縛且謂燕火脫兒曰吾輩由西夏而來道路饑困其相誓之語遽忘之乎因唾其面坐上之人皆起而唾之汪罕又屢責札阿紺孛至於不能堪札阿紺孛與燕火脫兒等俱奔乃蠻帝駐軍於徹徹兒山起兵伐塔塔兒部部長阿剌兀都兒等來逆戰大敗之時弘吉剌部欲來附哈撒兒不知其意往掠之於是弘吉剌歸札木合部與朶魯班亦乞剌思哈荅斤火魯剌思塔塔兒散只兀諸部會于犍河共立札木合爲局兒

罕盟于禿律別兒河岸爲誓曰凡我同盟有洩此謀者如岸之摧如林之伐誓畢共舉足蹋岸揮刀斫林驅士卒來侵塔海哈時在衆中與帝麾下抄吾兒連姻抄吾兒偶往視之具知其謀卽還至帝所悉以其謀告之帝卽起兵逆戰於海剌兒帖尼火魯罕之地破之札木合脫走弘吉剌部來降歲壬戌帝發兵於兀魯回失連真河伐按赤塔塔兒察罕塔塔兒二部先誓師曰苟破敵逐北見棄遺物愼無獲俟軍事畢散之既而果勝族人按彈火察兒答力台三人背約帝怒盡奪其所獲分之軍中初脫脫敗走八兒忽真隘既而復出爲患帝帥兵討走之至是又會乃蠻部不魯欲罕約朶魯班塔塔兒哈答斤散只兀諸部來侵帝遣騎乘高四望知乃蠻兵漸至帝與汪罕移軍入塞亦剌合自北邊來據高山結營乃蠻軍衝之不動遂還亦剌合尋亦入塞將戰帝遷輜重於他所與汪罕倚阿蘭塞爲壁大戰于闕奕壇之野乃蠻使神巫祭風雪欲因其勢進攻既而反風逆擊其陣乃蠻軍不能戰欲引還雪滿溝澗帝勒兵乘之乃蠻大敗是時札木合部起兵援乃蠻見其敗卽還道經諸部之立己者大縱掠而去帝

欲爲長子朮赤求昏於汪罕女抄兒伯姬汪罕之子禿撒合亦欲尙帝女火阿眞伯姬俱不諧自是頗有違言初帝與汪罕合軍攻乃蠻約明日戰札木合言於汪罕曰我於君是白翎雀他人是鴻鴈耳白翎雀寒暑常在北方鴻鴈遇寒則南飛就暖耳意謂帝心不可保也汪罕聞之疑遂移部衆於別所及議昏不成札木合復乘隙謂亦剌合曰太子雖言是汪罕之子嘗通信於乃蠻將不利於君父子君若能加兵我當從傍助君也亦剌合信之會答力台火察兒按彈等叛歸亦剌合亦說之曰我等願佐君討宣懿太后諸子也亦剌合大喜遣使言於汪罕汪罕曰札木合巧言寡信人也不足聽亦剌合力言之使者往返者數四汪罕曰吾身之存實太子是賴髭鬚已白遺骸冀得安寢汝乃喋喋不已耶汝善自爲之毋貽吾憂可也札木合遂縱火焚帝牧地而去歲癸丑汪罕父子謀欲害帝乃遣使者來曰向者所議婣事今當相從請來飲布渾察兒布渾察兒華言許親酒也帝以爲然率十騎赴之至中道心有所疑命一騎往謝帝遂還汪罕謀既不成卽議舉兵來侵圉人乞力失聞其事密與弟把帶告帝帝卽馳軍阿蘭

塞忩移輜重於他所遣折里麥爲前鋒俟汪罕至卽整兵出戰先與朱力斤部
遇次與董哀部遇又次與火力失烈門部遇皆敗之最後與汪罕親兵遇又敗
之亦刺合見勢急突來衝陣射之中頰卽斂兵而退怯里亦部人遂棄汪罕來
降汪罕旣敗而歸帝亦將兵還至董哥澤駐軍遣阿里海致責於汪罕曰君爲
叔父菊兒所逐困迫來歸我父卽攻菊兒敗之於河西其土地人民盡收與君
此大有功於君一也君爲乃蠻所攻西奔日沒處君弟札阿紺孛在金境我亟
遣人召還比至又爲蔑里乞部人所逼我請我兄薛徹別及及我弟大丑往殺
之此大有功於君二也君困迫來歸時我過哈丁里歷掠諸部羊馬貲財盡以
奉君不半月閒令君饑者飽瘠者肥此大有功於君三也君不告我往掠蔑里
乞部大獲而還未嘗以毫髮分我我不以爲意及君爲乃蠻所傾覆我遣四將
奪還爾民人重立爾國家此大有功於君四也我征朶魯班塔塔兒哈荅斤散
只兀弘吉剌五部如海東鷙禽之於鵝鴈見無不獲獲則必致於君此大有功
於君五也是五者皆有明驗君不報我則已今乃易恩爲讐而遽加兵於我哉

汪罕聞之語亦剌合曰我向者之言何如吾兒宜識之亦剌合曰事勢至今日必不可已唯有竭力戰鬭我勝則幷彼彼勝則幷我耳多言何爲時帝諸族按彈火察兒皆在汪罕左右帝因遣阿里海誚責汪罕就令告之曰昔者吾國無主以薛徹太丑二人實我伯祖八剌哈之裔欲立之二人既已固辭乃以汝火察兒爲伯父聶坤之子又欲立之汝又固辭然事不可中輟復以汝按彈爲我祖忽都剌之子又欲立之汝又固辭於是汝等推戴吾爲之主初豈我之本心哉不自意相迫至於如此也三河祖宗肇基之地毋爲他人所有汝善事汪罕汪罕性無常遇我尙如此況汝輩乎我今去矣我今去矣按彈等無一言帝既遣使於汪罕遂進兵虜弘吉剌別部溺兒斤以行至班朱尼河河水方渾帝飲之以誓衆有亦乞烈部人孛徒者爲火魯剌部所敗因遇帝與之同盟哈撒兒別居哈剌渾山妻子爲汪罕所虜挾幼子脫虎走糧絕探鳥卵爲食來會于河上時汪罕形勢盛強帝微弱勝敗未可知衆頗危懼凡與飮河水者謂之飮渾水言其曾同艱難也汪罕兵至帝與戰于哈闌真沙陀之地汪罕大敗其臣按

彈火察兒札木合等謀弑汪罕弗克往奔乃蠻答力台把憐等部稽顙來降帝
移軍斡難河源謀攻汪罕復遣二使往汪罕僞爲哈撒兒之言曰我兄太子今
既不知所在我之妻孥又在王所縱我欲往將安所之耶王儻棄我前愆念我
舊好卽束手來歸矣汪罕信之因遣人隨二使來以皮囊盛血與之盟及至卽
以二使爲向導令軍士銜枚夜趨折折運都山出其不意襲汪罕敗之盡降克
烈部衆汪罕與亦剌合挺身遁去汪罕嘆曰我爲吾兒所誤今日之禍悔將何
及汪罕出走路逢乃蠻部將遂爲其所殺亦剌哈走西夏日剽掠以自資旣而
亦爲西夏所攻走至龜茲國龜茲國主以兵討殺之帝旣滅汪罕大獵於帖麥
該川宣布號令振凱而歸時乃蠻部長太陽罕心忌帝能遣使謀於白達達部
主阿剌忽思曰吾聞東方有稱帝者天無二日民豈有二王耶君能益吾右翼
吾將奪其弧矢也阿剌忽思卽以是謀報帝居無何舉部來歸歲甲子帝大會
於帖麥該川議伐乃蠻羣臣以方春馬瘦宜俟秋高爲言皇帝斡赤斤曰事所
當爲斷之在早何可以馬瘦爲辭别里古台亦曰乃蠻欲奪我弧矢是小我也

我輩義當同死彼恃其國大而言誇苟乘其不備而攻之功當可成也帝悅曰以此衆戰何憂不勝遂進兵伐乃蠻駐兵於建忒該山先遣虎必來哲別二人爲前鋒太陽罕至自按臺營於沆海山與蔑里乞部長脫脫克烈部長阿憐太石猥剌部長忽都花別吉暨禿魯班塔塔兒哈答斤散只兀諸部合兵勢頗盛時我隊中羸馬有驚入乃蠻營中者太陽罕見之與衆謀曰蒙古之馬瘦弱如此今當誘其深入然後戰而擒之其將火力速八赤對曰先王戰伐勇進不回馬尾人背不使敵人見之今爲此遷延之計得非心中有所懼乎苟懼之何不令后妃來統軍也太陽罕怒卽躍馬索戰帝以哈撒兒主中軍時札木合從太陽罕來見帝軍容整肅謂左右曰乃蠻初舉兵視蒙古軍若羖䍽羔兒意謂蹄皮亦不留今吾觀其氣勢殆非往時矣遂引所部兵遁去是日帝與乃蠻軍大戰至晡禽殺太陽罕諸部軍一時皆潰夜走絕險墜崖死者不可勝計明日餘衆悉降於是朶魯班塔塔兒哈答斤散只兀四部亦來降已而復征蔑里乞部其長脫脫奔太陽罕之兄卜魯欲罕其屬帶兒兀孫獻女迎降俄復叛去帝至

泰寒寨遣孛羅歡沈白二人領右軍往平之歲乙丑帝征西夏拔力吉里寨經
落思城大掠人民及其橐駝而還
元年丙寅帝大會諸王羣臣建九斿白旗卽皇帝位於斡難河之源諸王羣臣
共上尊號曰成吉思皇帝是歲實金泰和之六年也帝旣卽位遂發兵復征乃
蠻時卜魯欲罕獵於兀魯塔山禽之以歸太陽罕子屈出律罕與脫脫奔也兒
的石河上帝始議伐金初金殺帝宗親咸補海罕帝欲復讐會金降俘等具言
金主璟肆行暴虐帝乃定議致討然未敢輕動也
二年丁卯秋再征西夏剋斡羅孩城是歲遣按彈不兀剌二人使乞力吉思旣
而野牒亦納里部阿里替也兒部皆通使來獻名鷹
三年戊辰春帝至自西夏夏避暑龍庭冬再征脫脫及屈出律罕時斡亦剌部
等遇我前鋒不戰而降因用爲向導至也兒的石河討蔑里乞部滅之脫脫中
流矢死屈出律奔契丹
四年己巳春畏吾兒國來歸帝入河西夏主李安全遣其世子率師來戰敗之

獲其副元帥高令公剋兀剌海城俘其太傅西壁氏進至克夷門復敗夏師獲其將嵬名令公薄中興府引河水灌之堤決水外潰遂撤圍還遣太傅訛答入中興招諭夏主夏主納女請和

五年庚午春金謀來伐築烏沙堡帝命遮別襲殺其衆遂略地而東初帝貢歲幣于金金主使衞王允濟受貢於靜州帝見允濟不爲禮允濟歸欲請兵攻之會金主璟殂允濟嗣位有詔至國傳言當拜受帝問金使曰新君爲誰金使曰衞王也帝遽南面唾曰我謂中原皇帝是天上人做此等庸懦亦爲之耶何以拜爲卽乘馬北去金使還言允濟益怒欲俟帝再入貢就進場害之帝知之遂與金絕益嚴兵爲備

六年辛未春帝居怯緑連河西域哈剌魯部主阿昔蘭罕來降畏吾兒國主亦都護來覲二月帝自將南伐敗金將定薛於野狐嶺取大水濼豐利等縣金復築烏沙堡秋七月命遮別攻烏沙堡及烏月營拔之八月帝及金師戰于宣平之會河川敗之九月拔德興府居庸關守將遁去遮別遂入關抵中都冬十月

襲金羣牧監驅其馬而還耶律阿海降入見帝于行在所皇子朮赤察合台窩闊台分徇雲內東勝武朔等州下之是冬駐蹕金之北境劉伯林夾谷長哥等來降

七年壬申春正月耶律留哥聚衆于隆安自爲都元帥遣使來附帝破昌桓撫等州金將紇石烈九斤等率兵三十萬來援帝與戰于貛兒觜大敗之秋圍西京金元帥左都監奧屯襄率師來援帝遣兵誘至密谷口逆擊之盡殪復攻西京帝中流矢遂撤圍九月察罕剋奉聖州冬十二月甲申遮別攻東京不拔卽引去夜馳還襲克之

八年癸酉春耶律留哥自立爲遼王改元元統秋七月克宣德府遂攻德興府皇子拖雷駙馬赤駒先登拔之帝進至懷來及金行省完顏綱元帥高琪戰敗之追至北口金兵保居庸詔可忒薄刹守之遂趨涿鹿金西京留守忽沙虎遁去帝出紫荊關敗金師于五回嶺拔涿易二州契丹訛魯不兒等獻北口遮別遂取居庸與可忒薄刹會八月金忽沙虎弒其主允濟迎豐王珣立之是秋分

兵三道命皇子朮赤察合台窩闊台爲右軍循太行而南取保遂安肅安定邢
洺磁相衛輝懷孟掠澤潞遼沁平陽太原吉隰拔汾石嵐忻代武等州而還皇
弟哈撒兒及斡陳那顏拙赤觧薄刹爲左軍遵海而東取薊州平灤遼西諸郡
而還帝與皇子拖雷爲中軍取雄霸莫安河間滄景獻深祁蠡冀恩濮開滑博
濟泰安濟南濱棣益都淄濰登萊沂等郡復命木華黎攻密州屠之史天倪蕭
勃迭率衆來降木華黎承制並以爲萬戶帝至中都三道兵還合屯大口是歲
河北郡縣盡拔唯中都通順真定清沃大名東平德邳海州十一城不下
九年甲戌春三月駐蹕中都北郊諸將請乘勝破燕帝不從乃遣使諭金主曰
汝山東河北郡縣悉爲我有汝所守惟燕京耳天既弱汝我復迫汝於險天其
謂我何我今還軍汝不能犒師以弭我諸將之怒耶金主遂遣使求和奉衛紹
王女岐國公主及金帛童男女五百馬三千以獻仍遣其丞相完顏福興送帝
出居庸夏五月金主遷汴以完顏福興及參政抹撚盡忠輔其太子守忠留守
中都六月金糺軍斫答等殺其主帥率衆來降詔三摸合石抹明安與斫答等

圍中都帝避暑魚兒濼秋七月金太子守忠走汴冬十月木華黎征遼東高州盧琮金扑等降錦州張鯨殺其節度使自立爲臨海王遣使來降
十年乙亥春正月金右副元帥蒲察七斤以通州降以七斤爲元帥二月木華黎攻北京金元帥寅答虎烏古倫以城降以寅答虎爲留守吾也而權兵馬都元帥鎮之興中府元帥石天應來降以天應爲興中府尹三月金御史中丞李英等率師援中都戰于霸州敗之夏四月克清順二州詔張鯨總北京十提控兵從南征鯨謀叛伏誅鯨弟致遂據錦州僭號漢興皇帝改元興龍五月庚申金中都留守完顏福興仰藥死抹撚盡忠棄城走明安入守之是月避暑桓州涼涇遣忽都忽等籍中都帑藏秋七月紅羅山寨主杜秀降以秀爲錦州節度使遣乙職里往諭金主以河北山東未下諸城來獻及去帝號爲河南王當爲罷兵不從詔史天倪南征授右副都元帥賜金虎符八月天倪取平州金經略使乞住降木華黎遣史進道等攻廣寧府降之是秋取城邑凡八百六十有二
冬十月金宣撫蒲鮮萬奴據遼東僭稱天王國號大真改元天泰十一月耶律

留哥來朝以其子斜闍入侍史天祥討興州擒其節度使趙守玉

十一年丙子春還廬朐河行宮張致陷興中府木華黎討平之秋撒里知兀䚟

三摸合拔都魯率師由西夏趨關中遂越潼關獲金西安軍節度使尼龐古蒲

魯虎拔汝州等郡抵汴京而還冬十月蒲鮮萬奴降以其子帖哥入侍既而復

叛僭稱東夏

十二年丁丑夏盜祁和尚據武平史天祥討平之遂擒金將巢元帥以獻察罕

破金監軍夾谷於霸州金求和察罕乃還秋八月以木華黎爲太師封國王將

蒙古乣漢諸軍南征拔遂城蠡州冬克大名府遂東定益都淄登萊濰密等州

是歲禿滿部民叛命鉢魯完朶魯伯討平之

十三年戊寅秋八月兵出紫荆口獲金行元帥事張柔命還其舊職木華黎自

西京入河東克太原平陽及忻代澤潞汾霍等州金將武仙攻滿城張柔擊敗

之是年伐西夏圍其王城夏主李遵頊出走西涼契丹六哥據高麗江東城命

哈真札剌率師平之高麗王瞰遂降請歲貢方物

十四年己卯春張柔敗武仙降祁陽曲陽中山等城夏六月西域殺使者帝率師親征取訛答剌城擒其酋哈只兒只蘭禿秋木華黎克岢嵐吉隰等州進攻絳州拔其城屠之

十五年庚辰春三月帝克蒲華城夏五月克尋思干城駐蹕也石的石河秋攻斡脫羅兒城克之木華黎徇地至真定武仙出降以史天倪爲河北西路兵馬都元帥行府事仙副之東平嚴實籍彰德大名磁洺恩博滑濬等州戶三十萬來歸木華黎承制授實金紫光祿大夫行尚書省事冬金邢州節度使武貴降木華黎攻東平不克留嚴實守之撤圍趨洺州分兵徇河北諸郡是歲授董俊龍虎衞上將軍右副都元帥

十六年辛巳春帝攻卜哈兒薛迷思干等城皇子朮赤攻養吉干八兒眞等城並下之夏四月駐蹕鐵門關金主遣烏古孫仲端奉國書請和稱帝爲兄不允金東平行省事忙古棄城遁嚴實入守之宋遣苟夢玉來請和夏六月宋連水忠義統轄石珪率衆來降以珪爲濟兗單三州總管秋帝攻班勒紇等城皇子

朮赤察合台窩闊台分攻玉龍傑赤等城下之冬十月皇子拖雷克馬魯察葉可馬魯昔刺思等城木華黎出河西克葭綏德保安鄜坊丹等州進攻延安不下十一月宋京東安撫使張琳以京東諸郡來降以琳爲滄景濱棣等州行都元帥是歲詔諭德順州

十七年壬午春皇子拖雷克徒思匿察兀兒等城還經木刺夷國大掠之渡搠搠闌河克也里等城遂與帝會合兵攻塔里寒寨拔之木華黎軍克乾涇邠原等州攻鳳翔不下夏避暑塔里寒寨西域主札闌丁出奔與滅里可汗合忽都忽與戰不利帝自將擊之擒滅里可汗札闌丁遁去遣八剌追之不獲秋金復遣烏古孫仲端來請和見帝于回鶻國帝謂曰我向欲汝主授我河朔地令汝主爲河南王彼此罷兵汝主不從今木華黎已盡取之乃始來請耶仲端乞哀帝曰念汝遠來河朔既爲我有關西數城未下者其割付我令汝主爲河南王勿復違也仲端乃歸金平陽公胡天祚以青龍堡降冬十月金河中府來附以石天應爲兵馬都元帥守之

十八年癸未春三月太師國王木華黎薨夏避暑八魯彎川皇子朮赤察合台
窩闊台及八剌之兵來會遂定西域諸城置達魯花赤監治之冬十月金主珣
殂子守緒立是歲宋復遣苟夢玉來
十九年甲申夏宋大名總管彭義斌侵河北史天倪與戰於恩州敗之是歲帝
至東印度國角端見班師
二十年乙酉春正月還行宮二月武仙以真定叛殺史天倪董俊判官李全亦
以中山叛三月史天澤擊仙走之復真定夏六月彭義斌以兵應仙天澤禦於
贊皇擒斬之
二十一年春正月帝以西夏納仇人赤臘喝翔昆及不遣質子自將伐之二月
取黑水等城夏避暑於渾垂山取甘肅等州秋取西涼府搠羅河羅等縣遂踰
沙陀至黃河九渡取應里等縣九月李全執張琳郡王帶孫進兵圍全於益都
冬十一月庚申帝攻靈州夏遣嵬名令公來援丙寅帝渡河擊夏師敗之丁丑
五星聚見於西南駐蹕鹽州川十二月李全降授張柔行軍千戶保州等處都

元帥是歲皇子窩闊台及察罕之師圍金南京遣唐慶責歲幣于金
二十二年丁亥春帝留兵攻夏王城自率師渡河攻積石州二月破臨洮府三月破洮河西寧二州遣斡陳那顏攻信都府拔之夏四月帝次龍德拔德順等州德順節度使愛申進士馬肩龍死焉五月遣唐慶等使金閏月避暑六盤山六月金遣完顏合周奧屯阿虎來請和帝謂羣臣曰朕自去冬五星聚時已嘗許不殺掠遽忘下詔耶今可布告中外令彼行人亦知朕意是月夏主李晛降帝次清水縣西江秋七月壬午不豫己丑崩于薩里川哈老徒之行宮臨崩謂左右曰金精兵在潼關南據連山北限大河難以遽破若假道于宋宋金世讎必能許我則下兵唐鄧直擣大梁金急必徵兵潼關然以數萬之衆千里赴援人馬疲弊雖至弗能戰破之必矣言訖而崩壽六十六葬起輦谷至元三年冬十月追謚聖武皇帝至大二年冬十一月庚辰加謚法天啓運聖武皇帝廟號太祖在位二十二年帝深沉有大略用兵如神故能滅國四十遂平西夏其奇勳偉跡甚衆惜乎當時史官不備或多失於紀載云

戊子年是歲皇子拖雷監國

元史卷一

元史卷一考證

太祖法天啓運聖武皇帝紀會乃蠻部長不魯欲罕○臣宗萬按通鑑及親征記皆作盃祿可汗

歲癸丑○按上文壬戌下文甲子丑疑作亥

七年春金將紇石烈九斤等率兵三十萬來援帝與戰于獾兒嘴大敗之○按續綱目通鑑作六年事

遮別攻東京○臣宗楷按遮別即者別東京今奉天府

十年乙亥二月木華黎攻北京○臣祖庚按北京在遼東舊大寧城迤北初名中京

金元帥寅答虎烏古倫以城降以寅答虎爲留守吾也而權兵馬都元帥鎮之與中府元帥石天應來降○按續綱目通鑑俱作九年事

二十一年十二月李全降○按續綱目通鑑作二十二年事

元史卷一考證

元史卷二

明翰林學士亞中大夫知制誥兼脩國史宋　濂等修

本紀第二

太宗

太宗英文皇帝諱窩闊台太祖第三子母曰光獻皇后弘吉剌氏太祖伐金定西域帝攻城略地之功居多太祖崩自霍博之地來會喪

元年己丑夏至忽魯班雪不只之地皇弟拖雷來見秋八月己未諸王百官大會於怯綠連河曲雕阿蘭之地以太祖遺詔即皇帝位于庫鐵烏阿剌里始立朝儀皇族尊屬皆拜頒大札撒（華言大法令也）金遣阿虎帶來歸太祖之賵帝曰汝主久不降使先帝老于兵間吾豈能忘也賵何為哉却之遂議伐金敕蒙古民有馬百者輸牝馬一牛百者輸牸牛一羊百者輸羒羊一為永制始置倉廩立驛傳命河北漢民以戶計出賦調耶律楚材主之西域人以丁計出賦調麻合沒的滑剌西迷主之印度國主木羅夷國主來朝西域伊思八剌納城酋長來降

是歲金復遣使來聘不受

二年庚寅春正月詔自今以前事勿問定諸路課稅酒課驗實息十取一雜稅三十取一是春帝與拖雷獵于斡兒寒河遂遣兵圍京兆金主率師來援敗之尋拔其城夏避暑于塔密兒河朶忽魯及金兵戰敗績命速不台援之秋七月帝自將南伐皇弟拖雷皇姪蒙哥率師從拔天成等堡遂渡河攻鳳翔冬十一月始置十路徵收課稅使以陳時可趙昉使燕京劉中劉桓使宣德周立和王貞使西京呂振劉子振使太原楊簡高廷英使平陽王晉賈從使真定張瑜王銳使東平王德亨侯顯使北京夾谷永程泰使平州田木西李天翼使濟南是月師攻潼關藍關不克十二月拔天勝寨及韓城蒲城

三年辛卯春二月克鳳翔攻洛陽河中諸城下之夏五月避暑于九十九泉命拖雷出師寶鷄遣搠不罕使宋假道宋殺之復遣李國昌使宋需糧秋八月幸雲中始立中書省改侍從官名以耶律楚材爲中書令粘合重山爲左丞相鎮海爲右丞相是月以高麗殺使者命撒禮塔率師討之取四十餘城高麗王瞮

遣其弟懷安公請降撒禮塔承制設官分鎮其地乃還冬十月乙酉帝圍河中十二月己未拔之

四年壬辰春正月戊子帝由白坡渡河庚寅拖雷渡漢江遣使來報卽詔諸軍進發甲午次鄭州金防城提控馬伯堅降授伯堅金符使守之丙申大雪丁酉又雪次新鄭是日拖雷及金師戰于鈞州之三峯大敗之獲金將蒲阿戊戌帝至三峯壬寅攻鈞州克之獲金將合達遂下商虢嵩汝陝洛許鄭陳亳潁壽睢永等州三月命速不台等圍南京金主遣其弟曹王訛可入質帝還留速不台守河南夏四月出居庸避暑官山高麗叛殺所置官吏徙居江華島秋七月遣唐慶使金諭降金殺之八月撒禮塔復征高麗中矢卒金參政完顏思烈恆山公武仙救南京諸軍與戰敗之九月拖雷薨帝還龍庭冬十一月獵于納蘭赤剌温之野十二月如太祖行宮

五年癸巳春正月庚申金主奔歸德戊辰金西面元帥崔立殺留守完顏奴申完顏習揑阿不以南京降二月幸鐵列都之地詔諸王議伐萬奴遂命皇子貴

由及諸王按赤帶將左翼軍討之夏四月速不台進至青城崔立以金太后王氏后徒單氏及荊王從恪梁王守純等至軍中速不台遣送行在遂入南京六月金主奔蔡塔察兒率師圍之詔以孔子五十一世孫元楷襲封衍聖公秋八月獵于兀必思地以阿同葛等充宣差勘事官括中州戶得戶七十三萬餘九月擒萬奴冬十一月宋遣荊鄂都統孟珙以兵糧來助十二月諸軍與宋兵合攻蔡敗武仙于息州金人以海沂萊濰等州降是冬帝至阿魯兀忽可吾行宮大風霾七晝夜勑修孔子廟及渾天儀

六年甲午春正月金主傳位于宗室子承麟遂自經而焚城拔獲承麟殺之宋兵取金主餘骨以歸金亡是春會諸王宴射于斡兒寒河夏五月帝在達蘭達葩之地大會諸王百僚諭條令曰凡當會不赴而私宴者斬諸出入宮禁各有從者男女止以十人爲朋出入毋得相雜軍中凡十人置甲長聽其指揮專擅者論罪其甲長以事來宮中卽置權攝一人甲外一人二人不得擅自往來違者罪之諸公事非當言而言者拳其耳再犯笞三犯杖四犯論死諸千戶越萬

戶前行者隨以木鏃射之百戶甲長諸軍有犯其罪同不遵此法者斥罷今後來會諸軍甲內數不足於近翼抽補足之諸人或居室或在軍毋敢喧呼凡來會用善馬五十疋爲一羈守者五人飼羸馬三人守乞烈思三人但盜馬一二者卽論死諸人馬不應絆於乞烈思內者輒沒與畜虎豹人諸婦人製質孫燕服不如法者及妬者乘以驏牛徇部中論罪卽聚財爲更娶秋七月以胡土虎那顏爲中州斷事官遣達海紺卜征蜀是秋帝在八里里答闌答八思之地議自將伐宋國王查老溫請行遂遣之冬獵于脫卜寒地

七年乙未春城和林作萬安宮遣諸王拔都及皇子貴由皇姪蒙哥征西域皇子闊端征秦鞏皇子曲出及胡土虎伐宋唐古征高麗秋九月諸王口溫不花獲宋何太尉冬十月曲出圍棗陽拔之遂徇襄鄧入郢虜人民牛馬數萬而還十一月闊端攻石門金便宜都總帥汪世顯降中書省臣請契勘大明曆從之

八年丙申春正月諸王各治具來會宴萬安宮落成詔印造交鈔行之二月命應州郭勝鈞州孛朮魯九住鄧州趙祥從曲出充先鋒伐宋三月復修孔子廟

及司天臺夏六月復括中州戶口得續戶一百一十餘萬耶律楚材請立編修所於燕京經籍所於平陽編集經史召儒士梁陟充長官以王萬慶趙著副之秋七月命陳時可閱刑名科差課稅等案赴闕磨照詔以真定民戶奉太后湯沐中原諸州民戶分賜諸王貴戚斡魯朶拔都平陽府茶合帶太原府古與大名府孛魯帶邢州果魯于河間府孛魯古帶廣寧府野苦益都濟南二府戶內撥賜按赤帶濱棣州斡陳那顏平灤州皇子闊端駙馬赤苦公主阿剌海公主果真國王查剌溫茶合帶鍛真蒙古寒札按赤那顏圻那顏火斜朮思並於東平府戶內撥賜有差耶律楚材言非便遂命各位止設達魯花赤朝廷置官吏收其租頒之非奉詔不得徵兵賦闊端率汪世顯等入蜀取宋關外數州斬蜀將曹友聞冬十月闊端入成都詔招諭秦鞏等二十餘州皆降皇子曲出薨張柔等攻郢州拔之襄陽府來附以游顯領襄陽樊城事

九年丁酉春獵于揭揭察哈之澤蒙哥征欽察部破之擒其酋八赤蠻夏四月築掃鄰城作迦堅茶寒殿六月左翼諸部訛言括民女帝怒因括以賜麾下秋

八月命朮虎乃劉中試諸路儒士中選者除本貫議事官得四千三十人冬十
月獵于野馬川幸龍庭遂至行宮是冬口温不花等圍光州命張柔鞏彥暉史
天澤攻下之遂別攻蘄州降隨州略地至黃州宋懼請和乃還
十年戊戌春塔思軍至北峽關宋將汪統制降夏襄陽別將劉義叛執游顯等
降宋宋兵復取襄樊帝獵于揭揭察哈之澤築圖蘇湖城作迎駕殿秋八月陳
時可高慶民等言諸路旱蝗詔免今年田租仍停舊未輸納者俟豐歲議之
十一年己亥春復獵于揭揭察哈之澤皇子闊端軍至自西川秋七月游顯自
宋逃歸以山東諸路災免其稅糧冬十一月蒙哥率師圍阿速蔑怯思城閱三
月拔之十二月商人奧都刺合蠻買撲中原銀課二萬二千錠以四萬四千錠
爲額從之
十二年庚子春正月以奧都刺合蠻充提領諸路課稅所官皇子貴由克西域
未下諸部遣使奏捷命張柔等八萬戶伐宋冬十二月詔貴由班師敕州郡失
盜不獲者以官物償之國初令民代償民多亡命至是罷之是歲以官民貸回

鶻金償官者歲加倍名羊羔息其害爲甚詔以官物代還凡七萬六千錠仍命
凡假貸歲久惟子本相侔而止著爲令籍諸王大臣所俘男女爲民
十三年辛丑春二月獵于揭揭察哈之澤帝有疾詔赦天下囚徒帝瘳秋高麗
國王王瞰以族子綧入質冬十月命牙老瓦赤主管漢民公事十一月丁亥大
獵庚寅還至鈋鐵鎋胡蘭山奥都剌合蠻進酒帝歡飲極夜乃罷辛卯遲明帝
崩于行殿在位十三年壽五十有六葬起輦谷追謚英文皇帝廟號太宗帝有
寬弘之量忠恕之心量時度力舉無過事華夏富庶羊馬成羣旅不齎糧時稱
治平
壬寅年春六皇后乃馬真氏始稱制秋七月張柔自五河口渡淮攻宋揚滁和
等州
癸卯年春正月張柔分兵屯田于襄城夏五月熒惑犯房星秋后命張柔總兵
戍杞
甲辰年夏五月中書令耶律楚材薨

乙巳年秋后命馬步軍都元帥察罕等率騎三萬與張柔掠淮西攻壽州拔之遂攻泗州盱眙及揚州宋制置趙葵請和乃還

定宗

定宗簡平皇帝諱貴由太宗長子也母曰六皇后乃馬真氏以丙寅年生帝太宗嘗命諸王按只帶伐金帝以皇子從虜其親王而歸又從諸王拔都西征次阿速境攻圍木柵山寨以三十餘人與戰帝及憲宗與焉太宗嘗有旨以皇孫失烈門爲嗣太宗崩皇后臨朝會諸王百官於答蘭答八思之地遂議立帝

元年丙午春正月張柔入覲於和林秋七月卽皇帝位于汪吉宿滅禿里之地帝雖御極而朝政猶出於六皇后云冬獵黃羊于野馬川權萬戶史權等耀兵淮南攻虎頭關寨拔之進圍黃州

二年丁未春張柔攻泗州夏避暑于曲律淮黑哈速之地秋西巡八月命野里知吉帶率槊思蠻部兵征西是月詔蒙古人戶每百以一名充拔都魯九月取太宗宿衞之半以也曲門答兒領之冬十月括人戶

三年戊申春三月帝崩于横相乙兒之地在位三年壽四十有三葬起輦谷追
諡簡平皇帝廟號定宗是歲大旱河水盡涸野草自焚牛馬十死八九人不聊
生諸王及各部又遣使於燕京迤南諸郡徵求貨財弓矢鞍轡之物或於西域
回鶻索取珠璣或於海東樓取鷹鶻駅騎絡繹晝夜不絕民力益困然自壬寅
以來法度不一內外離心而太宗之政衰矣
己酉年
庚戌年定宗崩後議所立未決當是時已三歲無君其行事之詳簡策失書無
從考也

元史卷二

元史卷三

明翰林學士亞中大夫知制誥兼脩國史宋　濂等修

本紀第三

憲宗

憲宗桓肅皇帝諱蒙哥睿宗拖雷之長子也母曰莊獻太后怯烈氏諱唆魯禾帖尼歲戊辰十二月三日生帝時有黃忽答部知天象者言帝後必大貴故以蒙哥爲名（蒙哥華言長子也）太宗在潛邸養以爲子屬昂灰皇后撫育之既長爲娶火魯剌部女火里差爲妃分之部民及睿宗薨乃命歸藩邸從征伐屢立奇功嘗攻欽察部其酋八赤蠻逃于海島帝聞亟進師至其地適大風刮海水去其淺可渡帝喜曰此天開道與我也遂進屠其衆擒八赤蠻命之跪八赤蠻曰我爲一國主豈苟求生且身非駞何以跪人爲乃命囚之八赤蠻謂守者曰我之竄入于海與魚何異然終見擒天也今水迴期且至軍宜早還帝聞之即班師而水已至後軍有浮渡者復與諸王拔都征斡羅思部至也烈贊城躬自搏戰破

之歲戊申定宗崩朝廷久未立君中外恟恟咸屬意於帝而覬覦者衆議未決諸王拔都木哥阿里不哥唆亦哥禿塔察兒大將兀良合台速你帶帖木迭兒也速不花咸會于阿剌脫忽剌兀之地拔都首建議推戴時定宗皇后海迷失所遣使者八剌在坐曰昔太宗命以皇孫失烈門爲嗣諸王百官皆與聞之今失烈門故在而議欲他屬將寘之何地耶木哥曰太宗有命誰敢違之然前議立定宗由皇后脫忽列乃與汝輩爲之是則違太宗之命者汝等也今尙誰咎耶八剌語塞兀良合台曰蒙哥聰明睿知人咸知之拔都之議良是拔都即申令於衆衆悉應之議遂定

元年辛亥夏六月西方諸王別兒哥脫哈帖木兒東方諸王也古脫忽亦孫哥按只帶塔察兒別里古帶西方諸大將班里赤等東方諸大將也速不花等復大會于闊帖兀阿闌之地共推帝即皇帝位於斡難河失烈門及諸弟腦忽等心不能平有後言帝遣諸王旭烈與忙可撒兒師兵覘之諸王也速忙可不里火者等後期不至遣不憐吉解率兵備之遂改更庶政命皇弟忽必烈領治蒙

古漢地民戶遣塔兒斡魯不察乞剌賽典赤趙壁等詣燕京撫諭軍民以忙哥撒兒爲斷事官以孛魯合掌宣發號令朝覲貢獻及內外聞奏諸事以晃兀兒留守和林宮闕帑藏阿藍答兒副之以牙剌瓦赤不只兒斡魯不覩答兒等充燕京等處行尚書省事賽典赤匿昝馬丁佐之以訥懷塔剌海麻速忽等充別失八里等處行尚書省事暗都剌兀尊阿合馬也的沙佐之以阿兒渾充阿母河等處行尚書省事法合魯丁匿只馬丁佐之以茶寒葉了干統兩淮等處蒙古漢軍以帶答兒統四川等處蒙古漢軍以和里䚟統土蕃等處蒙古漢軍皆仍前征進以僧海雲掌釋教事以道士李真常掌道教事葉孫脫按只䚟暢吉爪難合答曲憐阿里出及剛疙疸阿散忽都魯等務持兩端坐誘諸王爲亂竝伏誅遂頒便宜事宜於國中凡朝廷及諸王濫發牌印詔旨宣命盡收之諸王馳驛許乘三馬遠行亦不過四諸王不得擅招民戶諸官屬不得以朝覲爲名賦斂民財民糧遠輸者許於近倉輸之罷築和林城役千五百人冬以宴只吉帶違命遣合丹誅之仍籍其家

二年壬子春正月幸失灰之地遣乞都不花攻末來吉兒都怯寨皇太后崩夏
駐蹕和林分遷諸王於各所各丹於別石八里地蔑里於于葉兒的石河海都
於海押立地別兒哥於曲兒只地脫脫於葉密立地蒙哥都及太宗皇后乞里
吉忽帖尼於擴端所居地之西仍以太宗諸后妃家貲分賜親王定宗后及失
烈門母以厭禳事覺並賜死謫失烈門也速孛里等於沒脫赤之地禁錮和只
納忽孫脫等於軍營秋七月命忽必烈征大理諸王禿兒花撒丘征身毒怯的
不花征沒里奚旭烈征西域素丹諸國詔諭宋荊南襄陽樊城均州諸守將使
求附八月忽必烈次臨洮命總帥汪田哥以城利州聞欲爲取蜀之計冬十月
命諸王也古征高麗帝駐蹕月帖古忽蘭之地時帝因獵墮馬傷臂不視朝百
餘日十二月戊午大赦天下以帖哥紬闊闊朮等掌帑藏孛蘭合剌孫掌斡脫
阿忽察掌祭祀醫巫卜筮阿剌不花副之諸王合剌薨以只兒斡帶掌傳驛所
需孛魯合掌必闍赤寫發宣詔及諸色目官職徙諸匠五百戶修行宮是歲籍
漢地民戶諸王旭烈薨

三年癸丑春正月汪田哥修治利州且屯田蜀人莫敢侵軼帝獵于怯蹇义罕之地諸王也古以怨襲諸王塔剌兒營帝遂會諸王于斡難河北賜予甚厚罷也古征高麗兵以札剌兒帶爲征東元帥遣必闍別兒哥括斡羅思戶口三月大兵攻海州戍將王國昌逆戰于城下敗之獲都統一人夏六月命諸王旭烈兀及兀良合台等帥師征西域哈里發八哈塔等國又命塔塔兒帶撒里土魯花等征欣都思怯失迷兒等國帝幸火兒忽納要不花之地諸王拔都遣脫必察詣行在乞買珠銀萬錠以千錠授之仍詔諭之曰太祖太宗之財若此費用何以給諸王之賜王宜詳審之此銀就充今後歲賜之數秋幸軍腦兒以忙可撒兒爲萬戶哈丹爲札魯花赤九月忽必烈次忒剌地分兵三道以進冬十二月大理平帝駐蹕汪吉地命宗王耶虎與洪福源同領軍征高麗攻拔禾山東州春州三角山楊根天龍等城是歲斷事官忙哥撒兒卒

四年甲寅春帝獵于怯蹇义罕夏幸月兒滅怯之地遣札剌亦兒部人火兒赤征高麗秋七月詔官吏之赴朝理算錢糧者許自首不公仍禁以後浮費冬大

獵干也滅干哈里义海之地忽必烈還自大理留兀良合台攻諸夷之未附者入覲於獵所是歲會諸王于顆顆腦兒之西乃祭天于日月山初籍新軍帝謂大臣求可以愼固封守閑於將略者擢史樞征行萬戶配以真定相衞懷孟諸軍駐唐鄧張柔移鎭亳州權萬戶史權屯鄧州張柔遣張信將八漢軍戍潁州王安國將四千戶渡漢南深入而還張柔以連歲勤兵兩淮艱於糧運奏據亳之利詔柔率山前八軍城而戍之柔又以渦水北隘淺不可舟軍既病涉曹濮魏博粟皆不至乃築甬路自亳抵汴堤百二十里流深而不能築復爲橋十五或廣八十尺橫以二堡戍之均州總管孫嗣遣人齎蠟書降且乞援史權以精甲備宋人之要遂援嗣而來其後驍將鍾顯王梅杜柔袁師信各帥所部來降五年乙卯春詔徵逋欠錢穀夏帝幸月兒滅怯土秋九月張柔會大帥于符離以百丈口爲宋往來之道可容萬艘遂築甬路自亳而南六十餘里中爲橫江堡又以路東六十里皆水可致宋舟乃立柵水中惟密置偵邏於所達之路由是鹿邑寧陵考栢楚丘南頓無宋患陳蔡潁息皆通矣是歲改命劉剌觧與洪

福源同征高麗後此又連三歲攻拔其光州安城中州玄鳳珍原甲向玉果等城

六年丙辰春大風起北方砂礫飛揚白日晦冥帝會諸王百官于欲兒陌哥都之地設宴六十餘日賜金帛有差仍定擬諸王歲賜錢穀忽必烈遣沒兒合石詣行在所奏請續簽內郡漢軍從之夏四月駐蹕于塔密兒五月幸昔剌兀魯朶六月太白晝見幸斡亦兒阿答諸王亦孫哥駙馬也速兒等請伐宋帝亦以宋人違命囚使會議伐之秋七月命諸王各還所部以居諸王塔察兒駙馬帖里垓軍過東平諸處掠民羊豕帝聞遣使問罪由是諸軍無犯者是歲高麗國王細𡹤甫雲南酋長摩合羅𡹤及素丹諸國來覲兀良合台討白蠻等克之遂自昔八兒地還至重慶府敗宋將張都統賜金縷織文衣一襲銀五十兩綵帛萬二百匹以賚軍士冬帝駐蹕阿塔哈帖乞兒蠻以阿木河回回降民分賜諸王百官

七年丁巳春幸忽闌也兒吉詔諸王出師征宋乞都不花等討未來吉兒都怯

寨平之夏六月謁太祖行宮祭旗鼓復會于怯魯連之地還幸月兒滅怯土秋駐蹕于軍腦兒釃馬乳祭天九月出師南征以駙馬剌真之子乞䚟為達魯花赤鎮守斡羅思仍賜馬三百羊五千回鶻獻水精盆珍珠傘等物可直銀三萬餘錠帝曰方今百姓疲弊所急者錢爾朕獨有此何為卻之賽典赤以為言帝稍償其直且禁其勿復有所獻宗王塔察兒率諸軍南征圍樊城霖雨連月乃班師元帥卜憐吉䚟軍自鄧州略地遂渡漢江冬十一月兀良合台伐交趾敗之入其國安南主陳日煚竄海島遂班師遣阿藍答兒脫因囊加台等詣陝西等處理算錢穀冬帝度漠南至於玉龍棧忽必烈及諸王阿里不哥八里土出木哈兒玉龍塔失昔烈吉公主脫滅干等來迎大燕既而各遣歸所部

八年戊午春正月朔幸也里本朶哈之地受朝賀二月陳日煚傳國于長子光昺光昺遣壻與其國人以方物來見兀良合台送詣行在所諸王旭烈兀討回回哈里發平之禽其王遣使來獻捷帝獵于也里海牙之地師南征次於河適冰合以土覆之而渡帝自將伐宋由西蜀以入命張柔從忽必烈征鄂趨杭州

命塔察攻荆山分宋兵力宋四川制置使蒲澤之攻成都紐璘率師與戰敗之進攻雲頂山守將姚某等以衆相繼來降詔以紐璘爲都元帥帝由東勝河度遣參知政事劉太平括興元戶口三月命洪茶丘率師從劄剌䚟同征高麗夏四月駐蹕六盤山諸郡縣守令來覲豐州千戶郭燧奏請續簽軍千人修治金州從之是時軍四萬號十萬分三道而進帝由隴州入散關諸王莫哥由祥州入米倉關孛里乂萬戶由漁關入沔州以明安答兒爲太傅守京兆詔徵益都行省李璮兵璮來言益都南北要衝兵不可撤從之璮還擊海州漣水等處五月皇子阿速帶因獵獨騎傷民稼帝見讓之遂撻近侍數人士卒有拔民葱者即斬以徇由是秋毫莫敢犯仍賜所經郡守各有差秋七月留輜重於六盤山率兵由寶鷄攻重貴山所至輒平八月辛丑璮與宋人戰殺宋師殆盡九月駐蹕漢中都元師紐璘留密里火者劉黑馬等守成都悉率餘兵渡馬湖禽宋制置使張實遂遣實招諭苦竹隘實遁冬十月壬午帝次寶峯癸未如利州觀其城池竝非深固以汪田哥能守蜀不敢犯賜卮酒獎諭之帝渡嘉陵江至白水

江命田哥造浮梁以濟梁成賜田哥等金帛有差帝駐蹕劍門戊子攻苦竹隘裨將趙仲竊獻東南門師入與其守將楊立戰敗之殺立衆皆奔潰詔毋犯趙仲家屬仍賜仲衣帽徙于隆慶己亥獲張實支解之賜田哥玉帶及犒賞士卒留精兵五百守之遣使招諭龍州帝至高峯庚子圍長寧山守將王佐裨將徐昕等率兵出戰敗之十一月己酉帝督軍先攻鵝頂堡壬子力戰于望喜門薄暮宋知縣王仲由鵝頂堡出降是夜破其城王佐死焉癸丑誅佐之子及徐昕等四十餘人以彭天祥爲達魯花赤治其事王仲副之丙辰進攻長獲山守將大淵降命大淵爲四川侍郎仍以其兵從庚午次和溪口遣驍騎略青居山是月龍州王知府降諸王莫哥都攻禮義山不克諸王塔察兒略地至江而還竝會于行在所命忽必烈統諸路蒙古漢軍伐宋十二月壬午楊大淵率所部兵與汪田哥分擊相如等縣都元帥紐璘攻簡州以宋降將張威率衆爲先鋒乙酉帝次于運山大淵遣人招降其守將張大悅仍以大悅爲元帥師至青居山裨將劉淵等殺都統段元鑒降庚寅遣使招諭未附丁酉隆州守縣降己亥大

艮山守將蒲元圭降詔諸軍毋俘掠癸卯攻雅州拔之石泉守將趙順降甲辰遣宋人晉國寶招諭合州守將王堅堅辭之國寶遂歸是歲皇子辨都薨于吉河之南

九年己未春正月乙巳朔駐蹕重貴山北置酒大會因問諸王駙馬百官曰今在宋境夏暑且至汝等其謂可居否乎札剌亦兒部人脫歡曰南土瘴癘上宜北還所獲人民委吏治之便阿兒剌部人八里赤曰脫歡怯臣願往居焉帝善之戊申晉國寶歸次峽口王堅追還殺之諸王莫哥都復攻渠州禮義山曳剌禿魯雄攻巴州平梁山丁卯大淵請攻合州俘男女八萬餘二月丙子帝悉率諸兵渡鷄爪灘至石子山丁丑督諸軍戰城下辛巳攻一字城癸未攻鎮西門三月攻東新門奇勝門鎮西門小堡夏四月丙子大雷雨凡二十日乙未攻護國門丁酉夜登外城殺宋兵甚衆五月屢攻不克六月丁巳汪田哥復選兵夜登外城馬軍寨殺寨主及守城者王堅率兵來戰遲明遇雨梯折後軍不克進而止是月帝不豫秋七月辛亥留精兵三千守之餘悉攻重慶癸亥帝崩于釣

魚山壽五十有二在位九年追諡桓肅皇帝廟號憲宗帝剛明雄毅沉斷而寡言不樂燕飲不好侈靡雖后妃不許之過制初太宗朝羣臣擅權政出多門至是凡有詔旨帝必親起草更易數四然後行之御羣臣甚嚴嘗諭旨曰爾輩若得朕奬諭之言卽志氣驕逸志氣驕逸而災禍有不隨至者乎爾輩其戒之性喜畋獵自謂遵祖宗之法不蹈襲他國所爲然酷信巫覡卜筮之術凡行事必謹叩之殆無虛日終不自厭也

元史卷三

元史卷四

明翰林學士亞中大夫知制誥兼修國史宋　濂等修

本紀第四

世祖一

世祖聖德神功文武皇帝諱忽必烈睿宗皇帝第四子母莊聖太后怯烈氏以乙亥歲八月乙卯生及長仁明英睿事太后至孝尤善撫下納弘吉剌氏爲妃歲甲辰帝在潛邸思大有爲於天下延藩府舊臣及四方文學之士問以治道歲辛亥六月憲宗卽位同母弟惟帝最長且賢故憲宗盡屬以漠南漢地軍國庶事遂南駐瓜忽都之地邢州有兩答剌罕言於帝曰邢吾分地也受封之初民萬餘戶今日減月削纔五七百戶耳宜選良吏撫循之帝從其言承制以脫兀脫及張耕爲邢州安撫使劉肅爲商榷使邢乃大治歲壬子帝駐桓撫間憲宗令斷事官牙魯瓦赤與不只兒等總天下財賦于燕視事一日殺二十八人其一人盜馬者杖而釋之矣偶有獻環刀者遂追還所杖者手試刀斬之帝責

之曰凡死罪必詳讞而後行刑今一日殺二十八人必多非辜既杖復斬此何刑也不只兒錯愕不能對太宗朝立軍儲所于新衛以收山東河北丁糧後惟計直取銀帛軍行則以資之帝請于憲宗設官築五倉于河上始令民入粟宋遣兵攻虢之盧氏河南之永寧衛之八柳渡帝言之憲宗立經略司於汴以忙哥史天澤楊惟中趙璧爲使陳紀楊果爲參議俾屯田唐鄧等州授之兵牛敵至則禦敵去則耕仍置屯田萬戶於鄧完城以備之夏六月入覲憲宗於曲先惱兒之地奉命帥師征雲南秋七月丙午禡牙西行歲癸丑受京兆分地諸將皆築第京兆豪侈相尙帝卽分遣使戍興元諸州又奏割河東解州鹽池以供軍食立從宜府于京兆屯田鳳翔募民受鹽入粟轉漕嘉陵夏遣王府尙書姚樞立京兆宣撫司以孛蘭及楊惟中爲使關隴大治又立交鈔提舉司印鈔以佐經用秋八月師次臨洮遣玉律朮王君侯王鑑諭大理不果行九月壬寅師次忒剌分三道以進大將兀良合帶率西道兵由晏當路諸王抄合也只烈帥東道兵由白蠻帝由中道乙巳至滿陀城留輜重冬十月丙午過大渡河又經

行山谷二千餘里至金沙江乘革囊及栰以渡摩娑蠻主迎降其地在大理北
四百餘里十一月辛卯復遣玉律朮等使大理丁酉師至白蠻打郭寨其主將
出降其姪堅壁拒守攻拔殺之不及其民庚子次三甸辛丑白蠻送款十二月
丙辰軍薄大理城初大理主段氏微弱國事皆決於高祥高和兄弟是夜祥率
衆遁去命大將也古及拔突兒追之帝既入大理曰城破而我使不出計必死
矣己未西道兵亦至命姚樞等搜訪圖籍乃得三使尸既瘞命樞爲文祭之辛
西南出龍首城次趙瞼癸亥獲高祥斬于姚州留大將兀良合帶戍守以劉時
中爲宣撫使與段氏同安輯大理遂班師歲甲寅夏五月庚子駐六盤山六月
以廉希憲爲關西道宣撫使姚樞爲勸農使秋八月至自大理駐桓撫間復立
撫州冬駐瓜忽都之地歲乙卯春復駐桓撫間冬駐奉聖州北歲丙辰春三月
命僧子聰卜地于桓州東灤水北城開平府經營宮室冬駐于合剌八剌合孫
之地憲宗命益懷州爲分地歲丁巳春憲宗命阿藍答兒劉太平會計京北河
南財賦大加鉤考其貧不能輸者帝爲代償之冬十二月入覲于也可迭烈孫

之地議分道攻宋以明年爲期歲戊午冬十一月戊申禡牙于開平東北是日
啓行歲己未春二月會諸王于邢州夏五月駐小濮州徵東平宋子貞李昶訪
問得失秋七月甲寅次汝南命大將拔都兒等前行備糧漢上戒諸將毋妄殺
命楊惟中郝經宣撫江淮必闍赤孫貞督軍須蔡州有軍士犯法者貞縛致有
司白于帝命戮以徇諸軍凜然無敢犯令者八月丙戌渡淮辛卯入大勝關宋
戍兵皆遁壬辰次黃陂甲午遣廉希憲招臺山寨比至千戶董文炳等已破之
時淮民被俘者衆悉縱之庚子先鋒茶忽得宋沿江制置司榜來上有云今夏
諜者聞北兵會議取黃陂民船繫栰由陽邏堡以渡會于鄂州帝曰此事前所
未有願如其言辛丑師次江北九月壬寅朔親王穆哥自合州釣魚山遣使以
憲宗凶問來告且請北歸以繫天下之望帝曰吾奉命南來豈可無功遽還甲
辰登香爐山俯瞰大江江北曰武湖湖之東曰陽邏堡其南岸卽滸黃洲宋以
大舟扼江渡帝遣兵奪二大舟是夜遣木魯花赤張文謙等具舟楫乙巳遲明
至江岸風雨晦冥諸將皆以爲未可渡帝不從遂申敕將帥揚旗伐鼓三道並

進天爲開霽與宋師接戰者三殺獲甚衆逕達南岸軍士有擅入民家者以軍
法從事凡所俘獲悉縱之丁未遣王冲道李宗傑訾郊招諭鄂城比至東門矢
下如雨冲道墜馬爲敵所獲宗傑郊奔還帝駐滸黃洲己酉抵鄂屯兵教場庚
戌圍鄂壬子登城東北壓雲亭立望樓高可五丈望見城中出兵趣兵迎擊生
擒二人云賈似道率兵救鄂事起倉卒皆非精銳遂命官取逃民棄糧聚之軍
中爲攻取計戊午順天萬戶張柔兵至大將拔突兒等以舟師趨岳州遇宋將
呂文德自重慶來拔都兒等迎戰文德乘夜入鄂城守愈堅冬十月辛未朔移
駐烏龜山甲戌拔突兒還自岳十一月丙辰移駐牛頭山兀良合帶略地諸蠻
由交趾歷邕桂抵潭州聞帝在鄂遣使來告時先朝諸臣阿藍答兒渾都海脫
火思脫里赤等謀立阿里不哥阿里不哥者睿宗第七子帝之弟也於是阿藍
答兒發兵於漠北諸部脫里赤括兵於漠南諸州而阿藍答兒乘傳調兵去開
平僅百餘里皇后聞之使人謂之曰發兵大事太祖皇帝曾孫真金在此何故
不令知之阿藍答兒不能答繼又聞脫里赤亦至燕后卽遣脫歡愛莫干馳至

軍前密報請速還丁卯發牛頭山聲言趣臨安留大將拔突兒等帥諸軍圍鄂
閏月庚午朔還駐青山磯辛未臨江岸遣張文謙還諭諸將曰遲六日當去鄂
退保滸黃洲命文謙發降民二萬北歸宋賈似道遣宋京請和命趙璧等語之
曰汝以生靈之故來請和好其意甚善然我奉命南征豈能中止果有事大之
心當請於朝是日大軍北還己丑至燕脫里赤方括民兵民甚苦之帝詰其由
托以憲宗臨終之命帝察其包藏禍心所集兵皆縱之人心大悅是冬駐燕京
近郊
中統元年春三月戊辰朔車駕至開平親王合丹阿只吉率西道諸王塔察兒
也先哥忽剌忽兒瓜都率東道諸王皆來會與諸大臣勸進帝三讓諸王大臣
固請辛卯帝卽皇帝位以禡禡趙璧董文炳爲燕京路宣慰使陝西宣撫使廉
希憲言高麗國王嘗遣其世子倎入覲會憲宗將兵攻宋倎留三年不遣今聞
其父已死若立倎遣歸國彼必懷德於我是不煩兵而得一國也帝是其言改
館倎以兵衞送之仍赦其境內夏四月戊戌朔立中書省以王文統爲平章政

事張文謙爲左丞以八春廉希憲商挺爲陝西四川等路宣撫使趙良弼叅議
司事粘合南合張啓元爲西京等處宣撫使己亥詔諭高麗國王王倎仍歸所
俘民及其逃戶禁邊將勿擅掠辛丑以卽位詔天下詔曰朕惟祖宗肇造區宇
奄有四方武功迭興文治多缺五十餘年於此矣蓋時有先後事有緩急天下
大業非一聖一朝所能兼備也先皇帝卽位之初風飛雷厲將大有爲憂國愛
民之心雖切於己尊賢使能之道未得其人方董夔門之師遽遺鼎湖之泣豈
期遺恨竟勿克終肆予冲人渡江之後蓋將深入焉乃聞國中重以僉軍之擾
黎民驚駭若不能一朝居者予爲此懼馹騎馳歸目前之急雖紓境外之兵未
戢乃會羣議以集良規不意宗盟輒先推戴左右萬里名王巨臣不召而來者
有之不謀而同者皆是咸謂國家之大統不可久曠神人之重寄不可暫虛求
之今日太祖嫡孫之中先皇母弟之列以賢以長止予一人雖在征伐之間每
存仁愛之念博施濟衆實可爲天下主天道助順人謨與能祖訓傳國大典於
是乎在孰敢不從朕峻辭固讓至於再三祈懇益堅誓以死請於是俯徇輿情

勉登大寶自惟寡昧屬時多艱若涉淵冰罔知攸濟爰當臨御之始宜新弘遠之規祖述變通正在今日務施實德不尚虛文雖承平未易遽臻而饑渴所當先務嗚呼曆數攸歸欽應上天之命勳親斯託敢忘烈祖之規體極建元與民更始朕所不逮更賴我遠近宗族中外文武同心協力獻可替否之助也誕告多方體予至意丁未以翰林侍讀學士郝經爲國信使翰林待制何源禮部郎中劉人傑副之使于宋丙辰收輯中外官吏宣劄牌面遣帖木兒李舜欽等行部考課各路諸色工匠置急遞鋪乙丑徵諸道兵六千五百人赴京師宿衛置互市于漣水軍禁私商不得越境犯者死是月阿里不哥僭號于和林城西按坦河召賈居貞張儆王煥完顏愈乘傳赴闕五月戊辰朔詔燕帖木兒忙古帶節度黃河以西諸軍丙戌建元中統詔曰祖宗以神武定四方淳德御羣下朝廷草創未遑潤色之文政事變通漸有綱維之目朕獲纘舊服載擴丕圖稽列聖之洪規講前代之定制建元表歲示人君萬世之傳紀時書王見天下一家之義法春秋之正始體大易之乾元炳煥皇猷權輿治道可自庚申年五月十

九日建元爲中統元年惟卽位體元之始必立經陳紀爲先故內立都省以總宏綱外設總司以平庶政仍以興利除害之事補偏救弊之方隨詔以頒於戲秉籙握樞必因時而建號施仁發政期與物以更新敷宣懇惻之辭表著憂勞之意凡在臣庶體予至懷詔安撫壽春府軍民甲午以阿里不哥反詔赦天下乙未立十路宣撫司以賽典赤李德輝爲燕京路宣撫使徐世隆副之宋子貞爲益都濟南等路宣撫使王磐副之河南路經略使史天澤爲河南宣撫使楊果爲北京等路宣撫使趙昞副之張德輝爲平陽太原路宣撫使謝瑄副之孛魯海牙劉肅並爲真定路宣撫使姚樞爲東平路宣撫使張肅副之中書左丞張文謙爲大名彰德等路宣撫使游顯副之粘合南合爲西京路宣撫使崔巨濟副之廉希憲爲京兆等路宣撫使以汪惟正爲鞏昌等處便宜都總帥虎闌箕爲鞏昌路元帥詔諭成都路侍郎張威安撫元忠綿資邛彭等州西川潼川隆慶順慶等府及各處山砦歸附官吏皆給宣命金符有差詔平陽京兆兩路宣撫司僉兵七千人於延安等處守隘以萬戶鄭鼎昔剌忙古帶領之貧不能

應役者官爲資給徵諸路兵三萬駐燕京近地命諸路市馬萬匹送開平府以總帥汪良臣統陝西漢軍於沿河守隘立望雲驛非軍事毋得輒入熒惑入南斗留五十餘日六月戊戌詔燕京西京北京三路宣撫司運米十萬石輸開平府及撫州沙井靖州魚兒濼以備軍儲以李璮爲江淮大都督劉太平等謀反事覺伏誅并誅乞帶不花於東川明里火者於西川渾都海反乙巳李璮言獲宋諜者言賈似道調兵聲言攻漣州遣人覘之見許浦江口及射陽湖兵船二千艘宜繕理城塹以備罷阿藍帶兒所簽解鹽戶軍百人壬子詔陝西四川宣撫司八春節制諸軍乙卯詔東平路萬戶嚴忠濟等發精兵一萬五千人赴開平乙丑以石長不爲大理國總管佩虎符詔十路宣撫司造戰襖裘帽各以萬計輸開平是月召真定劉郁邢州郝子明彰德胡祗遹燕京馮渭王光益楊恕李彥通趙和之東平韓文獻張昉等乘傳赴闕高麗國王王倎遣其子永安公僖判司宰事韓卽來賀卽位以國王封冊王印及虎符賜之秋七月戊辰敕燕京北京西京真定平陽大名東平益都等路宣撫司造羊裘皮帽袴靴皆以萬

討輸開平己巳以萬戶史天澤扈從先帝有功賜銀萬五千兩遣靈州種田民還京兆庚午賜山東行省大都督李璮金符二十銀符五俾給所部有功將士癸酉以燕京路宣慰使禡禡行中書省事燕京路宣慰使趙璧平章政事張啓元參知政事王鶚翰林學士承旨兼修國史河南路宣撫使史天澤兼江淮諸翼軍馬經略使丙子詔中書省給諸王塔察兒益都平州封邑歲賦金帛幷以諸王白虎襲剌門所屬民戶人匠歲賦給之詔造中統元寶交鈔立互市于潁州漣水光化軍北京路都元帥阿海乞免所部軍士征徭從之宋兵攻邊城詔遣太尹怯列忙古帶率所部合兵擊之下詔褒賞行省大都督李璮帝自將討阿里不哥勅劉天麟規措中都析津驛傳馬八月丙午授中書左丞行大名等路宣撫使張文謙虎符丁未詔都元帥紐璘所過毋擅捶掠官吏己酉立秦蜀行中書省以京兆等路宣撫使廉希憲爲中書省右丞行省事宋兵臨漣州李璮乞諸道援兵癸丑賜必闍赤塔剌渾銀二千五百兩李璮乞遣將益兵渡淮攻宋以方遣使修好不從癸亥澤州潞州旱民饑勅賑之九月丁卯帝在轉都

兒哥之地以阿里不哥遺命下詔諭中外乙亥李璮復請攻宋復諭止之壬午
初置拱衛儀仗是月阿藍答兒率兵至西涼府與渾都海軍合詔諸王合丹合
必赤與總帥汪良臣等率師討之丙戌大敗其軍于姑臧斬阿藍答兒及渾都
海西土悉平冬十月丁未李璮言宋兵復軍于漣州癸丑初行中統寶鈔戊午
車駕駐昔光之地命給官錢雇在京橐駝運米萬石輸行在所十一月戊子發
常平倉賑益都濟南濱棣饑民十二月丙申以禮部郎中孟甲禮部員外郎李
文俊使安南大理乙巳李璮上將士功命璮以益都官銀賞之帝至自和林駐
蹕燕京近郊始制祭享太廟祭器法服以梵僧八合思八爲帝師授以玉印統
釋教立仙音院復改爲玉宸院括樂工立儀鳳司又立符寶局及御酒庫羣牧
所升衛輝爲總管府賜親王穆哥銀二千五百兩諸王按只帶忽剌忽兒合丹
忽剌出勝納合兒銀各五千兩文綺帛各三百匹金素半之諸王塔察阿木魯
鈔各五十九錠有奇綿五千九十八斤絹五千九十八匹文綺三百匹金素半
之海都銀八百三十三兩文綺五十匹金素半之覩兒赤也不干銀八百五十

兩兀魯忽帶銀五千兩文綺三百匹金素半之只必帖木兒銀八百三十三兩爪都伯木兒銀五千兩文綺三百匹金素半之都魯牙忽銀八百三十三兩特賜綿五十斤阿只吉銀五千兩文綺三百金素半之先朝皇后帖古倫銀二千五百兩羅絨等折寶鈔二十三錠有奇皇后斡者思銀二千五百兩兀魯忽乃妃子銀五千兩自是歲以爲常

二年春正月辛未夜東北赤氣照人大如席乙酉宋兵圍漣州己丑李璮率將士迎戰敗之賜詔獎諭給金銀符以賞將士庚寅璮擅發兵修益都城塹二月丁酉太陰掩昴己亥宋兵攻漣水命阿朮等帥兵赴之丙午車駕幸開平詔減免民間差發罷守隘諸軍秦蜀行省借民錢給軍以今年稅賦償之免平陽太原軍站戶重科租稅丁未詔行中書省平章禡禡及王文統等率各路宣撫使赴闕丁巳李璮破宋兵于沙湖堰三月壬戌朔日有食之夏四月丙午詔軍中所俘儒士聽贖爲民辛亥遣弓工往教鄯闡人爲弓乙卯詔十路宣撫使量免民間課程命宣撫司官勸農桑抑游惰禮高年問民疾苦舉文學才識可以從

政及茂才異等列名上聞以聽擢用其職官污濫及民不孝悌者量輕重議罰辛酉詔太康弩軍二千八百人戍蔡州以禮部郎中劉芳使大理等國五月乙丑禁使臣毋入民家令止頓析津驛遣崔明道李全義爲詳問官詣宋淮東制司訪問國信使郝經等所在仍以稽留信使侵擾疆埸詰之庚辰敕使臣及軍士所過城邑官給廩餼毋擾于民丁亥申嚴沿邊軍民越境私商之禁唐慶子政臣入見詔復其家弛諸路山澤之禁禁私殺馬牛申嚴越境私商販馬疋者罪死以河南經略宣撫使史天澤爲中書右丞相河南軍民並聽節制詔成都路置惠民藥局遣王祐於西川等路採訪醫儒僧道六月癸巳括漏籍老幼等戶協濟編戶賦稅丙申賜新附人王顯忠王誼等衣物有差李璮遣人獻漣水捷罷諸路拘收孛蘭奚禁諸王擅遣使招民及徵私錢戊戌太陰犯角詔諭十路宣撫司幷管民官定鹽酒稅課等法癸卯以嚴忠範爲東平路行軍萬戶兼管民總管仍諭東平路達魯花赤等官並聽節制詔定中外官所乘馬數各有差乙巳賑火少里驛戶之乏食者賞欽察所部將校有功者銀二千五百兩及

幣帛有差己酉命竇默仍翰林侍講學士默與王鶚面論王文統不宜在相位薦許衡代之帝不懌而罷辛亥轉懿州米萬石賑親王塔察兒所部饑民賜親王合丹所部軍幣帛九百匹布千九百匹乙卯勑平陽路安邑縣蒲萄酒自今毋貢詔宣聖廟及管內書院有司歲時致祭月朔釋奠禁諸官員使臣軍馬毋得侵擾褻瀆違者加罪丙辰以汪良臣同簽鞏昌路便宜都總帥凡軍民官並聽良臣節制丁巳敕諸路造人馬甲及鐵裝具萬二千輸開平戊午詔毋收衞輝懷孟賦稅以償其所借芻粟庚申宋瀘州安撫使劉整舉城降以整行夔府路中書省兼安撫使佩虎符仍諭都元帥紐璘等使存恤其民賜故金翰林修撰魏璠謚靖肅秦蜀行省言青居山都元帥欽察等所部將校有功詔降虎符一金符五銀符五十七令行省銓定職名給之城臨洮陞真定鼓城縣爲晉州以鼓城安平武強饒陽隸焉賜僧子聰懷孟邢州田各五十頃罷金銀銅鐵丹粉錫碌坑冶所役民夫及河南舞陽薑戶藤花戶還之州縣賜大理國主段實虎符優詔撫諭之命李璮領益都路鹽課出工局繡女聽其婚嫁懷孟廣濟渠

提舉王允中大使楊端仁鑿沁河渠成漑田四百六十餘所高麗國王倎更名植遣其世子愖奉表來朝命宿衛將軍孛里察禮部郎中高逸民持詔往諭仍以玉帶賜之以不花爲中書右丞相耶律鑄爲中書左丞相張啓元爲中書右丞授管領崇慶府黎雅威茂卭灌七處軍民小太尉虎符秋七月辛酉朔立軍儲都轉運使司以馬月合乃爲使周鍇爲副使癸亥初立翰林國史院王鶚請修遼金二史又言唐太宗置弘文館宋太宗設內外學士院今宜除拜學士院官作養人才乞以右丞相史天澤監修國史左丞相耶律鑄平章政事王文統監修遼金史仍採訪遺事並從之賑和林饑民賞鞏昌路總帥汪惟正將校斬渾都海功銀二千五百兩馬價銀四千九百兩諸王昌童招河南漏籍戶五百命付之有司命總管王青製神臂弓柱子弓諭河南管軍官於近城地量存牧場餘聽民耕巴思答兒乞於高麗鴨綠江西立互市從之乙丑遣使持香幣祀嶽瀆丁丑渡江新附民留屯蔡州者徙居懷孟貸其種食以萬家奴爲安撫高麗軍民達魯花赤賜虎符庚辰西京宣德隕霜殺稼辛巳詔許衡即其家教懷

孟生徒命西京宣撫司造船備西夏漕運壬午遣納速剌丁孟甲等使安南乙酉以牛驛兩雪道途泥濘改立水驛己丑命鍊師王道歸於眞定築道觀賜名玉華諭將士舉兵攻宋詔曰朕卽位之後深以戢兵爲念故年前遣使於宋以通和好宋人不務遠圖伺我小隙反啓邊釁東剽西掠曾無寧日朕今春還宮諸大臣皆以舉兵南伐爲請朕重以兩國生靈之故猶待信使還歸庶有悛心以成和議留而不至者今又半載矣往來之禮遽絕侵擾之暴不已彼嘗以衣冠禮樂之國自居理當如是乎曲直之分灼然可見今遣王道貞往諭卿等當整爾士卒礪爾戈矛矯爾弓矢約會諸將秋高馬肥水陸分道而進以爲問罪之舉尙賴宗廟社稷之靈其克有勳卿等當宣布朕心明諭將士各當自勉毋替朕命鄂州青山磯潸黃洲所招新民遷至江北者設官領之勑懷孟牧地聽民耕墾八月壬辰賜故金補闕李大節諡貞肅丁酉命開平守臣釋奠于宣聖廟戊戌以燕京等路宣撫使賽典赤爲平章政事勑以賀天爵爲金齒等國安撫使忽林伯副之仍招諭使安其民己亥諭武衛軍都指揮使李伯祐汰本軍

疲老者選精銳代之給海青銀符一有奏馳驛以聞辛丑以宣撫使粘合南合爲中書右丞闊闊爲中書左丞賈文備爲開元女直水達達等處宣撫使賜虎符以宋降將王青爲總管教武衛軍習射乙巳禁以俘掠婦女爲娼丙午太白犯歲星以許衡爲國子祭酒丁未以姚樞爲大司農竇默仍翰林侍講學士先是以樞爲太子太師衡爲太子太傅默爲太子太保樞等以不敢當師傅禮皆辭不拜故復有是命初立勸農司以陳邃崔斌成仲寬粘合從中爲濱棣平陽濟南河間勸農使李士勉陳天錫陳膺武忙古帶爲邢洺河南東平涿州勸農使己酉命大名等路宣撫使歲給翰林侍講學士竇默太醫副使王安仁衣糧賜田以爲永業甲寅賞董文炳所將渡江及北征有功者二十二人銀各五十兩封順天等路萬戶張柔爲安肅公濟南路萬戶張榮爲濟南公陝西四川行省乞就決邊方重刑不允詔陝西四川行省存恤歸附軍民詔自今使臣有矯稱上命者有司不得聽受諸王后妃公主駙馬非聞奏不許擅取官物賜慶壽寺海雲寺陸地五百頃敕西京運糧于沙井北京運糧于魚兒泊立檀州驛頒

斗斛權衡賑桓州饑民賜諸王塔察兒金千兩銀五千兩幣三百匹給阿石寒
甲價銀千二百兩核實新增戶口措置諸路轉輸法命劉整招懷夔府嘉定等
處民戶宋私商七十五人入宿州議置于法詔宥之還其貨聽榷場貿易仍檄
宋邊將還北人之留南者九月庚申朔詔以忽突花宅爲中書省署奉遷祖宗
神主于聖安寺癸亥邢州安撫使張耕告老詔以其子鵬翼代之武衛親軍都
指揮使李伯祐董文炳言武衛軍疲老者乞補換仍存恤其家從之丙寅詔以
粘合南合行中興府中書省戊辰大司農姚樞請以儒人楊庸教孔顏孟三氏
子孫東平府詳議官王鏞兼充禮樂提舉詔以庸爲教授以鏞特兼太常少卿
辛未以清滄鹽課銀償往歲所貸民錢給公費者置和糴所于開平以戶部郎
中宋紹祖爲提舉和糴官丙子諭諸王駙馬凡民間詞訟無得私自斷決皆聽
朝廷處置河南民王四妻靳氏一產三男命有司量給贍養敕今歲田租輸沿
河近倉官爲轉漕不可勞民癸未以甘肅等處新罹兵革民務農安業者爲戍
兵所擾遣阿沙焦端義往撫治之以海青銀符二金符十給中書省量軍國事

情緩急付乘驛者佩之以開元路隸北京宣撫司真定路官民所貸官錢貧不能償詔免之王鶚請於各路選委博學老儒一人提舉本路學校特詔立諸路提舉學校官以王萬慶敬鉉等三十人充之勑燕京順天等路續製人甲五千馬甲及鐵裝具各二千冬十月庚寅朔詔鳳翔府種田戸隸平陽兵籍毋令出征務耕屯以給軍餉辛卯陝西四川行省上言軍務急速若待奏報恐失事機詔與都元帥紐璘會議行之遣道士訾洞春代祀東海廣德王廟壬辰敕火兒赤奴懷率所部略地淮西丁酉敕愛亦伯等及陝西宣撫司校覈不魯歡阿藍塔兒所貸官銀庚子以右丞張啓元行中書省於平陽太原等路括西京兩路官民有壯馬皆從軍令宣德州楊庭訓統之有力者自備甲仗無力者官與供給兩路奥魯官并在家軍人凡有馬者並付新軍劉總管統領昂吉所管西夏軍并豐州薴麻林夏水阿剌渾皆備鞍馬甲仗及孛魯歡所管兵凡徒行者市馬給之並令從軍違者以失悞軍期論修燕京舊城命平章政事趙璧左三部尚書怯烈門率蒙古漢軍駐燕京近郊太行一帶東至平灤西控關陝應有險

阻於附近民內選諳武事者修立堡寨守禦以河南屯田萬戶史權爲江漢大
都督依舊戍守又選銳卒三千付史樞管領於燕京近郊屯駐壬寅命亳州張
柔歸德邸浹睢州王文翰水軍解成張榮實東平嚴忠嗣濟南張宏七萬戶以
所部兵來會罷東平會計前任官侵用財賦甲辰宋兵攻瀘州劉整擊敗之詔
賞整銀五千兩幣帛二千匹失里答劉元振守禦有功各賞銀五百兩將士銀
萬兩幣帛千匹乙巳詔指揮副使鄭江將千人赴開平指揮使董文炳率善射
者千人由魚兒泊赴行在所指揮使李伯祐率餘兵屯潮河川壬子詔霍木海
乞帶等自得勝口至中都預備糧餉芻粟丙辰詔平章政事塔察兒率軍士萬
人由古北口西便道赴行在所十一月壬戌大兵與阿里不哥遇於昔木土腦
兒之地諸王合丹等斬其將合丹火兒赤及其兵三千人塔察兒與合必赤等
復分兵奮擊大破之追北五十餘里帝親率諸軍以躡其後其部將阿脫等降
阿里不哥北遁庚午太陰犯昴壬申詔免今年賦稅癸酉駐蹕帖買和來之地
以尙書怯烈門平章趙璧兼大都督率諸軍從塔察兒北上分蒙古軍爲二怯

烈門從麥肖出居庸口駐宣德德興府訥懷從阿忽帶出古北口駐興州帝親
將諸萬戶漢軍及武衛軍由檀順州駐潮河川敕官給芻糧毋擾居民罷十路
宣撫司止存開元路命諸路市馬二萬五千餘匹授蒙古軍之無馬者丁丑徵
諸路宣撫司官赴中都移蹕於速木合打之地詔漢軍屯懷來晉山鷹坊阿里
沙及阿散兄弟二人以擅離扈從伏誅十二月庚寅詔封皇子真金爲燕王領
中書省事辛卯熒惑犯房壬辰熒惑犯鈎鈐癸巳以昌撫蓋利泊等處蕩罷兵
革免今歲租賦甲午師還詔撤所在戍兵放民間新簽軍命太常少卿王鏞教
習大樂壬寅以隆寒命諸王合必赤所部軍士無行帳者聽舍民居命陝蜀行
中書省給綏德州等處屯田牛種農具初立宮殿府秩正四品專職營繕立尙
食局尙藥局初設控鶴五百四人以劉德爲軍使領之立異樣局達魯花赤掌
御用織造秩正三品給銀印賜諸王金銀幣帛如歲例是歲天下戶一百四十
一萬八千四百九十有九斷死罪四十六人

元史卷四

元史卷五

明翰林學士亞中大夫知制誥兼修國史宋　濂等修

本紀第五

世祖二

三年春正月癸亥修宣聖廟成庚午罷高麗互市諸王塔察兒請置鐵冶從之請立互市不從忽剌忽兒所部民饑罷上供羊命銀冶戶七百河南屯田戶百四十賦稅輸之州縣命匠戶爲軍者仍爲軍其軍官當考第富貧存恤無力者耶律鑄請北京餉諸王軍仍遣宣撫使柴禎等增價糴米三萬石益之賜高麗國曆辛未禁諸道戍兵及勢家縱畜牧犯桑棗禾稼者癸酉以軍與人民勞苦勑停公私逋負毋徵癸未賜廣寧王爪都駝鈕金鍍銀印及諸王合必赤行軍印宋制置使賈似道以書誘總管張元等李璮獲其書上之丙戌命江漢大都督史權亳州萬戶張弘彥將兵八千赴燕備宮懸鍾磬樂　舞籥翟凡用三百六十二人高麗遣使奉表來謝優詔答之李璮質子彥簡逃歸二月丁亥朔元籍

軍竄名爲民者命有司還正之括諸道逃亡軍己丑李璮反以漣海三城獻于宋盡殺蒙古戍軍引麾下趨益都前宣撫副使王磐脫身走至濟南驛召磐令姚樞問計磐對豎子狂妄卽成擒耳帝然之庚寅宋兵攻新蔡辛卯始定中外官俸命大司農姚樞講定條格甲午李璮入益都發府庫犒其將校乙未詔諸道以今歲民賦市馬丙申郭守敬造寶山漏成徙至燕京以興松雲三州隸上都辛丑李璮遣騎寇蒲臺癸卯詔發兵討之以趙璧爲平章政事修深冀南宮棗強四城甲辰發諸蒙古漢軍討李璮命水軍萬戶解成張榮實大名萬戶王文幹及萬戶嚴忠範會東平濟南萬戶張宏歸德萬戶邸浹武衞軍礮手元帥薛軍勝等會濱棣詔濟南路軍民萬戶張宏濱棣路安撫使韓世安各修城塹盡發管內民爲兵以備召張柔及其子弘範率兵二千詣京師丙午命諸王合必赤總督諸軍以不只愛不干及趙璧行中書省事於山東宋子貞參議行中書省事以董源高逸民爲左右司郎中許便宜從事眞定順天河間平灤大名邢州河南諸路兵皆會濟南以中書左丞闊闊尙書怯烈門宣撫游顯行宣慰

司於大名洺滋懷孟彰德衛輝河南東西兩路皆隸焉己酉王文統坐與李璮同謀伏誅仍詔諭中外王演等以妖言誅辛亥勑元帥阿海分兵戍平灤海口及東京廣寧懿州以餘兵詣京師詔諸道括逃軍還屯田嚴其禁壬子李璮據濟南癸丑詔大名洺滋彰德衛輝懷孟河南真定邢州順天河間平灤諸路皆籍兵守城宋兵攻滕州丙辰詔拔都抹台將息州戍兵詣濟南移其民於蔡州東平萬戶嚴忠範留兵戍宿州及蘄縣以餘兵自隨三月戊午有旨非中書省文移及兵民官申省者不許入遞己未括木速蠻畏吾兒也里可温答失蠻等戶丁爲兵庚申括北京鷹坊等戶丁爲兵蠲其賦令趙炳將之辛酉宗拔突言河南有自願從軍者命即令將之遣鄭鼎贍思丁答里帶三島行宣慰司事于平陽太原簽見任民官及捕鷹坊人匠等軍徙弘州錦工繡女于京師勑河東兩路元括金州兵付鄭鼎將之詔以平章政事禡禡廉希憲參政商挺斷事官麥肖行中書省于陝西四川獲私商南界者四十餘人命釋之勑燕京至濟南置海青驛凡八所壬申命戶部尚書劉肅專職鈔法平章政事賽典赤兼領之

以撒吉思柴楨行宣慰司事于北京免今歲絲銀止輸田租癸酉命史樞阿朮
各將兵赴濟南遇李璮軍邀擊大破之斬首四千璮退保濟南乙亥宋將夏貴
攻符離戊寅萬戶韓世安率鎮撫馬興千戶張濟民大破李璮兵於高苑獲其
權府傳珪賜濟民與金符詔以李璮兵敗諭諸路禁民間私藏軍器壬午始以
畏吾字書給驛璽書免西京今年絲銀稅甲申免高麗酒課乙酉宋夏貴攻蘄
縣諭諸路管民官毋令軍馬使臣入州城村居鎮市擾及良民夏四月丙戌朔
大軍樹柵鑿塹圍璮于濟南丁亥詔博興高苑等處軍民嘗為李璮脅從者並
釋其罪庚寅命怯烈門安撫張耕分邢州戶隸兩荅剌罕辛卯修河中禹廟賜
名建極宮壬辰以大梁府渠州路軍民總帥蒲元圭為東夔路經略使丙申宋
華路分湯太尉攻徐邳二州詔分張柔軍千人還戍亳州庚子江漢大都督史
權以趙百戶挈衆逃歸斬之詔自今部曲犯重罪鞫問得實必先奏聞然後寘
諸法詔安輯徐邳民禁征戍軍士及勢官毋縱畜牧傷其禾稼桑棗以米千石
牛三百給西京蒙古戶癸卯宋兵攻亳州甲辰命行中書省宣慰司諸路達魯

花赤管民官勸誘百姓開墾田土種植桑棗不得擅興不急之役妨奪農時乙巳以北京廣寧豪懿州軍興勞弊免今歲稅賦命諸路詳讞寃獄詔河東兩路拜平陽太原路達魯花赤及兵民官撫安軍民各安生業毋失歲計丁未李璮遣柴牛兒招諭部民盧廣廣縛以獻殺之以廣權威州軍判兼捕盜官戊申賜諸王也相哥金印庚戌賜諸王合必赤金銀海青符各二免松州興州望雲州新舊差賦以望雲松山興州課程隸開平府壬子勑非軍情毋行望雲驛乙卯河南路王諮子張無僧杜信等謀爲不軌竝伏誅詔右丞相史天澤專征諸將皆受節度五月戊午蘄縣陷權萬戶李義千戶張好古死之庚申築環城圍濟南璮不復得出詔撤吉思安撫益都路百姓各務農功仍禁蒙古漢軍剽掠癸亥史權妄奏徐邳總管李杲哥完復邳州城詔由杲哥以下竝原其罪時宋將夏貴攻邳州杲哥出降貴旣去杲哥自陳能保全州城史權以聞故有是命甲子宋兵攻利津縣蠲濱棣今歲田租之半東平蠲十之三自燕至開平立牛驛給鈔市車牛戊辰以右丞相忽魯不花兼中書省都斷事官賜虎符真定順天

邢州蝗以平章政事賽典赤兼領工部及諸路工作以孟烈所獻蹶張弩藏于
中都丙子晉山至望雲立海青驛丁丑李杲哥等伏誅命史天澤選考徐邳總
管甲申真定路不眼里海牙擅殺造僞鈔者三人詔詰其違制之罪西京宣德
咸寧龍門霜天順平陽河南真定雨雹東平濱棣旱詔覈實逃戶輸納絲銀稅
租戶口增者賞之隱匿者罪之逃民苟免差稅重加之罪大司農姚樞辭赴省
議事帝勉留之命樞與左三部尚書劉肅依前商議中書省事六月乙酉朔宋
兵攻滄州雅州瀘山民既降復叛命誅其首亂者七人餘令安業割遼河以東
隸開元路戊子濱棣安撫使韓安世敗宋兵于濱州丁河口己丑遣塔察兒帥
兵擊宋軍仍安諭瀕海軍民乙未禁女直侵軼高麗國民其使臣往還官爲護
送命婆娑府屯田軍移駐鴨綠江之西以防海道丙申高麗國王王植遣使來
貢壬寅陝西行省言西京宣德太原匠軍困乏乞以民代之有旨軍籍已定不
宜動搖宜令貧富相資果甚貧者令休息一歲癸卯太原總管李毅奴哥達魯
花赤戴曲薛等領李璮僞檄傳行旁郡事覺誅之勑武寧軍歲輸所產鐵河西

民及諸王忽撒吉所部軍士乏食給鈔賑之壬子申嚴軍官及兵伍擾民之禁癸丑立小峪蘆子寧武軍赤泥泉鐵冶四所東平嚴忠濟向爲民貸錢輸賦四十三萬七千四百定借用課程鈔本鹽課銀萬五千餘兩詔勿徵秋七月戊午復蒙古軍站戶差賦農民包銀徵其半俘戶止令輸絲民當輸賦之月毋徵私債勑私市金銀應支錢物止以鈔爲准丙寅賜夔州路行省楊大淵金符十銀符十九賞麾下將士別給海青符二事有急速馳以上聞立槍杆嶺驛以便轉輸癸酉甘州饑給銀以賑之甲戌李璮窮蹙入大明湖投水中不卽死獲之并蒙古軍囊家伏誅體解以徇戊寅以夔府行省劉整行中書省於成都潼川兩路仍賜銀萬兩分給軍士之失業者八月己丑郭守敬請開玉泉水以通漕運廣濟河渠司王允中請開邢洺等處漳滏澧河達泉以溉民田竝從之甲午博都歡等奏請以宣德州德興府等處銀冶付其匠戶歲取銀及石綠丹粉輸官從之丙午立諸路醫學教授戊申勑王鶚集廷臣商榷史事鶚等乞以先朝事蹟錄付史館河間平灤廣寧西京宣德北京隕霜害稼九月戊午亳州萬戶張

弘略破宋兵于蘄縣復宿蘄二城以侍衞親軍都指揮使董文炳兼山東路經
略使收集益都舊軍充武衞軍戍南邊詔益都行省大都督撒吉思與董文炳
會議兵民籍每十戶惟取其二充武衞軍其海州東海漣水移入益都者亦隸
本衞己未罷霸州海青驛安南國陳光昞遣使貢方物壬戌改邢州爲順德府
立安撫司洺磁威三州隸焉聽太原民食小鹽歲輸銀七千五百兩己巳以馬
月合乃餉軍功授禮部尚書賜金符壬申授安南國王陳光昞及達魯花赤訥
剌丁虎符勑濟南官吏凡軍民公私逋負權閣毋徵癸酉都元帥闊闊帶卒于
軍以其兄阿朮代之授虎符將南邊蒙古漢軍閏月甲申朔沙肅二州乏食給
米鈔賑之丁亥立古北口驛己丑濟南民饑免其賦稅免諸路軍戶他徭庚寅
勑京師順州至開平置六驛辛卯嚴忠範奏請補東平路廟學太常樂工從之
勑武衞軍及黑軍會于京師庚子中翼千戶九住破宋兵于虎腦山庚戌發粟
三十萬賑濟南饑民冬十月丙辰放金州所屯軍士二千人及大明河南新簽
防城軍爲民庚申分益都軍民爲二董文炳領軍撒吉思治民禁諸王使臣師

旅敢有恃勢擾民者所在執以聞詔以李璮所掠民馬還其主以郝經劉人傑使宋未還廩其家中書省奏與宋互市庶止私商及復逋民之陷于宋者且覘漣海二州不允以劉人傑不附李璮擢益都路總管仍以金帛賜之壬戌授益都行中書省都督府所統州郡官金符十七銀符十一乙丑詔禁京畿畋獵丙寅分東西兩川都元帥府爲二以帖的及劉整等爲都元帥及左右副都元帥詔責高麗欺慢之罪又詔賜高麗王植曆以戰功賞渠州達魯花赤王章等金五十兩銀一千五百五十兩賞閬蓬等路都元帥合州戰功銀五千兩丁卯詔鳳翔府屯田軍隸兵籍仍屯田鳳翔放刁國器所簽平陽軍九百一十五人爲民閬蓬廣安順慶夔府等路都元帥欽察戍青居山請益兵詔陝西行省及鞏昌總帥汪惟正以兵益之戊辰楊大淵乞於利州大安軍以鹽易軍糧從之庚午敕鞏昌總帥汪惟正將戍青居軍還屯田利州乙亥分中書左右部丁丑敕宿州百戶王達等所擒宋王用夏珍等八人赴京師命百家奴所將質子軍入侍戊寅命不里剌所統固安平灤質子軍自益都徙還故地詔益都府路官吏

軍民爲李璮脅從者竝赦其罪勑萬戶嚴忠範修復宿州蘄縣萬戶忽都虎懷都何總管修完邳州城郭十一月乙酉太白犯鉤鈐丁亥勑聖安寺作佛頂金輪會長春宮設金籙周天醮辛丑日有背氣重暈三珥敕濟南人民爲李璮裨校掠取財物者詰都督撒吉思所認之真定民郝與讐殺馬忠忠子榮受與銀令與代其軍役中書省以榮納賂忘讐無人子之道杖之沒其銀事聞詔諭如法有司失出之罪俾中書省議之三义沽竈戶經宋兵焚掠免今年租賦汰少府監工匠存其良者千二百戶遣官審理陝西重刑敕河西民徙居應州其不能自贍者百六十戶給牛具及粟麥種仍賜布人二匹乙巳詔都元帥阿朮分兵三千人同阿鮮不花懷都兵馬復立宿州蘄縣邳州有旨諭史天澤朕或乘怒欲有所誅殺卿等宜遲留一二日覆奏行之丙午詔特徵人員宜令乘傳戊申陞撫州爲隆興府以昔剌斡脫爲總管割宣德之懷安天成及威寧高原隸焉十二月甲寅封皇子真金爲燕王守中書令丙辰敕諸王塔察兒等所部獵戶止收包銀其絲稅輸之有司立河南山東統軍司以塔剌渾火兒赤爲河南

路統軍使盧昇副之東距亳州西至均州諸萬戶隸焉茶不花爲山東路統軍使武秀副之西自宿州東至寧海州諸萬戶隸焉罷各路急遞鋪丁巳立十路宣慰司以真定路達魯花赤趙瑨等爲之己未犯罪應死者五十三人詔重加詳讞辛酉詔給懷州新民耕牛二百俾種水田立諸路轉運司以燕京路監榷官曹澤等爲之使癸亥享太廟詔各路總管兼萬戶者止理民事軍政勿預其州縣官兼千戶百戶者仍其舊乙丑復立息州城以安其民召真定順德等路宣慰使王磐乘傳赴京師丙寅申嚴屠殺牛馬之禁己巳詔諸路管民總管子弟有分管州府司縣及鷹坊人匠諸色事務者罷之壬申遣使收輯諸路軍民官海青牌及驛券戊寅詔諸路管民官理民事管軍官掌兵戎各有所司不相統攝作佛事於昊天寺七晝夜賜銀萬五千兩割北京興州隸開平府建行宮于興隆路陞太原臨泉縣爲臨州降寧陵爲下縣仍隸歸德賜諸王金銀幣帛如歲例是歲天下戶一百四十七萬六千一百四十六斷死罪六十六人

四年春正月乙酉禁蒙古軍馬擾民宋賈似道遣楊琳齎空名告身及蠟書金

幣誘大獲山楊大淵南歸大淵部將執琳詔誅之以宋忽兒滅里及沙只回回鷹坊等兵戍商州藍田諸隘軍民官各從統軍司及宣慰司選舉岳天輔乞復立息州不允丙戌以姚樞爲中書左丞改諸路監榷課稅所爲轉運司甲午給公主拜忽符印其所屬設達魯花赤給鈔賑益都路貧民之無牛者立十路奧魯總管丁酉益都路行省大都督撒吉思上李璮所傷漣水軍民及陷宋蒙古女直探馬赤軍數男女凡七千九百二十二人癸卯領部阿合馬請與河南等處鐵冶及設東平等路巡禁私鹽軍從之召商挺趙良弼赴闕乙巳敕李平陽以所部西川出征軍士戍青居山其各翼軍在青居山者悉還成都詔陝西行省塔剌海等收恤離散軍戶詔以諸路漢軍奧魯毋隸各萬戶管領其科徵差稅山東河南隸統軍司東西兩川隸征東元帥府陝西隸行戶部凡奧魯官內有各萬戶弟男及私人皆罷之敕總帥汪忠臣都元帥帖的及劉整等益兵付都元帥欽察戍青居山仍以解州鹽課給軍糧丙午詔諸翼萬戶簡精兵四千充武衛軍罷古北口新置驛增萬戶府監戰一員參議一員以馬合麻所俘濟

南老僧口之民文面爲奴者付元籍爲民汪忠臣史權械繫宋諜者六人至京師有旨釋之辛亥申禁民家兵器及蒙古軍擾民者陵州達魯花赤蒙哥戰死濟南以其子忙兀帶襲職召雲頂山侍郎張威赴闕二月壬子朔命河東宣慰司市馬百二十九匹賜諸王八剌軍士之無馬者甲寅詔諸路官員子弟入質以高麗不答詔書詰其使者以民杜了翁先朝舊功復其家庚申賞萬戶怯來所部將士討李璮有功者銀二千七百五十兩甲子車駕幸開平以王德素充國信使劉公諒副之使于宋致書宋主詰其稽留郝經之故詔諸路置局造軍器私造者處死民間所有不輸官者與私造同三月戊子沂州胡節使范同知陷于宋命存恤其家或言其嘗爲宋兵鄉導乃分其妻孥資產賜有功將士辛卯敕撒吉思招集益都逃民命董文炳以所獲宋諜及俘八十一人赴隆興府聽諸路獵戶及捕盜巡鹽者執弓矢壬辰遣扎馬剌丁和糴東京己亥諸路包銀以鈔輸納其絲料入本色非產絲之地亦聽以鈔輸入凡當差戶包銀鈔四兩每十戶輸絲十四斤漏籍老幼鈔三兩絲一斤庚子亦黑迭兒丁請修瓊華

島不從王寅關東蒙古漢軍官未經訓敕者令各乘傳赴開平癸卯初建太廟乙巳賜迭怯那延等銀七千九十兩命北京元帥阿海發漢軍二千人赴開平己酉高麗國王王植遣其臣朱英亮入貢上表謝恩復立宿州夏四月庚戌朔以漏籍戶一萬一千八百附籍戶四千三百於各處起冶歲課鐵四百八十萬七千斤癸丑選益都兵千人充武衛軍甲寅償河西阿沙賑贍所部貧民銀三千七百兩己未以完顏端田宅賜益都千戶傅國忠國忠父天祐爲端所殺故命以其田宅賜之宣德至開平置驛罷開元路宣慰司丙寅西京武州隕霜殺稼戊寅召竇默許衡乘驛赴開平諸王阿只吉所部貧民遠徙者賜以馬牛車幣以東平爲軍行蹂踐賑給之改滄清深鹽提領所爲轉運司王鶚請延訪太祖事蹟付史館五月癸未詔北京運米五千石赴開平其車牛之費竝從官給乙酉初立樞密院以皇子燕王守中書令兼判樞密院事戊子陞開平府爲上都其達魯花赤兀良吉爲上都路達魯花赤總管董銓爲上都路總管兼開平府尹辛卯詔立燕京平準庫以均平物價通利鈔法乙未敕商州民就戍本州

毋禁弓矢丙申立上都馬步驛丁酉以元帥楊大淵張大悅復神山有功降詔獎諭戊戌以禮部尚書馬月合乃兼領潁州光化互市及領已括戶三千興煽鐵冶歲輸鐵一百三萬七千斤就鑄農器二十萬事易粟四萬石輸官河南隨處城邑市鐵之家令仍舊鼓鑄庚子河南路總管劉克興矯制括戶罷其職籍家資之半陞上都路望雲縣爲雲州松山縣爲松州賞前討渾都海戰功撒里都闊闊出等鈔二千一百七十四錠幣帛一千四百二十匹六月壬子河間益都燕京真定東平諸路蝗乙卯以管民官兼統懷孟等軍俺撒戰歿汴梁命其子忙兀帶爲萬戶佩金符戊午賜線真田戶六百己未賜高麗國王王植羊五百癸酉賜拜忽公主所部鈔千錠立上都惠民藥局建帝堯廟於平陽仍賜田十五頃以線真爲中書右丞相塔察兒爲中書左丞相秋七月癸未詔諸投下毋擅勾攝燕京路州縣官吏乙酉禁野狐嶺行營民毋入南北口縱畜牧損踐桑稼給公主拜忽銀五萬兩合剌合納銀千兩乙未以故東平權萬戶呂義死王事賜諡貞節戊戌詔弛河南沿邊軍器之禁陞燕京屬縣安次爲東安州固

安爲固安州河南統軍司言屯田民爲保甲丁壯射生軍凡三千四百人分戍沿邊州郡乞蠲他徭從之庚子詔賜諸王瓜都牛馬價銀六萬三千一百兩壬寅詔禁益都路探馬赤擾民以成都經略司隸西川行院禁蒙古漢軍諸人煎販私鹽詔山東經略司徙膠萊莒密之民及竈戶居內地中書省臣以妨煮鹽爲言遂令統軍司完復邊戍居民竈戶毋徙詔阿朮戒蒙古軍不得以民田爲牧地燕京河間開平隆興四路屬縣雨雹害稼八月戊申朔詔霍木海總管諸路驛佩金符辛亥置元帥府于大理詔東平大名河南宣慰司市馬千五百五十匹給阿朮等軍陞宣德州爲宣德府隸上都以淄萊登三州爲總管府治淄州命昔撒昔總制鬼國大理兩路兵部郎中劉芳前使大理至吐蕃遇害命恤其家壬子命中書省給北京西京轉運司車牛價鈔彰德路及洺磁二州旱免彰德今歲田租之半洺磁十之六冀州蒙古百戶阿昔等犯鹽禁沒入馬百二十餘匹以給軍士之無馬者甲寅命成都路運米萬石餉潼川給鈔付劉整市牛屯田分劉元禮等軍戍潼川命按敦將之丙辰詔以成都路綿州隸潼川戍

午以阿脫商挺行樞密院於成都凡成都順慶潼川都元帥府並聽節制庚申以史天倪前為武僊所殺以武僊第賜其子楫癸亥敕京兆路給賜劉整第一區田二十頃以蔓八剌所部貧乏賜銀七千五百兩給之甲子以西涼經兵居民困弊給鈔賑之仍免租賦三年敕諸臣傳旨有疑者須覆奏丙寅以諸王只必帖木兒部民困乏賜銀二萬兩給之壬申復置急遞鋪濱棣二州蝗真定路旱詔西涼流民復業者復其家三年車駕至自上都九月壬午河南大名兩道宣慰司所獲宋諜王立張達刁俊等十八人遇赦釋免給衣服遣還乙酉立漕運河渠司己丑賜諸王阿只吉所部種食牛具庚寅諭高麗上京等處毋重科斂民招諭濟南濱棣流民遣使徵諸路賦稅錢帛民間所賣布帛有疎薄狹短者禁之冬十月戊午初置隆興路驛十一月甲申詔以歲不登量減阿述怯烈各軍行餉東平大名等路旱量減今歲田租丙戌享于太廟以合丹塔察兒王磐張文謙行事高麗國王王植以免置驛籍民等事遣其臣韓就奉表來謝賜中統五年曆幷蜀錦一仍命植入朝立御衣尚食二局十二月丁未朔以鳳翔

屯軍汪惟正青居等軍刁國器平陽軍令益都元帥欽察統之戍虎嘯寨甲戌
敕駙馬愛不花蒲萄戶依民例輸賦也里可温答失蠻僧道種田入租貿易輸
稅丙子賜諸王金銀幣帛如歲例是歲天下戶一百五十七萬九千一百一十
賦絲七十萬六千四百一斤鈔四萬九千四百八十七錠斷死罪七人
至元元年春正月丁丑朔高麗國王王植遣使奉表來賀壬午敕諸路宣慰司
非奉旨無輒入覲以千戶張好古歿王事命其弟好義好禮竝襲職爲千戶癸
巳以益都武衛軍千人屯田燕京官給牛具以鄧州保甲軍二千三百二十九
戶隸統軍司戍戊戌楊大淵進花羅紅邊絹各百五十段優詔諭之己亥立諸路
平準庫癸亥命諸王位下工匠已籍爲民者竝徵差賦儒釋道也里可温達失
蠻等戶舊免租稅今竝徵之其蒙古漢軍站戶所輸租減半西北諸王率部民
來歸勑北京西京宣慰司隆興總管府和糴以備糧餉築泠水河城命千戶土
虎等戍之罷南邊互市申嚴持軍器販馬越境私商之禁二月辛亥賀福等六
人告平陽太原漏籍戶詔賞以官廷臣以非材對給鈔與之勑選儒士編修國

史譯寫經書起館舍給俸以贍之壬子修瓊花島發北京都元帥阿海所領軍疏雙塔漕渠甲寅以故亳州千戶邸閏陷于宋命其子榮祖襲職丙辰罷陝西行戶部丁卯太陰犯南斗癸酉車駕幸上都詔諸路總管史權等二十三人赴上都大朝會弛邊城軍器之禁三月庚辰設周天醮于長春宮己亥命尚書宋子貞陳時事子貞條具以聞詔獎諭命中書省議行之辛丑詔四川行院命阿脫專掌軍政其刑名錢穀商搉任之立漕運司以王光益爲使夏四月戊申以彰德洺磁路引漳滏洹水灌田致御河淺澀鹽運不通塞分渠以復水勢辛亥太陰犯軒轅御女星壬子東平太原平陽旱分遣西僧祈雨己卯詔高麗國王王植來朝上都修世見之禮辛酉以四川茶鹽商酒竹課充軍糧楊大淵以部將王仲得宋將昝萬壽書殺之詔以其事未經鞫問或墮宋人行間之計豈宜輒施刑戮詰責大淵仍存恤仲家御苑官南家帶請修駐蹕涼樓并廣牧地詔涼樓俟農隙牧地分給農之無田者丁卯追治李璮逆黨萬戶張邦直兄弟及姜郁李在等二十七人罪戊辰給新附戍軍糧餉高麗國王王植遣其臣金祿

來貢五月乙亥詔遣唆脫顏郭守敬行視西夏河渠俾具圖來上庚辰勑劍州守將分軍守劍門置驛於人頭山丙戌太陰犯房丁亥釋宋私商五十七人給糧遣歸其國己丑以平陰縣尹馬欽發私粟六百石賑饑民又給民粟種四百餘石詔奬諭特賜西錦五端以旌其義乙未初置四川急遞鋪丙申賜諸王欽察銀萬兩濟其所部貧乏者己亥太陰犯昴以中書右丞粘合南合爲平章政事邛部川六番安撫招討使都王明亞爲鄰國建都所殺敕其子伯佗襲職賜金符六月乙巳召王鶚姚樞赴上都宋制置夏貴率兵欲攻虎嘯山敕以萬戶石抹紇札剌一軍益欽察戍之戊申高麗國王王植來朝秋七月甲戌彗星出輿鬼昏見西北貫上台掃紫微文昌及北斗旦見東北凡四十餘日以阿合馬言益解州鹽課均賦諸色僧道軍匠等戶其太原小鹽聽從民便癸未改新鳳州爲徽州以西番十八族部立安西州行安撫司事丁亥諸王算吉所部營帳軍民被火發粟賑之庚寅給諸王也速不花印壬辰特詔諭鞏昌路總帥汪惟正勞勉之賜元寶交鈔三萬貫仍戍青居賜諸王玉龍答失印仍以先朝獵戶

賜之丁酉龍門禹廟成命侍臣阿合脫因代祀己亥定用御寶制凡宣命一品二品用玉三品至五品用金其文曰皇帝行寶者卽位時所鑄惟用之詔誥別鑄宣命金寶行之庚子阿里不哥自昔木土之敗不復能軍至是與諸王玉龍荅失阿速帶昔里給其所謀臣不魯花忽察禿滿阿里察脫忽思等來歸詔諸王皆太祖之裔竝釋不問其謀臣不魯花等皆伏誅八月壬寅朔陝西行省臣上言川蜀戍兵軍需請令奧魯官徵入官庫移文於近戍官司依數取之宋新附民宜撥地土衣糧給其牛種仍禁邊將分匿人口商州險要乞增戍兵陝西獵戶移獵商州河西鳳翔屯田軍遷戍興元四川各翼軍有地者徵其稅給無田者糧皆從之甲辰詔秦蜀行省發銀二十五萬兩給沿邊歲用乙巳立諸路行中書省以中書左丞相耶律鑄參知政事張惠等行省事詔新立條格省併州縣定官吏員數分品從官職給俸祿頒公田計月日以考殿最均賦役招流移禁勿擅用官物勿以官物進獻勿借易官錢勿擅科差役凡軍馬不得停泊村坊詞訟不得隔越陳訴恤鰥寡勸農桑驗雨澤平物價具盜賊囚徒起數月

中省部又頒陝西四川西夏中興北京三處行中書條格定立諸王使臣驛傳稅賦差發不許擅招民戶不得以銀與非投下人爲斡脫禁口傳勑旨及追呼省臣官屬詔蒙古戶種田有馬牛羊之家其糧住支無田者仍給之庚戌命燕王署勑諸王設僚屬及說書官諸站戶限田四頃免稅供驛馬及祗應命各路總管府兼領其事癸丑命僧子聰同議樞密院事詔子聰復其姓劉氏易名秉忠拜太保參領中書省事乙卯詔改燕京爲中都其大興府仍舊增都省參佐掾史月俸丙辰劉秉忠王鶚張文謙商挺言燕王既署相銜宜於省中別置幕位每月一再至判署朝政其說書官皇子忙安以李磐爲之南木合以高道爲之丁巳以改元大赦天下詔曰應天者惟以至誠拯民者莫如實惠朕以菲德獲承慶基內難未戡外兵未戢夫豈一日于今五年賴天地之畀矜暨祖宗之垂裕凡我同氣會於上都雖此日之小康敢朕心之少肆比者星芒示儆雨澤愆常皆闕政之所繇顧斯民之何罪宜布惟新之令溥施在宥之仁據不魯花忽察禿滿阿里察脫火思輩構禍我家照依太祖皇帝扎撒正典刑訖可大赦

天下改中統五年爲至元元年於戲否往泰來迓續亨嘉之會鼎新革故正資輔弼之良咨爾臣民體予至意戊午給益都武衛軍千人冬衣己未鳳翔府龍泉寺僧超過等謀亂遇赦沒其財鬻管京兆僧司同謀蘇德責令從軍自効發萬戶石抹糺扎剌所部千人赴商州屯田亳州軍六百八人及河南府軍六十人助欽察戍青居勅山東經略副使武秀選益都新軍千人充武衛軍赴中都城郯以沂州監戰塔思萬戶孟義所部兵戍之太原路總管攸忙兀帶坐藏甲匿戶罷職爲民九月壬申朔立翰林國史院以改元詔諭高麗國幷赦其境內辛巳車駕至自上都庚寅益都毛璋謀逆二子及其黨崔成竝伏誅籍其家貲賜行省撒吉思冬十月壬寅朔高麗國王王植來朝乙巳禁上都畿內捕獵庚戌有事于太廟壬子恩州歷亭縣進嘉禾一莖五穗戊辰改武衛軍爲侍衛親軍十一月丙子詔宋人歸順及北人陷沒來歸者皆月給糧食辛巳征骨嵬先是吉里迷內附言其國東有骨嵬亦里于兩部歲來侵疆故往征之乙丑以至元二年曆日賜高麗國王王植禁登州和州等處幷女直人入高麗界剽掠辛

卯召衞州太一五代度師李居素赴闕壬辰罷領中書左右部幷入中書省以領中書省左右部兼諸路都轉運使知太府監事阿合馬爲平章政事領中書省左右部兼諸路都轉運使阿里爲中書右丞丁酉太原路臨州進嘉禾二莖以元帥按敦劉整劉元禮欽察等將士獲功賞賚有差十二月乙巳罷各投下達魯花赤定中外百官儀從丁未勑遣宋諜者四人還其國戊午賞拔都軍人銀五十萬兩甲子太陰犯房乙丑以王鑑昔使大理沒於王事其子天赦不能自存優恤之丁卯勑鄧州沿邊增立棊萸常平建陵季陽四堡戊辰命選善水者一人沿黃河計水程達東勝可通漕運馳驛以聞庚午詔罷樞密院斷事官及各路奧魯官令總管府兼總押所始罷諸侯世守立遷轉法是歲真定順天洺磁順德大名東平曹濮州泰安高唐濟州博州德州濟南濱棣淄萊河間大水賜諸王金銀幣帛如歲例戶一百五十八萬八千一百九十五斷死罪七十三人

元史卷五

元史卷六

明翰林學士亞中大夫知制誥兼修國史宋　濂等修

本紀第六

世祖三

二年春正月辛未朔日有食之癸酉山東廉訪使言真定路總管張宏前在濟南乘變盜用官物詔以宏嘗告李璮反免宏死罪罷其職徵贓物償官邳州萬戶張邦直等違制販馬並處死敕徙鎮海百里八謙謙州諸色匠戶於中都給銀萬五千兩爲行費又徙奴懷忒木帶兒礮手人匠八百名赴中都造船運糧己卯北京路行省給札剌赤戶東徙行糧萬石以鄧州監戰訥懷新舊軍萬戶董文炳並爲河南副統軍甲申詔申嚴越界販馬之禁違者處死乙酉以河南北荒田分給蒙古軍耕種戊子諸王塔察兒使臣闊闊出至北京花道驛手殺驛吏郝用郭和尚有旨徵鈔十錠給其主贖死庚寅城西番匣答路癸巳八東乞兒部牙西來朝貢銀鼠皮二千賜金素幣各九帛十有八武城縣王氏妻崔

一產三男丁酉給親王玉龍答失部民糧二千石高麗國王王禃遣其弟公珣奉表來貢二月辛丑朔元帥按東與宋兵戰于釣魚山敗之獲戰艦百四十六艘甲辰初立宮闈局戊申賜親王兀魯帶河間王印給所部米千石丁巳車駕幸上都癸亥幷六部爲四以麥朮丁爲吏禮部尚書馬亨戶部尚書嚴忠範兵刑部尚書別魯丁工部尚書禁山東東路私煎硝鹻甲子以蒙古人充各路達魯花赤漢人充總管回回人充同知永爲定制以同知東平路宣慰使寶合丁爲平章政事山東廉訪使王晉爲參知政事廉希憲商挺罷詔併諸王只必帖木兒所設管民官屬詔諭總統所僧人通五大部經者爲中選以有德業者爲州郡僧錄判正副都綱等官仍於各路設三學講三禪會三月癸酉骨嵬國人襲殺吉里迷部兵勅以官粟及弓甲給之丁亥勅邊軍習水戰屯田誅宋諜李富住乙未罷南北互市括民間南貨官給其直遼東饑發粟萬石鈔百錠賑之夏四月戊午賜諸王合必赤亦怯烈金素幣各四拜行金幣一五月壬午賞萬戶晃里答兒所部征吐蕃功銀四百五十兩戊子禁北京平灤等處人捕獵庚

寅令軍中犯法不得擅自誅戮罪輕斷遣重者聞奏勅上都商稅酒醋諸課毋徵其榷鹽仍舊諸人自願徙居永業者復其家詔西川山東南京等路戍邊軍屯田閏五月癸卯升蓨縣爲景州辛亥檢覈諸王兀魯帶部民貧無孳畜者三萬七百二十四人人月給米二斗五升四閱月而止丙辰雅州碉門宣撫使請復碉門城邑詔相度之癸亥移秦蜀行省於興元丙寅命四川行院分兵屯田丁卯分四親王南京屬州鄭州隸合丹鈞州隸明里睢州隸孛羅赤蔡州隸海都他屬縣復還朝廷以平章政事趙璧行省于南京河南府大名順德洺磁彰德懷孟等路平章政事廉希憲行省事于東平濟南益都淄萊等路中書左丞姚樞行省事于西京平陽太原等路詔諸路州府若自古名郡戶數繁庶且當衝要者不須改併其戶不滿千者可併則併之各投下者併入所隸州城其散府州郡戶少者不須更設錄事司及司候司附郭縣止令州府官兼領括諸路未占籍戶任差職者以聞六月戊申朔新得州安撫向良言頃以全城內附元領軍民流散南界者多欲歸順並乞招徠從之又勅良以所領新降軍民移戍

通江縣行新得州事辛未賜阿朮所部馬價鈔一千二十三錠有奇丙子太陰犯心大星戊寅移山東統軍司於沂州萬戶重喜立十字路復正陽命禿剌戍之己卯以淇州隸懷孟路高麗國王王禃遣其臣榮胤伯奉表來賀聖誕節千戶闊闊出部民乏食賜鈔賑之王晉置樞密院臣言各路出征逃亡漢軍及貧難未起戶幷投下隱匿事故者宜一槩發遣應役從之勅行院及諸軍將校卒伍須正身應役違者罪之秋七月辛酉益都大蝗饑命減價糶官粟以賑癸亥安南國王陳光昞遣使奉表來貢甲子詔賜光昞至元三年曆八月丙子濟南路鄒平縣進芝草一本戊寅高麗國王王禃遣使來貢方物己卯諸宰職皆罷以安童爲中書右丞相伯顏爲中書左丞相戊子召許衡於懷孟楊誠於益都車駕至自上都九月戊戌以將有事太廟取大樂工於東平預習儀禮勅江淮沿邊樹柵徐宿邳三州助役徒庚子皇孫鐵穆爾生丁巳賞諸王只必帖木兒麾下河西戰功銀二百五十兩冬十月己卯享于太廟癸未勅順天張柔東平嚴忠濟河間馬總管濟南張林太原石抹總管等戶改隸民籍統軍抄不花萬

戶懷都麾下軍士所俘宋人九十三口官贖爲民其私越禁界掠獲者四十五人許令親屬完聚並種田內地戊子詔隨路私商曾入南界者首實免罪充軍十一月丙申召李昶於東平辛丑賜諸王只必帖木兒銀二萬五千兩鈔千錠癸丑賞楊文安戰功金五十兩所部軍銀六百兩及幣帛有差甲子詔事故貧難軍不堪應役者以兩戶或三戶合併正軍一名其丁單力備者許顧人應役十二月己巳省併州縣凡二百二十餘所庚午宋子貞言朝省之政不宜數行數改又刑部所掌事干人命尚書嚴忠範年少宜選老於刑名者爲之又請罷北京行中書省別立宣慰司以控制東北州郡並從之禁朝省告訐以息爭訟辛未以諸王也速不花所部戍西番軍屢有戰功賞銀三百兩癸酉召張德輝於真定徒單公履於衞州丁丑詔諭高麗賜至元三年曆日癸未賜劉秉忠金五十兩甲申賜伯顏宋子貞楊誠銀千兩鈔六十錠丁亥敕選諸翼軍富強才勇者萬人充侍衞親軍己丑瀆山大玉海成敕置廣寒殿是歲戶一百五十九萬七千六百一絲九十八萬六千二百八十八斤包銀鈔五萬七千六百八十

二錠賜諸王金銀幣帛如歲例彰德大名南京河南府濟南淄萊太原弘州雹
西京北京益都真定東平順德河閒徐宿邳蝗旱太原霜災斷死罪四十二人
三年春正月乙未高麗國王王禃遣使來賀丙午遣朵端趙璧持詔撫諭四川
將吏軍民壬子立制國用使司以阿合馬爲使癸丑選女直軍二千爲侍衞軍
四川行樞密院謀取嘉定請益兵命朵端趙璧摘諸翼蒙古漢軍六千人付之
二月丙寅廉希憲宋子貞爲平章政事張文謙復爲中書左丞史天澤爲樞密
副使癸酉立瀋州以處高麗降民壬午平陽路僧官以妖言惑衆伏誅以中書
右丞張易同知制國用使司事參知政事張惠爲制國用副使癸未車駕幸上
都甲申罷西夏行省立宣慰司初製太常禮樂工冠服立東京廣寧懿州開元
恤品合懶婆娑等路宣撫司乙酉蠲中都今年包銀四分之一詔理斷阿朮部
下所俘人口畜牧及其草地爲民侵種者以制國用使司條畫諭中外官吏三
月辛巳分衞輝路爲親王玉龍答失分地戊戌賑水達達民戶饑己未王晉及
侍中和哲斯濟南益都轉運使王明以隱匿鹽課皆伏誅夏四月丁卯五山獮

御榻成置瓊華島廣寒殿亳州水軍千戶胡進等領騎兵渡淝水逾荊山與宋兵戰殺獲甚衆賞鈔幣有差庚午勅僧道祈福於中都寺觀詔以僧機爲總統居慶壽寺己卯申嚴瀕海私鹽之禁勅宮燭毋彩繪五月乙未遣使諸路慮囚庚子勅太醫院領諸路醫戶惠民藥局辛丑以黃金飾渾天儀丙午浚西夏中興漢延唐來等渠凡良田爲僧所據者聽蒙古人分墾丙辰罷益都行省蠲平灤益都質子戶賦稅之半六月丁卯封皇子南木合爲北平王以印給之辛未徙歸化民於清州與濟縣屯田官給牛具壬申賜劉整畿內地五十頃癸酉以千戶扎剌兒沒于王事賜其妻銀二百五十兩丙子立漕運司戊寅以陝西行省平章賽典赤等政事修治賜銀五千兩命山東統軍副使王仲仁督造戰船于汴申嚴陝西河南竹禁立拱衞司秋七月丙申罷息州安撫司壬寅詔上都路總管府遇車駕巡幸行留守司事車駕還卽復舊丙午遣使祀五嶽四瀆甲寅添內外巡兵外路每百戶選中產者一人充之其賦令餘戶代輸在都增武衞軍四百己未以崞代堅臺四州隸忻州詔令西夏避亂之民還本籍成都新

民爲豪家所庇者皆歸之州縣詔招集逃亡軍限百日詣所屬陳首原其罪貸者併戶應役八月癸亥賜丞相伯顏第一區丁卯以兵部侍郎黑的禮部侍郎殷弘使日本賜書曰皇帝奉書日本國王朕惟自古小國之君境土相接尚務講信修睦況我祖宗受天明命奄有區夏遐方異域畏威懷德者不可悉數朕卽位之初以高麗無辜之民久瘁鋒鏑卽令罷兵還其疆埸反其旄倪高麗君臣感戴來朝義雖君臣而歡若父子計王之君臣亦已知之高麗朕之東藩也日本密邇高麗開國以來時通中國至於朕躬而無一乘之使以通和好尚恐王國知之未審故特遣使持書布告朕心冀自今以往通問結好以相親睦且聖人以四海爲家不相通好豈一家之理哉以至用兵夫孰所好王其圖之又詔高麗導去使至其國戊子高麗國王王禃遣其大將軍朴琪來賀聖誕節阿朮略地蘄黃俘獲以萬計九月戊午車駕至自上都冬十月庚申朔降德興府爲奉聖州癸亥高麗使還以王禃病詔和藥賜之丁丑徙平陽經籍所于京師更勅牒舊式太廟成丞相安童伯顏言祖宗世數尊謚廟號增祀四世各廟神

主配享功臣法服祭器等事皆宜定議命平章政事趙璧等集羣臣議定爲八
室申禁京畿畋獵壬午命制國用使司造神臂弓千張矢六萬十一月辛卯初
給京府州縣司官吏俸及職田戊戌濬御河立漕倉丁未申嚴殺牛馬之禁宋
子貞致仕辛亥以忽都答兒爲中書左丞相詔禁天文圖讖等書丙辰千戶散
竹帶以嗜酒失所守大良平罪當死錄其前功免死令往東川軍前自效詔建
都使復歸朝又詔嘉定等府沿江一帶城堡早降又詔四川行樞密院遣人告
諭江漢庸蜀等効順具官吏姓名對階換授有功者遷有才者用民無生理者
以衣糧賑之願還內地者給以田廬毋令失所十二月庚申給諸王合必赤行
軍印辛酉詔改四川行樞密院爲行中書省以賽典赤也速帶兒等僉行中書
省事甲子立諸路洞冶所以梁成生擒宋總轄官授同知開府事佩金符減輝
州竹課先是官取十之六至是減其二丁亥詔安肅公張柔行工部尚書段天
祐等同行工部事修築宮城併太府監入宣徽院仍以宣徽使專領監事詔賜
高麗以至元四年曆日仍慰諭之建大安閣于上都鑿金口導盧溝水以漕西

山木石勑諸越界私商及諜人與僞造鈔者送京師審覈是歲天下戸一百六
十萬九千九百三東平濟南益都平灤真定洛磁順天中都河間北京蝗京兆
鳳翔旱斷死罪九十六人賜諸王金銀幣帛如歲例
四年春正月甲午陝西行省以開州新得復失請益兵勑平陽延安等處簽民
兵三千人山東河南懷孟潼川調兵七千人益之丁酉申嚴平陽等處私鹽之
禁壬寅立苶速禿水十四驛癸卯勑修曲阜宣聖廟乙巳百濟遣其臣梁浩來
朝賜以錦繡有差禁僧官侵理民訟辛亥封安肅公張柔爲蔡國公以趙璧爲
樞密副使立諸路洞冶都總管府癸丑勑封昔木土山爲武定山其神曰武定
公泉爲靈淵其神曰靈淵侯僉蒙古軍戸二丁三丁者出一人爲軍四丁五丁
者二人六丁七丁者三人乙卯高麗國王王禃遣使來朝詔撫慰之戊午立提
點宮城所析上都隆興府自爲一路行總管府事立開元等路轉運司城大都
二月庚申粘合南合復平章事阿里復爲中書右丞丁卯改經籍所爲弘文院
以馬天昭知院事丁亥括西夏民田徵其租車駕幸上都詔陝西行省招諭宋

人又詔嘉定瀘州重慶夔府涪達忠萬及釣魚禮義大良等處官吏軍民有能
率衆來降者優加賞擢三月己丑復以耶律鑄爲中書左丞相辛卯自潼關至
蘄縣立河渡官八員以察姦僞乙未勅中都路建習樂堂使樂工隸業其中己
亥賜皇子燕王忙阿剌那没罕忽哥赤銀三萬兩辛丑夏津縣大雨雹壬寅安
童言比者省官員數平章左丞各一員今丞相五人素無此例臣等議擬設二
丞相臣等蒙古人三員惟陛下所命詔以安童爲長史天澤次之其餘蒙古漢
人參用勿令員數過多又詔宜用老成人如姚樞等一二員同議省事丁巳耶
律鑄制宮縣樂成詔賜名大成夏四月甲子新築宮城辛未遣使祀岳瀆五月
丁亥朔日有食之勅上都重建孔子廟乙未應州大水丙申威州山後大番弄
麻等十一族來附賜以璽書金銀符己酉以捕獵戶達魯花赤僞造銀符處死
壬子勅諸路官吏俸令包銀民戶每四兩增納一兩以給之丙辰析東平之博
州五城别爲一路六月壬戌以中都順天東平等處蠶災免民戶絲料輕重有
差乙丑復以史天澤爲中書左丞相忽都答兒耶律鑄並降平章政事伯顏降

中書右丞廉希憲降中書左丞阿里張文謙並降參知政事乙酉賜諸王玉龍
答失銀五千兩幣三百歲以爲常罷宣徽院黑的殷弘以高麗使者宋君斐金
贊不能導達至日本來奏降詔責高麗王王禃仍令其遣官至彼宣布以必得
要領爲期秋七月丙戌朔勅自中興路至西京之東勝立水驛十戊戌罷息州
安撫岳林以其民隸南京路罷懷孟路安撫李宗傑以其民隸本路發鞏昌鳳
翔京兆等處未占籍戶一千修治四川山路橋梁棧道大名路達魯花赤愛魯
總管張弘範等盜用官錢罷之壬寅申嚴京畿牧地之禁甲寅詔亦郎納新附
貧民從人借貸困不能償者官爲償之仍給牛具種實及糧食簽東京軍千八
百人充侍衛軍八月庚申塡星犯天罇辛酉申嚴平灤路私鹽酒醋之禁丙寅
復立宣徽院以前中書右丞相線真爲使丁丑封皇子忽哥赤爲雲南王賜駞
鈕金鍍銀印壬午太白犯軒轅大星命怯綿征建都高麗國王王禃遣其祕書
監郭汝弼來賀聖誕節阿朮略地至襄陽俘生口五萬馬牛五千宋人遣步騎
來拒阿朮率騎兵敗之九月壬辰作玉殿于廣寒殿中乙未總帥汪良臣請立

寨於毋章德山控扼江南以當釣魚之衝從之戊申以許衡爲國子祭酒安南國王陳光昞遣使來貢優詔答之立大理等處行六部以闊闊帶爲尙書兼雲南王傅柴禎尙書兼府尉甯源侍郎兼司馬庚戌遣雲南王忽哥赤鎭大理鄯闡茶罕章赤禿哥兒金齒等處詔撫諭吏民又詔諭安南國俾其君長來朝子弟入質編民出軍役納賦稅置達魯花赤統治之癸丑申嚴西夏中興等路僧尼道士商稅酒醋之禁車駕至自上都王鶚請立選舉法有旨令議舉行有司難之事遂寢冬十月辛酉制國用司言別怯赤山石絨織爲布火不能然詔採之壬戌賜駙馬不花銀印魚通嵓州等處達魯花赤李福招諭西番諸族酋長以其民入附以阿奴版的哥等爲喝吾等處總管並授璽書及金銀符鐵旗城後番官官折蘭遣其子天郞持先受憲宗璽書金符乞改授新命從之甲子歲星犯軒轅大星辛未太原進嘉禾二本異畝同穎甲戌賑新附民陳忠等鈔丁丑制國用使司請量節經用從之庚辰定品官子孫廕敘格十一月乙酉享于太廟戊戌立新蔡縣以忽察李家奴統所部兵戍之甲辰立夔府路總帥府戍

開州乙巳塡星犯天罇距星申嚴京畿畋獵之禁南京宣慰劉整赴闕奏攻宋方略宜先從事襄陽十二月甲戌賞河南路統軍使訥懷所部將士戰功銀九千六百五十兩鈔幣鞍勒有差丙子賑親王移相哥所部饑民丁丑給遼東新簽軍布六萬匹己卯立遼東路水驛七賞元帥阿朮部下有功將士二千二十五人銀五萬五千三百兩金五十兩及錦綵鞍勒有差庚辰簽女直水達達軍三千人立諸位斡脫總管府省平陽路岳陽和州二縣入冀氏復置霸州益津縣省安西路櫟陽縣入臨潼是歲天下戸口一百六十四萬四千三十山東河南北諸路蝗順天束鹿縣旱免其租斷死罪一百十四人賜諸王金銀幣帛如歲例

五年春正月甲午太陰犯井庚子上都建城隍廟辛丑勑陝西五路四川行省造戰艦五百艘付劉整高麗國王王禃遣其弟淐來朝詔以禃飾辭見欺面數其事於淐切責之復遣北京路總管于也孫脫禮部郎中孟甲持詔往諭令具表遣海陽公金俊侍郎李藏用與去使同來以聞庚戌賜高麗國新曆閏月戊

午以陳亳穎蔡等處屯田戶充軍令益都漏籍戶四千淘金登州栖霞縣每戶輸金歲四錢二月戊子太陰犯天關己丑太陰犯井給河南山東貧乏軍士鈔戊戌改軍器局爲軍器監辛丑百戶渾都速駐營濟南路屬縣三年脅取民飲食糧料當粟五千石勅杖決之仍償粟千石析甘州路之肅州自爲一路三月丙寅罷諸路四品以下子孫入質者田禹妖言勅減死流之遠方禁民間兵器犯者驗多寡定罪甲子勅怯綿率兵二千招諭建都壬申改毋章德山爲定遠城武羣山爲武勝軍丁丑勅阿里等詣軍前閱視軍籍罷諸路女直契丹漢人爲達魯花赤者回回畏兀乃蠻唐兀人仍舊夏四月壬寅遣使祀嶽瀆五月辛亥朔以太醫院拱衛司教坊司及尚食尚果尚醞三局隸宣徽院癸亥都元帥百家奴拔宋嘉定五花石城白馬三砦癸酉賜諸王禾忽及八剌合幣帛六萬匹六月辛巳朔濟南王保和以妖言惑衆謀作亂勅誅首惡五人餘勿論甲申中山大雨雹阿朮言所領者蒙古軍若遇山水砦柵非漢軍不可宜令史樞率漢軍協力征進從之戊申東平等處蝗己酉封諸王昔怯吉爲河平王賜駝鈕

金印秋七月辛亥召翰林直學士高鳴順州知州劉瑜中都郝謙李天輔韓彥
文李祐赴上都以山東統軍副使王仲仁戍眉州壬子詔陝西統軍司兼領軍
民錢穀罷各路奧魯官令管民官兼領癸丑立御史臺以右丞相塔察兒爲御
史大夫詔諭之曰臺官職在直言朕或有未當其極言無隱毋憚他人朕當爾
主仍以詔諭天下立高州北二驛戊辰罷西夏宣撫司庚午省諸路打捕鷹坊
工匠洞冶總管府令轉運司兼領之丙子立西夏惠民局高麗國王王禃遣其
臣崔東秀來言備兵一萬造船千隻詔遣都統領脫朶兒往閱之就相視黑山
日本道路仍命耽羅别造船百艘以伺調用詔四川行省賽典赤自利州還京
兆立東西二川統軍司以劉整爲都元帥與都元帥阿朮同議軍事整至軍中
議築白河口鹿門山遣使以聞許之罷軍中諸司參議八月乙酉程思彬以投
匿名書言斥乘輿伏誅己丑亳州大水庚子敕京師瀕河立十倉命忙古帶率
兵六千征西番建都九月癸丑中都路水免今年田租罷中都路和顧所丁巳
阿朮統兵圍樊城敕長春宮修設金籙周天大醮七晝夜建堯廟及后土太寧

宮庚申賜安南國王陳光昞錦繡及其諸臣有差己丑立河南屯田命兵部侍郎黑的禮部侍郎殷弘齎國書復使日本仍詔高麗國遣人導送期於必達毋致如前稽阻詔諭安南國陳光昞來奏稱占城眞臘二寇侵擾已命卿調兵與不干併力征討今復命雲南王忽哥赤統兵南下卿可遵前詔遏有叛亂不庭爲邊寇者發兵一同進討降服者善爲撫綏車駕至自上都益都路饑以米三十一萬八千石賑之復以史天澤爲樞密副使冬十月戊寅朔日有食之己卯敕中書省樞密院凡有事與御史臺官司奏立河南等路行中書省以參知政事阿里行中書省事庚辰以御史中丞阿里爲參知政事壬午詔恤沿邊諸軍其橫科差賦責與魯官償之庚寅敕從臣禿忽思等錄毛詩孟子論語乙未享于太廟中書省臣言前代朝廷必有起居注故善政嘉謨不致遺失卽以和禮霍孫獨胡剌充翰林待制兼起居注敕給黎雅嘉定新附民田戊戌宮城成劉秉忠辭領中書省事許之爲太保如故十一月己酉簽河南山東邊城附籍諸色戶充軍庚申宋兵自襄陽來攻沿山諸寨阿朮分諸軍禦之斬獲甚衆立功

將士千三百四人詔首立戰功生擒敵軍者各賞銀五十兩其餘賞賚有差癸
酉御史臺臣言立臺數月發擿甚多追理侵欺糧粟近二十萬石錢物稱是有
詔褒諭免南京河南兩路來歲修築都城役夫十二月戊寅以中都濟南益都
淄萊河間東平南京順天順德真定恩州高唐濟州北京等處大水免今年田
租敕二分二至及聖誕節日祭星于司天臺詔諭四川行省沿邊屯戍軍士逃
役者處死復置乾州奉天縣省好時永壽入焉以鳳州隸興元路德興府改奉
聖州隸宣德是歲京兆大旱天下戶一百六十五萬二百八十六斷死罪六十
九人賜諸王金銀幣帛如歲例
六年春正月癸丑高麗國王王禃遣使以誅權臣金俊來告賜曆日西錦立四
道按察司戊午阿朮軍入宋境至復州德安府荆山等處俘萬人而還庚申以
參知政事楊果爲懷孟路總管甲戌益都淄萊大水恩州饑命賑之敕史天澤
與樞密副使駙馬忽剌出董師襄陽二月壬午以立四道提刑按察司詔諭諸
道己丑詔以新製蒙古字頒行天下丙申罷宣德府稅課所以上都轉運司兼

領改河南懷孟順德三路稅課所爲轉運司丁酉簽民兵二萬赴襄陽賑欠州
人匠貧乏者米五千九百九十九石敕鞍靴箭鏃等物自今不得以黃金爲飾
開元等路饑減戶賦布二疋秋稅減其半水達達戶減青鼠二其租稅被災者
免徵免單丁貧乏軍士一千九百餘戶爲民癸卯給河南行省鈔千錠犒軍三
月甲寅詔益都路簽軍萬人人給鈔二十五貫戊午賑曹州饑築堡鹿門山夏
四月辛巳製玉璽大小十紐甲午遣使祀岳瀆大名等路饑賑米十萬石五月
丙午東平路饑賑米四萬一千三百餘石辛酉詔禁戍邊軍士牧踐屯田禾稼
六月辛巳以招討怯綿征建都敗績又擅追唆火兒璽書金符處死壬午免益
都新簽軍單丁者千六百二十一人爲民丁亥河南河北山東諸郡蝗癸巳敕
真定等路旱蝗其代輸築城役夫戶賦悉免之丙申高麗國王王禃遣其世子
愖來朝賜禃玉帶一愖金五十兩從官銀幣有差壬寅阿朮率兵萬五千人略
宋萬山射垜岡鬼門關樵蘇之路癸卯詔董文炳等率兵二萬二千人南征東
昌路饑賑米二萬七千五百九十石秋七月丁巳遣宋私商四十五人還其國

庚申水軍千戸刑德立張志等生擒宋荊鄂都統唐永堅賞銀幣有差辛酉製
太常寺祭服壬戌西京大雨雹己巳立諸路蒙古字學癸酉立國子學詔遣官
審理諸路冤滯正犯死罪明白者各正典刑其雜犯死罪以下量斷遣之又詔
諭宋國官吏軍民示以不欲用兵之意復遣都統領脫朵兒統領王昌國等往
高麗點閱所備兵船及相視耽羅等處道路立西蜀四川監榷茶場使司宋將
夏貴率兵船三千至鹿門山萬戸解汝楫李庭率舟師敗之俘殺二千餘人獲
戰艦五十艘八月己卯立金州招討司丙申以沙肅州鈔法未行降詔諭之詔
諸路勸課農桑命中書省采農桑事列爲條目仍令提刑按察司與州縣官相
風土之所宜講究可否別頒行之高麗國世子愖奏其國臣僚擅廢國王王禃
立其弟安慶公淐詔遣斡朵思不花李諤等往其國詳問條具以聞九月癸丑
恩州進嘉禾一莖三穗戊午敕民間貸錢取息雖踰限止償一本息己未授高
麗世子王愖特進上柱國東安公壬戌豐州雲內東勝旱免其租賦戊辰敕高
麗世子愖率兵三千赴其國難愖辭東安公乃授特進上柱國辛未敕管軍萬

戶宋仲義征高麗以忽剌出史天澤並平章政事阿里中書右丞行河南等路中書省事賽典赤行陝西五路西蜀四川中書省事車駕至自上都斡朵思不花李諤以高麗刑部尙書金方慶至奉權國王淐表訴國王禃遘疾令弟淐權國事冬十月己卯定朝儀服色壬午陞高唐冠氏並爲州丁亥廣平路旱免租賦詔遣兵部侍郎黑的淄萊路總管府判官徐世雄召高麗國王王禃王弟淐及權臣林衍俱赴闕命國王頭輦哥以兵壓其境趙璧行中書省于東京仍降詔諭高麗國軍民庚子太陰犯辰星宋遣人餽鹽糧入襄陽我軍獲之賜諸王奧魯赤駞鈕金鍍銀印十一月癸卯高麗都統領崔坦等以林衍作亂挈西京五十餘城來附丁未簽王綧洪茶丘軍三千人往定高麗高麗西京都統李延齡乞益兵遣忙哥都率兵二千赴之庚午敕諸路鰥寡廢疾之人月給米二斗安南國王陳光昞遣使來貢濟南饑以米十二萬八千九百石賑之高麗國王王禃遣其尙書禮部侍郎朴烋從黑的入朝表稱受詔已復位尋當入覲築新城于漢江西十二月戊子築東安渾河堤己丑作佛事于太廟七晝夜高唐固

安二州饑以米二萬六百石賑之析彰德懷孟衛輝爲三路陞林慮縣爲林州改楨州復爲韓城縣併省馮翊等州縣十所以懿州廣寧等府隸東京是歲天下戸一百六十八萬四千一百五十七賜諸王金銀幣帛如歲例斷死罪四十二人

元史卷六

元史卷七

明翰林學士亞中大夫知制誥兼修國史宋　濂等修

本紀第七

世祖四

七年春正月辛丑朔高麗國王王禃遣使來賀丙午耶律鑄廉希憲罷立尚書省罷制國用使司以平章政事忽都答兒爲中書左丞相國子祭酒許衡爲中書左丞制國用使阿合馬平章尚書省事同知制國用使司事張易同平章尚書省事制國用使司副使張惠簽制國用使司事李堯咨麥朮丁並參知尚書省事己酉太陰犯畢敕諸投下官隸中書省壬子敕驛券無印者不許乘傳甲寅高麗國王王禃遣使來言比奉詔臣已復位今從七百人入覲詔令從四百人來餘留之西京詔高麗西京內屬改東寧府畫慈悲嶺爲界丁巳以蒙哥爲安撫高麗使佩虎符率兵戍其西境戊午均房州總管孫嗣擒宋統制朱興祖等丙寅賑兀魯吾民戶鈔丁卯定省院臺文移體式二月辛未朔以前中書右

丞相伯顔爲樞密副使甲戌築昭應宮于高梁河丙子帝御行宮觀劉秉忠等
羅許衡及太常卿徐世隆所起朝儀大悅舉酒賜之丁丑以歲饑罷修築宮城
役夫甲申置尚書省署乙酉立紙甲局申嚴畜牧損壞禾稼桑果之禁壬辰立
司農司以參知政事張文謙爲卿設四道巡行勸農司乙未宋襄陽出步騎萬
餘人兵船百餘艘來趣萬山堡萬戸張弘範千戸脫脫擊却敗之事聞各賜金
紋綾有差高麗國王王禃來朝求見皇子燕王詔曰汝一國主也見朕足矣禃
請以子愖見從之詔諭禃曰汝內附在後故班諸王下我太祖時亦都護先附
即令齒諸王上阿思蘭後附故班其下卿宜知之又詔令國王頭輦哥等舉軍
入高麗舊京以脫脫朶兒焦天翼爲其國達魯花赤護送禃還國仍下詔林衍
廢立罪不可赦安慶公淐本非得已在所寬宥有能執送衍者雖舊在其黨亦
必重增官秩世子愖奏乞隨朝及尚主不許命隨其父還國三月庚子朔日有
食之改河南等路及陝西五路西蜀四川東京等路行中書省爲行尚書省尚
書省臣言河西和糴應僧人豪官富民一例行之制可甲寅車駕幸上都丙辰

浚武縣御河丁巳定醫官品從戊午益都登萊蝗旱詔減其今年包銀之半阿朮與劉整言圍守襄陽必當以教水軍造戰艦爲先務詔許之教水軍七萬餘人造戰艦五千艘夏四月壬午檀州隕黑霜二夕設諸路蒙古字學教授敕諸路達魯花赤子弟廕敘充散府諸州達魯花赤其散府諸州子弟充諸縣達魯花赤諸縣子弟充巡檢改御史臺典事爲都事癸未定軍官等級萬戶總管千戶百戶總把以軍士爲差己丑省終南縣入盩厔復眞定贊皇縣太原樂平縣高麗行省遣使來言權臣林衍死其子惟茂擅襲令公位爲尚書宋宗禮所殺島中民皆出降已還之舊京衍黨裴仲孫等復集餘衆立禎庶族承化侯爲王竄入珍島五月辛丑懷州河內縣大雨雹癸卯陝西簽省也速帶兒嚴忠範與東西川統軍司率兵及宋兵戰于嘉定重慶釣魚山馬湖江皆敗之拔三寨擒都統牛宣俘獲人民及馬牛戰艦無算甲辰威州汝鳳川番族八千戶內附其酋長來朝授宣命賜金符丁未東京路饑兼運糧造船勞役免今年絲銀十之三以同知樞密院事合答爲平章政事乙卯復平灤路撫寧縣以海山昌黎入

之丙辰括天下戶尚書省臣言諸路課程歲銀五萬錠恐疲民力宜減十分之一運司官吏俸祿宜與民官同其院務官量給工食仍禁所司多取於民歲終較其增損而加黜陟上都地里遙遠商旅往來不易特免收稅以優之惟市易莊宅奴婢孳畜例收契本工墨之費管民官遷轉以三十月為一考數於變易人心苟且自今請以六十月遷轉諸王遣使取索諸物及鋪馬等事自今並以文移毋得口傳教令並從之改宣徽院為光祿司秩正三品以宣徽使線真為光祿使庚申命樞密院閱實軍數壬戌東平府進瑞麥一莖二穗三穗五穗者各一本省中都打捕鷹坊總管府入工部大名東平等路桑蠶皆災南京河南等路蝗減今年銀絲十之三六月丙子敕西夏中興市馬五百疋庚辰敕戍軍還有乏食及病者令所過州城村坊主者給飲食醫藥丁亥罷各路洞冶總管府以轉運司兼領徙謙州甲匠于松山給牛具賜皇子南木合馬六千牛三千羊一萬賜北邊戍軍馬二萬牛一千羊五萬丙申立籍田大都東南郊禁民擅入宋境剽掠秋七月辛丑設上林署乙卯賜諸王拜答寒印及海青金符二庚

申初給軍官俸壬戌簽諸道回回軍乙丑閱實諸路礮手戶都元帥也速帶兒等略地光州敗宋兵于金剛臺以遼東開元等路總管府兼本路轉運司事山東諸路旱蝗免軍戶田租戍邊者給糧命達魯花赤兀良吉帶給上都扈從畋獵糧八月戊辰朔築環城以逼襄陽己巳賑應昌府饑諸王拜答寒部曲告饑命有車馬者徙居黃忽兒玉良之地計口給糧無車馬者就食肅沙甘州戊寅隆興府總管昔剌斡脫以盜用官錢罷庚辰以御史大夫塔察兒同知樞密院事御史中丞帖只爲御史大夫高麗世子王愖來賀聖誕節辛巳設應昌府官吏辛卯保定路霖雨傷禾稼九月庚子敕僧道也里可溫有家室不持戒律者占籍爲民丁巳太陰犯井丙寅括河西戶口定田稅宋將范文虎以兵船二千艘夾援襄陽阿朮合答劉整率兵逆戰于灌子灘殺掠千餘人獲船三十艘文虎引退西京饑敕諸王阿只吉所部就食太原山東饑敕益都濟南酒稅以十之二收糧冬十月戊辰朔敕兩省以已奏事報御史臺庚午太白犯右執法癸酉敕宗廟祭祀祝文書以國字乙亥宋人攻莒州乙酉享于太廟丁亥以南京

河南兩路旱蝗減今年差賦十之六發淸滄鹽二十四萬斤轉南京米十萬石
並給襄陽軍己丑敕來年太廟牲牢勿用豢豕以野豕代之時果勿市取之內
園車駕至自上都降興中府爲州賑山東淄萊路饑十一月壬寅熒惑犯太微
西垣上將壬子河西諸郡諸王頒舍僧民協力供給丁巳敕益兵二千合前所
發軍爲六千屯田高麗以忻都及前左壁總帥史樞並爲高麗金州等處經略
使佩虎符領屯田事仍詔諭高麗國王立侍儀司安南國王陳光昞遣使來貢
優詔荅之復賑淄萊路饑閏月丁卯朔高麗世子王愖還賜王禃至元八年曆
戊辰禁繒段織日月龍虎及以龍犀飾馬鞍者己巳給河西行省鈔萬錠以充
歲費以義州隸婆娑府癸未詔諭西夏提刑按察司管民官禁僧徒冒據民田
壬辰申明勸課農桑賞罰之法詔設諸路脫脫禾孫十二月丙申朔改司農司
爲大司農司添設巡行勸農使副各四員以御史中丞孛羅兼大司農卿安童
言孛羅以臺臣兼領前無此例有旨司農非細事朕深諭此其令孛羅總之命
陝西等路宣撫使趙良弼爲祕書監充國信使使日本敕歲祀太社太稷風師

兩師雷師戊戌徙懷孟新民千八百餘戶居河西壬寅陞御史大夫秩正二品
降河南韶州爲漣池縣宋重慶制置朱禩孫遣諜者持書榜來誘安撫張大悅
等大悅不發封併諜者送致東川統軍司丁未金齒驃國三部酋長阿匿福勒
丁阿匿爪來內附獻馴象三馬十九疋己酉魚通路知府高曳失獲宋諜者詔
賞之辛酉以都水監隸大司農司以諸王伯忽兒爲札魯忽赤之長建大護國
仁王寺于高良河敕更定僧服色是歲天下戶一百九十二萬九千四百四十
九賜先朝后妃及諸王金銀幣帛如歲例斷死刑四十四人
八年春正月乙丑朔高麗國王王禃遣其祕書監朴恆郎將崔有渰來賀兼奉
歲貢丙寅太陰犯畢己卯以同僉河南等路行中書省事阿里海牙參知尚書
省事中書省臣言前有旨令臣與樞密院御史臺議河南行省阿里伯等所置
南陽等處屯田臣等以爲凡屯田人戶皆內地中產之民遠徙失業宜還之本
籍其南京南陽歸德等民賦自今悉折輸米糧貯於便近地以給襄陽軍食前
所屯田阿里伯自以無效引伏宜令州郡募民耕佃從之史天澤告老不允敕

前築都城徙居民三百八十二戶計其直償之設樞密院斷事官遣兀都蠻率
蒙古軍鎭西方當當丙戌高麗安撫阿海略地瓓島與逆黨遇多所亡失中書
省臣言諜知瓓島餘糧將竭宜乘弱攻之詔不許令巡視險要常爲之備丁亥
管如仁費正寅以國機事爲書謀遣崔繼春賫龔山路坤入宋事覺竆治正寅
如仁繼春皆正典刑龔山坤並流遠方壬辰敕諸路鰥寡孤獨疾病不能自存
者官給廬舍薪米高麗國王王禃遣使奉表爲世子愖請昏詔禁邊將受賂放
軍及科歛賑北京益都饑二月乙未朔定民間婚聘禮幣貴賤有差丁酉發中
都眞定順天河間平灤民二萬八千餘人築宮城己亥罷諸路轉運司入總管
府以尚書省奏定條畫頒天下移陜蜀行中書省于興元癸卯四川行省也速
帶兒言比因饑饉盜賊滋多宜加顯戮詔令羣臣議安童以爲强竊盜賊一皆
處死恐非所宜罪至死者仍舊待命以中書左丞東京等路行尚書省事趙璧
爲中書右丞甲辰添設監察御史六員命忽都答兒持詔招諭高麗林衍餘黨
裴仲孫乙巳大理等處宣慰都元帥寶合丁王傅闊闊帶等協謀毒殺雲南王

火你赤曹禎發其事寶合丁闊闊帶及阿老瓦丁亦速夫並伏誅賞楨火你赤
及證左人金銀有差以沙州瓜州鷹坊三百人充軍戊申詔以治事日程論中
外官吏敕往畏吾兒地市米萬石庚戌申嚴東川井鹽之禁己未敕軍官佩金
銀符其民官工匠所佩者並拘入勿復給敕海青符用太祖皇帝御署庚申奉
御九住舊以梳櫛奉太祖奉所落鬚髮束上詔櫝之藏于太廟夾室辛酉敕凡
訟而自匿及誣告人罪者以其罪罪之分歸德爲散府割宿亳邳徐等州隸之
升申州爲南陽府割唐鄧裕嵩汝等隸之賑西京饑三月乙丑增治河東山西
道按察司改河東陜西道爲陜西四川道山北東西道爲山北遼東道甲戌敕
元正聖節朝會凡百官表章外國進獻使臣陛見朝辭禮儀皆隸侍儀司丙子
改山東河間陜西三路鹽課都轉運司爲都轉運鹽使司己卯中書省臣言高
麗叛臣裴仲孫乞諸軍退屯然後內附而忻都未從其請今願得全羅道以居
直隸朝廷詔以其飾詞遷延歲月不允辛巳復立夏邑縣以碭山入焉省穀熟
入睢陽濱棣萬戶韓世安坐私儲糧食燒毁軍器詐乘驛馬及擅請諸王塔察

兒益都四縣分地等事有司屢以為言詔誅之仍籍其家甲申車駕幸上都乙酉許衡以老疾辭中書機務除集賢大學士國子祭酒衡納還舊俸詔別以新俸給之命設國子學增置司業博士助教各一員選隨朝百官近侍蒙古漢人子孫及俊秀者充生徒丁亥熒惑犯太微西垣上將己丑立西夏中興等路行尚書省以趁海參知行尚書省事命尚書省閱實天下戶口頒條畫諭天下賑益都等路饑敕有司毋留獄滯訟以致越訴違者官民皆罪之制封皇子燕王乳母趙氏豳國夫人夫鞏德祿追封德育公夏四月壬寅高麗鳳州經略司忻都言叛臣裴仲孫稽留使命負固不服乞與忽林赤王國昌分道進討從之平灤路昌黎縣民生子中夜有光詔加鞠養或以為非宜帝曰何幸生一好人毋生嫉心也命高麗簽軍征瓕島癸卯給河南行中書省歲用銀五十萬兩仍敕襄樊軍士自今人月給米四斗甲辰簽壯丁備宋戊午阿朮率萬戶阿剌罕等與宋將范文虎等戰于湍灘敗之獲統制朱勝等百餘人奪其軍器賞阿朮阿剌罕等金帛有差以至元七年諸路災蠲今歲絲料輕重有差五月乙丑以東

道兵圍守襄陽命賽典赤鄭鼎提兵水陸並進以趨嘉定汪良臣彭天祥出重慶札刺不花出瀘州曲立吉思出汝州以牽制之改簽省也速帶兒鄭鼎軍前行尚書事賽典赤行省事于興元轉給軍糧丙寅牢魚國來貢己巳修佛事于瓊華島辛未分大理國三十七部爲三路以大理八部蠻酋新附降詔撫諭壬申造內外儀仗丁丑賑蔚州饑己卯命史天澤平章軍國重事陞太府監爲正三品忻都史樞表言璽島賊徒敗散餘黨竄入耽羅辛巳賜河西行省金符銀海青符各一令蒙古官子弟好學者兼習算術癸未升濟州爲濟寧府以玉宸院隸宣徽院高麗國王王禃遣使貢方物六月甲午敕樞密院凡軍事徑奏不必經由尚書省其干錢糧者議之上都中都河間濟南淄萊真定衛輝洺磁順德大名河南南京彰德益都順天懷孟平陽歸德諸州縣蝗癸卯宋將范文虎率蘇劉義夏松等舟師十萬援襄陽阿朮率諸將迎擊奪其戰船百餘艘敵敗走平章合答又遣萬戶解汝楫等邀擊擒其總管朱日新鄭皋大破之辛亥敕凡管民官所領錢穀公事並俟年終考較乙卯招集河西斡端昂吉呵等處居

民己未山東統軍司塔出董文炳偵知宋人欲據五河口請築城守之既而坐失事機宋兵已樹柵其地事聞敕決罰塔出文炳等有差遼州和順縣解州聞喜縣蝗蝻生秋七月壬戌朔尚書省請增太原鹽課歲以鈔千錠爲額仍令本路兼領從之設回回司天臺官屬以札馬剌丁爲提點簽女直水達達軍以鄭元領祠祭岳瀆授司禋大夫丁卯南人李忠進言運山侍郎張大悅嘗與宋交通以其事無實詔諭大悅宋嘗用間朕不輕信毋懷疑懼以國王頭輦哥行尚書省于北京遼東等路辛未置左右中三衛親軍都指揮使司乙亥鞏昌臨洮平涼府會蘭等州隕霜殺禾乙酉宋將來興國攻百丈山營阿朮擊破之追至湍灘斬首二千餘級高麗世子王愖入質瀰島脅從民戶來降八月壬辰朔日有食之癸巳敕軍站戶地四頃以上依例輸租己亥詔招諭宋襄陽守臣呂文煥壬子車駕至自上都遷成都統軍司於眉州己未聖誕節初立內外仗及雲和署樂位東川統兵司引兵攻宋銅鈸寨守寨總管李慶等降以慶知梁山軍事九月壬戌朔敕都元帥阿朮以所部兵略地漢南癸亥高麗世子王愖辭歸

賜國王王禃西錦優詔諭之甲子賜劉整鈔五百錠鄧州田五百頃整辭改賜民田三百戶科調如故給河南行省歲用鈔二萬八千六百錠丙寅罷陝西五路西蜀四川行尚書省以也速答兒行四川尚書省事于興元京兆等路直隸尚書省敗宋軍于渦河戊辰陞成都府德陽縣爲德州降虢州爲虢略縣壬申選冑子脫脫木兒等十人肄業國學癸酉益都府濟州進芝二本甲戌簽西夏回回軍太廟殿柱朽壞監察御史劾都水劉晸監造不敬晸以憂卒張易請先期告廟然後完葺從之丙子敕今歲享太廟毋用犧牛太陰犯畢庚辰右衞親軍都指揮使忽都等言五河城堡已成唯廬舍未完凡材甓皆出宋境請率精兵分道抄掠從之壬午山東路統軍司言宋兵攻膠州千戶蔣德等逆戰敗之俘統制范廣等五十餘人獲戰船百艘癸未詔忙安倉失陷米五千餘石特免徵仍禁諸王非理需索詔以四川民力困弊免茶鹽等課稅以軍民田租給沿邊軍食仍敕有司自今有言茶鹽之利者以違制論冬十月癸巳大司農臣言高唐州達魯花赤忽都納州尹張廷瑞同知陳思濟勸課有效河南府陝縣尹

王仔怠於勸課宜加黜陟以示勸懲從之丁酉享于太廟己未檀順等州風潦
害稼賜高麗至元九年曆十一月辛酉朔敕品官子孫儤直敕遣阿魯忒兒等
撫治大理壬戌罷諸路交鈔都提舉司乙亥劉秉忠及王磐徒單公履等言元
正朝會聖節詔赦及百官宣勅具公服迎拜行禮從之禁行金泰和律建國號
曰大元詔曰誕膺景命奄四海以宅尊必有美名紹百王而紀統肇從隆古匪
獨我家且唐之爲言蕩也堯以之而著稱虞之爲言樂也舜因之而作號馴至
禹興而湯造互名夏大以殷中世降以還事殊非古雖乘時而有國不以利而
制稱爲秦爲漢者著從初起之地名曰隋曰唐者因即所封之爵邑是皆徇百
姓見聞之狃習要一時經制之權宜槩以至公不無少貶我太祖聖武皇帝握
乾符而起朔土以神武而膺帝圖四震天聲大恢土宇輿圖之廣歷古所無頃
者耆宿詣庭奏草申請謂既成於大業宜早定於鴻名在古制以當然於朕心
乎何有可建國號曰大元蓋取易經乾元之義茲大冶流形于庶品孰名資始
之功予一人底寧于萬邦尤切體仁之要事從因革道協天人於戲稱義而名

固匪爲之溢美乎休惟永尙不負於投艱嘉與敷天共隆大號丙戌置四川省
於成都上都萬安閣成十二月辛卯朔詔天下興起國字學宣徽院請以闌遺
漏籍等戶淘金帝曰姑止毋重勞吾民也乙巳減百官俸括西夏田召塔出董
文炳赴闕辛亥併太常寺入翰林院宮殿府入少府監甲寅詔尙書省遷入中
書省是歲天下戶一百九十四萬六千二百七十賜先朝后妃及諸王金銀幣
帛如歲例賜囊家等羊馬價鈔萬千一百六十七錠斷死罪一百五人
九年春正月庚申朔高麗國王王禃遣其臣禮賓卿宣文烈來賀兼奉歲貢甲
子併尙書省入中書省平章尙書省事阿合馬同平章尙書省事張易並中書
平章政事參知尙書省事張惠爲中書左丞參知尙書省事李堯咨麥朮丁並
參知中書政事罷給事中中書舍人檢正等官仍設左右司省六部爲四改稱
中書丙寅詔遣不花及馬璘諭高麗具舟糧助征耽羅河南省請益兵敕諸路
簽軍三萬丁丑敕皇子西平王奧魯赤阿魯帖木兒禿哥及南平王禿魯所部
與四川行省也速帶兒部下幷忙古帶等十八族欲速公弄等土番軍同征建

都新安州初隸雄州詔爲縣入順天庚辰改北京中興四川河南四路行尚書省爲行中書省京兆復立行省仍命諸王只必帖木兒設省斷事官給西平王奧魯赤馬價弓矢賜南平王禿魯銀印及金銀符各五辛巳移鳳州屯田於鹽白二州敕董文炳時巡掠南境毋令宋人得立城堡敕軍民訟田者民田有餘則分之軍軍田有餘亦分之民仍遣能臣聽其直其軍奴入民籍者還正之敕燕王遣使持香幡祀岳瀆后土五臺興國寺命劉整總漢軍壬午改山東東路都元帥府統軍司爲行樞密院以也速帶兒塔出並爲行樞密院副使乙酉定受宣敕官禮儀詔元帥府統軍司總管萬戶府閱實軍籍二月庚寅朔奉使日本趙良弼遣書狀官張鐸同日本二十六人至京師求見辛卯詔札魯忽赤乃太祖開創之始所置位百司右其賜銀印立左右司壬辰高麗國王王禃遣其臣齊安侯王淑來賀改國號改中都爲大都甲午命阿朮典蒙古軍劉整阿里海牙典漢軍戊戌以去歲東平及西京等州縣旱蝗水潦免其租賦庚子復唐州泌陽縣建中書省署於大都戊申始祭先農如祭社之儀詔諸路開浚水利

車駕幸上都三月乙丑諭旨中書省日本使人速議遣還安童言良弼請移金州戍兵勿使日本妄生疑懼臣等以爲金州戍兵彼國所知若復移戍恐非所宜但開諭來使此戍乃爲耽羅暫設爾等不須疑畏也帝稱善甲戌括民間四教經焚之蒙古都元帥阿朮漢軍都元帥劉整阿里海牙督本軍破樊城外郛斬首二千級生擒將領十六人增築重圍守之賑濟南路饑詔免醫戶差徭夏四月己丑詔於土番西川界立寧河驛辛卯賜皇子愛牙赤所部馬丙午給西平王奧魯赤所部米甲寅賑大都路饑五月戊午朔立和林轉運司以小云失別爲使兼提舉交鈔使己未給闊闊出海青銀符二辛酉罷簽回回軍癸亥敕拔都軍於怯鹿難之地開渠耕田丙寅簽徐邳二州丁壯萬人戍邳州庚午減鐵冶戶罷西蕃秃魯干等處金銀礦戶爲民禁漢人聚衆與蒙古人鬬毆詔議取耽羅及濟州辛巳敕修築都城凡費悉從官給毋取諸民并蠲伐木役夫稅賦甲申敕諸路軍戶驅丁除至元七年前從良入民籍者當差餘雖從良並令助本戶軍力乙酉太白犯畢距星宮城初建東西華左右掖門詔安集答里伯

所部流民六月壬辰遣高麗國西京屬城諸達魯花赤及質子金鎰等歸國減乞里吉思屯田所入租仍遣南人百名給牛具以往是夜京師大雨壞牆屋壓死者衆癸巳敕以籍田所儲糧賑民不足又發近地官倉濟之甲午高麗告饑轉東京米二萬石賑之己亥山東路行樞密院塔出於四月十三日遣步騎趨漣州攻破射龍溝五港口鹽場白頭河四處城堡殺宋兵三百餘人虜獲人牛萬計第功賞賚有差辛亥高麗國王王禃請討耽羅餘寇秋七月丁巳朔河南省臣言往歲徙民實邊屯耕以貧苦悉散還家今唐鄧蔡息徐邳之民愛其田廬仍守故屯願以絲銀準折輸糧而內地州縣轉粟餉軍者反厭苦之臣議今歲沿邊州郡宜仍其舊輸糧內地州郡驗其戶數俾折鈔就沿邊和糴庶幾彼此交便制曰可拘括開元東京等路諸漏籍戶禁私鬻回回曆賑水達達部饑戊寅賜諸王八八部銀鈔集都城僧誦大藏經九會壬午和禮霍孫奏蒙古字設國子學而漢官子弟未有學者及官府文移猶有畏吾字詔自今凡詔令並以蒙古字行仍遣百官子弟入學乙酉免徙大羅鎮居民令倍輸租米給鷹坊

詔分閱大都京兆等處探馬赤奴戶名籍八月丙戌朔日有食之戊子立羣牧所掌牧馬及尚方鞍勒壬辰敕忙安倉及靖州預儲糧五萬石以備弘吉剌新徙部民及西人內附者廩給調兵增戍全羅州乙未禁諸人以己事輒呼至尊稱號者丁酉立斡脫所己亥諸王闊闊出請以分地寧海登萊三州自爲一路與他王比歲賦惟入寧海無輸益都詔從之癸卯千戶崔松敗宋襄陽援兵斬其將張順賜松等將士有差乙巳車駕至自上都丁未改延州爲延津縣與陽武同隸南京癸丑賑遼東等路饑九月甲子宋襄陽將張貴以輪船出城順流突戰阿朮阿剌海牙等舉烽燃火燭江如晝率舟師轉戰五十餘里至櫃門關生獲貴及將士二千餘人丙寅敕樞密院諸路正軍貼戶及同籍親戚奴僕丁年既長依諸王權要以避役者並還之軍惟匠藝精巧者以名聞癸酉同簽河南省事崔斌訟右丞阿里妄奏軍數二萬敕杖而罷之甲戌罷水軍總管府東川元帥李吉等略地開州拔石羊寨擒宋將一人統軍使合剌等兵掠合州及渠江口獲戰船五十艘賞銀幣有差丙子發民夫三千人伐巨木遼東免其家

徭賦戊寅太陰犯御女賑益都路饑冬十月丙戌朔封皇子忙哥剌爲安西王
賜京兆爲分地駐兵六盤山遣使持詔諭扮卜忻都國壬辰享于太廟癸巳趙
璧爲平章政事張易爲樞密副使乙未築渾河隄戊戌熒惑犯填星己亥敕自
七月至十一月終聽捕獵餘月禁之癸卯立文州初立會同館十一月乙卯朔
詔以至元十年曆賜高麗壬戌發北京民夫六千伐木乾山蠲其家徭賦諸王
只必帖木兒築新城成賜名永昌府丙寅蠲昔剌斡脫所負官錢丁卯太陰犯
畢城光州遣無籍軍掠宋境己巳敕發屯田軍二千漢軍二千高麗軍六千仍
益武衛軍二千征耽羅辛未召高陸儒者楊恭懿不至癸酉以前拔樊城外郛
功賞千戶劉深等金銀符己卯併中書省左右司爲一宋荊湖制置李庭芝爲
書遣永寧僧齎金印牙符來授劉整盧龍軍節度使封燕郡王僧至永寧事覺
上聞敕張易姚樞雜問適整至自軍中言宋患臣用兵襄陽欲以是殺臣臣實
不知敕令整爲書復之賞整使還軍中誅永寧僧及其黨友參知行省政事阿
里海牙言襄陽受圍久未下宜先攻樊城斷其聲援從之回回亦思馬因創作

巨石砲來獻用力省而所擊甚遠命送襄陽軍前用之十二月乙酉朔詔諸路府州司縣達魯花赤管民長官兼管諸軍奧魯丁亥立肅州等處驛以東平府民五萬餘戶復爲東平路辛丑諸王忽剌出拘括逃民高麗界中高麗達魯花赤上其事詔高麗之民猶未安集禁罷之遣宋議互市使者南歸戊午賜北平王南木合軍馬一萬二千九百九十一羊六萬一千五百三十一及諸王塔察兒軍幣帛辛亥宋將昝萬壽來攻成都簽省嚴忠範出戰失利退保子城同知王世英等八人棄城遁詔以邊城失守罪在主將世英雖遁與免其罪惟遣使縛忠範至京師癸丑陞拱衞司爲拱衞直都指揮使司是歲天下戶一百九十五萬五千八百八十賜先朝后妃及諸王金銀幣帛如歲例斷死罪三十九人建大聖壽萬安寺

元史卷七

元史卷八

明翰林學士亞中大夫知制誥兼修國史宋　濂等修

本紀第八

世祖五

十年春正月乙卯朔高麗國王王禃遣其世子愖來朝戊午敕自今並以國字書宣命命忻都鄭温洪茶丘征耽羅宿州萬戶愛先不花請築堡牛頭山以阨兩淮糧運不允愛先不花因言前宋人城五河統軍司臣皆當得罪今不築恐爲宋人所先帝曰汝言雖是若坐視宋人戍之罪亦不免也安南使者還言陳光昞受詔不拜中書移文責問光昞稱從本俗改回回愛薛所立京師醫藥院名廣惠司己未禁鷹坊擾民及陰陽圖讖等書癸亥阿里海牙等大攻樊城拔之守將呂文煥懼而請降中書省驛聞遣前所俘唐永堅持詔諭之丁卯立祕書監戊辰給皇子北平王甲一千置軍器永盈二庫分典弓矢甲冑庚午簽陝西探馬赤軍己卯川蜀省言宋昝萬壽攻成都也速帶兒所部騎兵征建都未

還擬於京兆等路簽新軍六千爲援從之詔遣扎朮呵押失寒崔杓持金十萬
兩命諸王阿不合市藥獅子國壬午賞東川統軍合剌所部有功者合剌請於
渠江之北雲門山及嘉陵西岸虎頭山立二戍以其圖來上仍乞益兵二萬詔
給京兆新簽軍五千益之二月丙戌以皇后皇太子受冊寶遣太常卿合丹告
於太廟丙申雲南羅羽酋長阿旭叛詔有司安集其民募能捕斬阿旭者賞之
遣斷事官麥肖勾校川陝行省錢穀詔勘馬剌失里乞帶脫因劉源使緬國諭
遣子弟近臣來朝高麗國王王禃以王師征耽羅乞下令禁俘掠聽自製兵仗
從之丁未宋京西安撫使知襄陽府呂文煥以城降三月甲寅朔詔申諭大司
農司遣使巡行勸課務要農事有成乙丑敕樞密院以襄陽呂文煥率將吏赴
闕熟券軍幷城居之民仍居襄陽給其田牛生券軍分隸各萬戶翼文煥等發
襄陽擇蒙古漢人有才力者護視以來丙寅帝御廣寒殿遣攝太尉中書右丞
相安童授皇后弘吉剌氏玉冊玉寶遣攝太尉同知樞密院事伯顏授皇太子
真金玉冊金寶辛未以皇后皇太子受冊寶詔告天下劉整請教練水軍五六

萬及於興元金洋州汴梁等處造船二千艘從之壬申分金齒國爲兩路癸酉客星青白如粉絮起畢度五車北復自文昌貫斗杓歷梗河至左攝提凡二十一日以前中書左丞相耶律鑄平章軍國重事中書左丞張惠爲中書右丞車駕幸上都西蜀嚴忠範以罪罷遣察不花等撫治軍民罷中興等處行中書省夏四月癸未朔阿里海牙以呂文煥入朝授文煥昭勇大將軍侍衞親軍都指揮使襄漢大都督賜其將校有差時將相大臣皆以聲罪南伐爲請驛召姚樞許衡徒單公履等問計公履對曰乘破竹之勢席卷三吳此其時矣帝然之詔罷河南等路行中書省以平章軍國重事史天澤平章政事阿朮參知政事阿里海牙行荊湖等路樞密院事鎮襄陽左丞相合丹參知行中書省事劉整山東都元帥塔出董文炳行淮西等路樞密院事守正陽天澤等陛辭詔諭以襄陽之南多有堡寨可乘機進取仍以鈔五千錠賜將士及賑新附軍民甲申免隆興路榷課三年丁酉敕南儒爲人掠賣者官贖爲民辛丑罷四川行省以鞏昌二十四處便宜總帥汪良臣行西川樞密院東川閬蓬廣安順慶夔府利州

等路統軍使合剌行東川樞密院東川副統軍王仲仁同簽行樞密院事仍令
汪良臣就率所部軍以往五月壬子朔定内外官復舊制三歲一遷甲寅禁無
籍軍從大軍殺掠其願爲軍者聽戊辰詔天下獄囚除殺人者待報其餘一槪
疎放限以八月内自至大都如期而至者皆赦之乙亥詔免民代輸簽軍戶絲
銀及伐木夫戶賦稅負前朝官錢不能償者毋徵主守失陷官錢者杖而釋之
陣亡軍及營繕工匠無丁產者量加廩給以雄易州復隸大都庚辰賞襄陽有
功萬戶奧魯赤等銀鈔衣服有差六月乙酉賑諸王塔察兒部民饑丁亥以各
路弓矢甲匠並隸軍器監免大都南京兩路賦役以紓民力賑甘州等處諸驛
辛卯汰陝西貧難軍以劉整阿里海牙不相能分軍爲二各統之癸巳敕襄陽
造戰船千艘甲午改資用庫爲利用監丁酉置光州等處招討司戊申經略忻
都等兵至耽羅撫定其地詔以失里伯爲耽羅國招討使尹邦寶副之陞拱衛
直爲都指揮司使日本趙良弼至太宰府而還具以日本君臣爵號州郡名數
風俗土宜來上閏月癸丑敕諸道造甲一萬弓五千給淮西行樞密院己巳罷

江南戶鈔至元二十年分撥潯州三千戶計鈔一百二十錠
別苦千戶
江南戶鈔至元二十年分撥潯州三千戶計鈔一百二十錠
憧兀兒王
江南戶鈔延祐二年爲始支中統鈔二百錠無城池
霍木海
五戶絲壬子年元查大名等處三十三戶
哈剌赤禿禿哈
江南戶鈔至元二十一年分撥饒州路四千戶計鈔一百六十錠
添都虎兒
五戶絲丙申年分撥真定一百戶
買答剌罕
五戶絲壬子年元查大都一十四戶

阿剌博兒赤
五戶絲壬子年元查真定五十五戶
忽都那顏
五戶絲壬子年元查大名二十戶
忽辛火者
五戶絲壬子年元查真定二十七戶
大忒木兒
五戶絲壬子年元查真定二十二戶
布八火兒赤
五戶絲壬子年元查大都八十四戶
塔蘭官人
五戶絲壬子年元查大寧三戶
憨剌哈兒

五戶絲壬子年元查保定二十一戶
昔里吉萬戶
五戶絲壬子年元查大都七十九戶
清河縣達魯花赤也速
五戶絲壬子年元查大名二十戶
塔剌罕劉元帥
五戶絲壬子年元查順德一十九戶
怯薛台蠻子
五戶絲壬子年元查泰安州七戶
必闍赤汪古台
五戶絲壬子年元查汴梁等處四十六戶
阿剌罕萬戶
五戶絲壬子年元查保定一戶

徐都官人

五戶絲壬子年元查大都三十一戶

西川城左𡱝蒙古漢軍萬戶脫力失

歲賜常課段三十三匹

伯要歹千戶

歲賜段二十四匹

典迭兒

歲賜常課段六十四匹

燕帖木兒太平王

歲賜天曆元年定金十錠銀五十錠鈔一萬錠分撥江東道太平路地

五百頃

元史卷九十五

元史卷九十六

明翰林學士亞中大夫知制誥兼修國史宋　濂等修

食貨志第四十五上

食貨四

俸秩

官必有祿所以養廉也元初未置祿秩世祖卽位之初首命給之內而朝臣百司外而路府州縣微而府史胥徒莫不有祿大德中以外有司有職田於是無職田者復益之以俸米其所以養官吏者不亦厚乎

祿秩之制凡朝廷職官中統元年定之六部官二年定之隨路州縣官是年十月定之至元六年又分上中下縣爲三等提刑按察司官吏六年定之自經歷以下七年復增之轉運司官及諸匠官七年定之其運司依民官例於差發內支給至十七年定奪俸祿凡內外官吏皆住支十八年更命公事畢而無罪者給之公事未畢而有罪者逐之二十二年重定百官俸始於各品分上中下三

例視職事爲差事大者依上例事小者依中例二十三年又命內外官吏俸以十分爲率添支五分二十九年定各處儒學教授俸與蒙古醫學同成宗大德三年詔益小吏俸米六年又定各處行省宣慰司致用院宣撫司茶鹽運司鐵冶都提舉司淘金總管府銀場提舉司等官循行俸例七年始加給內外官吏俸米凡俸一十兩以下人員依小吏例每十兩給米一斗十兩以上至二十五兩每員給米一石餘上之數每俸一兩給米一升無米則驗其時直給價雖貴每石不過二十兩上都大同隆興甘肅等處素非產米之地每石權給中統鈔二十五兩俸三定以上者不給至大二年詔隨朝官員及軍官等俸改給至元鈔而罷其俸米延祐七年又命隨朝官吏俸以十分爲率給米三分凡諸官員上任者不過初二日罷任者已過初五日給當月俸各路官擅割官吏俸者罪之諸職官病假百日之外及因病求醫親老告侍者不給祿後官已至而前官被差者其俸兩給之隨朝官吏每月給俸如告假事故當官立限者全給違限託故者追罰軍官差出者許借俸歿於王事者借俸免徵各投下保充路府州

縣等官其俸與王官等職田之制路府州縣官至元三年定之按察司官十四年定之江南行省及諸司官二十一年定之其數減腹裏之半至武宗至大二年外官有職田者三品給祿米一百石四品給六十石五品五十石六品四十五石七品以下四十石俸鈔改支至元鈔其田拘收入官四年又詔公田及俸皆復舊制延祐三年外官無職田者量給粟麥凡交代官芒種已前去任者其租後官收之已後去任者前官分收後又以爭競者多俾各驗其俸月以爲多寡其大略如此今取其制之可攷者具列于后

至元二十二年百官俸例各品分上中下三等

從一品	六定	五定	
正二品	四定二十五兩	四定一十五兩	
從二品	四定	三定三十五兩	三定二十五兩
正三品	三定二十五兩	三定一十五兩	三定
從三品	三定	二定三十五兩	二定二十五兩

正四品	二定二十五兩	二定一十五兩	二定
從四品	二定	一定四十五兩	一定四十兩
正五品	一定四十兩	一定三十兩	
從五品	一定三十兩	一定二十兩	
正六品	一定二十兩	一定一十五兩	
從六品	一定一十五兩	一定一十兩	
正七品	一定一十兩	一定五兩	
從七品	一定五兩	一定	
正八品	一定	四十五兩	
從八品	四十五兩	四十兩	
正九品	四十兩	三十五兩	
從九品	三十五兩		

太師府太師俸一百四十貫米一十五石諮議參軍俸四十五貫米四石五斗長史俸三十四貫六錢六分米三石　太傅太保府同　監修國史參軍長史同

中書省右丞相俸一百四十貫米一十五石左丞相同平章政事俸一百二十八貫六錢六分六釐米一十二石右丞俸一百一十八貫六錢六分六釐米一十二石左丞同參知政事俸九十五貫三錢三分三釐米九石五斗參議俸五十九貫米六石郎中俸四十二貫米四石五斗員外郎俸三十四貫六錢六分六釐米三石都事俸二十八貫米三石　承發管勾俸二十五貫三錢三分三釐米二石照磨省架閣庫管勾回回架閣庫管勾並同　檢校官俸二十八貫米三石五斗　斷事官內一十八員俸各八十二貫六錢六分六釐米八石五斗一十四員俸各五十九貫三錢三分三釐米六石一員俸五十四貫六錢六分六釐米五石五斗一員俸四十貫六錢六分六釐米四石經歷俸二十三貫六錢六分六釐米二石五斗

知事俸二十二貫米二石　客省使俸三十九貫三錢三分三釐米三石五斗副使俸二十八貫米三石　直省舍人俸三十四貫六錢六分六釐米三石　六部尚書俸七十八貫米八石侍郎俸五十三貫三錢三分三釐米五石郎中俸三十四貫六錢六分六釐米三石員外郎俸二十八貫米三石主事俸二十六貫六錢六分六釐米二石五斗戶部司計俸二十八貫米三石工部司程俸一十八貫米二石五斗刑部獄丞俸一十一貫米一石司籍提領俸一十二貫六錢六分六釐米一石同提領俸一十一貫三錢三釐米五斗

樞密院知院俸一百二十九貫三錢三分三釐米一十三石五斗同知俸一百六貫米一十一石副樞俸九十五貫三錢三分三釐米九石五斗僉院俸九十貫一錢八分六釐米九石五斗同僉俸五十九貫三錢三分三釐米六石院判俸四十二貫米四石五斗　參議俸三十九貫三錢三分三釐米三石五斗經歷俸三十四貫六錢六分六釐米三石都事俸二十八

貫米二石照磨俸二十二貫米二石管勾同　斷事官俸五十九貫三錢三分三釐米六石經歷俸二十五貫三錢三分三釐米二石知事俸二十貫六錢六分六釐米一石五斗　客省使俸三十一貫三錢三分三釐米三石副使俸二十二貫米二石　右衞都指揮使俸七十貫米七石五斗副都指揮使俸五十九貫三錢三分三釐米六石僉事俸四十八貫六錢六分六釐米四石五斗經歷俸二十五貫三錢三分三釐米二石知事俸二十貫六錢六分六釐米一石五斗照磨俸一十八貫六錢六分六釐米一石五斗　鎮撫俸二十貫六錢六分六釐米一石五斗　行軍官千戶俸二十五貫三錢三分三釐米二石副千戶俸二十貫六錢六分六釐米一石五斗百戶俸一十七貫三錢三分三釐米一石五斗彈壓俸一十二貫六錢六分六釐米一石知事俸一十一貫三錢三分三釐米一石　弩軍官千戶俸二十貫六錢六分六釐米一石五斗百戶俸一十二貫六錢六分六釐米一石彈壓俸一十一貫三錢三分三釐米五斗都目俸一十

貫米五斗屯田千戸所同弩軍官例　左衛前衛後衛中衛武衛左阿速
衛右阿速衛左都威衛右都威衛左欽察衛右欽察衛左衛率府宗仁衛
西域司唐兀司貴赤司並同右衛例　忠翊侍衛都指揮使俸一百貫副
使俸八十三貫三錢三分三釐僉事俸六十六貫六錢六分六釐經歷俸
三十三貫三錢三分三釐知事俸二十六貫六錢六分六釐照磨俸二十
四貫六錢六分六釐　行軍官千戸俸三十三貫三錢三分三釐副千戸
俸二十六貫六錢六分六釐百戸俸二十三貫三錢三分三釐彈壓俸一
十六貫六錢六分六釐知事俸一十五貫三錢三分三釐　弩軍官千戸
俸二十六貫六錢六分六釐百戸俸一十六貫六錢六分六釐彈壓俸一
十三貫三錢三分三釐　右手屯田千戸所千戸俸二十六貫六錢六分
六釐百戸俸一十六貫六錢六分六釐左手屯田千戸所同　隆鎮衛右
翊蒙古侍衛並同忠翊侍衛例
御史臺御史大夫俸一百一十八貫六錢六分米一十二石中丞俸一百六

貫米一十一石侍御史俸九十六貫三錢五分米九石五斗治書侍御史俸九十貫一錢八分米九石五斗經歷俸三十四貫六錢六分米三石都事俸二十八貫米三石　殿中俸四十八貫六錢六分米四石五斗知班俸一十四貫米一石五斗　監察御史俸二十八貫米三石

奎章閣學士院大學士俸一百一貫三錢三分三釐米一十石五斗侍書學士俸九十五貫三錢三分三釐米九石五斗承制學士俸七十八貫米八石供奉學士俸五十九貫三錢三分三釐米六石參書俸三十四貫三錢三分三釐米三石典籤俸二十八貫米三石　鑑書博士俸四十一貫米四石五斗　授經郎二十八貫米三石

太禧宗禋院院使俸一百一十八貫六錢六分六釐米一十二石同知俸一百貫米一十石副使俸九十五貫三錢三分三釐米九石五斗僉院俸九十貫一錢八分米九石同僉俸五十九貫三錢三分三釐米六石院判俸四十二貫米四石五斗參議俸三十九貫三錢三分三釐米三石五斗經

歷俸三十四貫六錢六分六釐米三石都事俸二十八貫米三石照磨俸
二十二貫米二石管勾同　斷事官俸五十九貫三錢三分米六石經歷
俸二十五貫三錢三分米二石知事俸二十貫六錢六分米一石五斗
客省使俸三十一貫三錢三分米三石副使俸二十二貫米二石
宣政院院使俸一百一十八貫六錢六分米一十二石同知俸一百六貫米
一十一石副使俸九十五貫三錢三分米九石五斗僉院俸九十貫一錢
八分米九石五斗同僉俸五十九貫三錢三分米六石院判俸四十二貫
米四石五斗參議俸三十九貫三錢三分米三石五斗經歷俸三十四貫
六錢六分米三石五斗都事俸二十八貫米三石照磨俸二十二貫米二
石管勾同　斷事官客省使並同太禧宗禋院例　宣徽院同
翰林國史院承旨俸一百一十八貫六錢六分米一十二石學士俸一百六
貫米一十一石侍讀學士俸九十五貫三錢三分米九石五斗侍講學士
同直學士俸五十九貫三錢三分三釐米六石經歷俸三十四貫六錢六

分六釐米三石都事俸二十八貫米三石　待制俸三十九貫三錢三分
三釐米三石五斗修撰俸二十八貫米三石應奉俸二十五貫三錢三分
三釐米二石編修俸二十二貫米二石檢閱同典籍俸二十貫六錢六分
六釐米一石五斗　翰林院集賢院大學士同承旨餘並同上例
中政院院使俸一百一貫三錢三分三釐米一十石五斗同知俸八十二貫
六錢六分六釐米八石五斗僉院俸七十貫米七石五斗同僉俸五十九
貫三錢三分三釐米六石院判俸四十三貫米四石五斗司議俸三十四
貫六錢六分六釐米三石長史俸二十八貫米三石照磨俸二十二貫米
二石管勾同　太醫院典瑞院將作院太史院儲政院並同
太常禮儀院院使俸八十二貫六錢六分米八石五斗同知俸七十二貫米
七石五斗僉院俸四十八貫六錢六分六釐米四石五斗同僉俸四十二
貫米四石五斗院判俸三十七貫三錢三分三釐米四石經歷俸二十八
貫米三石都事俸二十五貫三錢三分米二石照磨俸二十二貫米二石

太祝俸二十貫六錢六分米一石五斗奉禮協律同
通政院院使俸八十二貫六錢六分六釐米八石五斗同知俸七十貫米七
石五斗副使俸五十九貫三錢三分三釐米六石僉院俸四十八貫六錢
六分六釐米四石五斗同僉俸四十四貫米四石五斗院判俸三十九貫
三錢三分三釐米三石五斗經歷俸三十四貫六錢六分六釐米三石都
事俸二十六貫六錢六分六釐米二石五斗照磨俸十二貫米二石
太宗正府也可扎魯忽赤內一員俸一百一十八貫六錢六分六釐米一十
二石二十七員俸八十二貫六錢六分六釐米八石五員俸六十七貫三
錢三分三釐米六石五斗郎中俸三十六貫米三石五斗員外郎俸三十
一貫三錢三分三釐米三石都事俸二十六貫六錢六分六釐米二石五
斗照磨俸二十二貫米二石管勾同
大司農司大司農俸一百一十八貫六錢六分米一十二石大司農卿俸一
百三貫米一十一石大司農少卿俸九十五貫三錢三分米九石五斗大

司農丞俸九十貫一錢八分米九石五斗經歷俸三十四貫六錢六分米三石都事俸二十八貫米三石照磨俸二十二貫米二石管勾同

內史府內史俸一百四十三貫三錢三分中尉俸一百一十六貫六錢六分六釐司馬俸八十三貫三錢三分三釐諮議俸四十六貫六錢六分六釐記室俸四十貫照磨俸三十貫

大都留守司留守俸一百一貫三錢三分米一十石五斗同知俸八十二貫六錢六分米八石五斗副留守俸五十九貫三錢三分三釐米六石留判俸四十二貫米四石五斗經歷俸三十四貫六錢六分六釐米三石都事俸二十八貫米三石照磨俸二十二貫米二石

都護府大都護俸八十二貫六錢六分六釐米八石五斗同知俸七十二貫米七石五斗副都護俸五十九貫三錢三分三釐米六石經歷俸二十八貫米三石都事俸二十六貫六錢六分六釐米二石五斗照磨俸二十二貫米二石

崇福司司使俸八十二貫六錢六分六釐米八石同知俸七十貫米七石五
斗副使俸五十九貫三錢三分米六石司丞俸三十九貫三錢三分米三
石五斗經歷俸二十八貫米三石都事俸二十六貫六分六釐米二石五
斗照磨俸二十二貫米二石
給事中俸五十三貫三錢三分三釐米五石左右侍儀奉御俸四十八貫六
錢六分六釐米四石五斗
武備寺卿俸七十貫米七石五斗同判俸五十九貫三錢三分三釐米六石
少卿俸四十二貫米四石五斗寺丞俸三十九貫三錢三分三釐米三石
五斗經歷俸二十五貫三錢三分三釐米二石知事俸二十四貫米二石
照磨俸二十二貫米二石
太僕寺卿俸七十貫米七石五斗少卿俸四十二貫米四石五斗寺丞俸三
十九貫三錢三分米三石五斗經歷俸二十五貫三錢三分三釐米二石
知事俸二十二貫米二石照磨俸二十貫六錢六分米一石五斗　光祿

長慶長新長秋承徽長寧尙乘長信等寺並同

尙舍寺太監俸四十八貫六錢六分米四石少監俸三十九貫三錢三分米三石五斗監丞俸三十一貫三錢三分米二石知事俸二十二貫米二石

侍儀司侍儀使俸七十貫米七石五斗引進使俸四十八貫六錢六分米四石五斗典簿俸二十五貫三錢三分米二石　承奉班都知俸二十六貫六錢六分米二石五斗通事舍人俸二十五貫三錢三分米二石侍儀舍人俸一十七貫三錢三分米一石五斗

拱衞司都指揮使俸七十貫米七石五斗副都指揮使俸五十九貫三錢三分三釐米六石僉事俸四十八貫六錢六分六釐米四石五斗經歷俸二十五貫三錢三分三釐米二石知事俸二十貫六錢六分六釐米一石五斗

內宰司內宰俸七十貫米七石五斗司丞俸四十五貫米四石五斗典簿俸二十五貫三錢三分米二石照磨俸二十貫六錢六分米一石五斗　翊

正司同

延慶司延慶使俸一百貫同知俸六十三貫三錢三分三釐副使俸四十六貫六錢六分六釐司丞俸三十四貫六錢六分六釐米三石典簿俸二十五貫三錢三分三釐米二石照磨俸二十貫六錢六分六釐米一石五斗

內正司司卿俸七十貫米七石五斗少卿俸四十七貫米四石五斗司丞俸三十九貫三錢三分三釐米三石五斗典簿俸二十五貫三錢三分三釐米二石照磨俸二十貫六錢六分米一石五斗　中瑞司同

京畿運司運使俸五十六貫米六石同知俸三十九貫三錢三分米三石五斗運副俸三十四貫六錢六分米三石運判俸二十六貫六錢六分米二石五斗經歷俸二十貫六錢六分米一石五斗知事俸一十四貫米一石五斗提控案牘俸一十四貫六錢六分米一石

太府監卿俸七十貫米七石五斗太監俸五十九貫三錢三分米六石少監俸四十二貫米四石五斗監丞俸三十九貫三錢三分米三石五斗經歷

俸二十五貫三錢三分米二石知事俸二十四貫米二石照磨俸二十二貫米二石　祕書章佩利用中尚度支等監並同

國子監祭酒俸五十九貫三錢三分米六石司業俸三十九貫三錢三分米三石五斗監丞俸三十貫三錢三分米三石典簿俸一十五貫三錢三分米二石　博士俸二十六貫六錢六分米二石五斗太常博士回回國子博士同助教俸二十二貫米二石教授同學錄俸一十一貫三錢三分米五斗蒙古國子監同

經正監卿俸七十貫米七石五斗太監俸五十貫米五石少監俸四十二貫米四石五斗監丞俸三十四貫六錢六分六釐米三石經歷俸二十五貫三錢三分三釐米二石知事俸二十二貫米二石

闌遺監太監俸四十八貫六錢六分米四石少監俸三十九貫三錢三分三釐米三石監丞俸三十一貫三錢三分米三石知事俸二十二貫米二石

提控案牘俸二十貫六錢六分米一石五斗

司天監提點俸五十九貫三錢三分米六石司天監俸五十三貫三錢三分

米五石監丞俸三十一貫三錢三分米三石知事俸二十貫六錢六分六

釐米一石五斗　教授俸一十貫六錢六分米一石管勾同司辰俸八貫

六錢六分米五斗學正押宿並同　回回司天監少監俸四十二貫米四

石五斗餘同上

都水監都水卿俸五十三貫米六石少監俸三十九貫三錢三分米三石五

斗監丞俸三十貫米三石經歷俸二十五貫三錢三分米二石知事俸二

十二貫米二石

大都路達魯化赤俸一百三十貫總管同副達魯花赤一百二十貫同知八

十貫治中同判官五十五貫推官五十貫經歷四十貫知事三十貫提控

案牘二十五貫照磨同並中統鈔

行省左丞相俸二百貫平章政事一百六十六貫六錢六分六釐右丞左丞

同參知政事一百三十三貫三錢三分三釐郎中四十六貫六錢六分六

釐員外郎三十貫都事二十六貫六錢六分六釐檢校同管勾二十三貫三錢三分三釐　理問所理問俸四十六貫六錢六分六釐副理問俸三十貫知事俸一十六貫六錢六分六釐提控案牘同

宣慰司　腹裏宣慰使俸中統鈔五百八十貫三錢三分同知五百貫副使四百一十六貫六錢六分經歷四百貫都事一百八十三貫三錢三分照磨一百五十貫　行省宣慰使俸至元鈔八十七貫五錢同知四十九貫副使四十二貫經歷二十八貫都事二十四貫照磨一十七貫五錢

廉訪司廉訪使俸中統鈔八十貫副使四十五貫僉事三十貫經歷二十貫知事一十五貫照磨一十二貫

鹽運司　腹裏運使俸一百二十貫同知五十貫副使三十五貫判官三十貫經歷二十貫知事一十五貫照磨一十三貫　行省運使八十貫同知五十貫運副四十貫判官三十貫經歷二十五貫知事一十七貫提控案牘一十五貫

上路達魯花赤俸八十貫總管同同知四十貫治中三十貫判官二十貫推官一十九貫經歷一十七貫知事一十二貫提控案牘一十貫　下路達魯花赤俸七十貫總管同同知三十五貫判官二十貫推官一十九貫經歷一十七貫知事一十二貫提控案牘一十貫
散府達魯花赤俸六十貫知府同同知三十貫判官一十八貫推官同知事一十二貫提控案牘一十貫
上州達魯花赤俸五十貫州尹同同知二十五貫判官一十八貫知事一十二貫提控案牘一十貫　中州達魯花赤俸四十貫知州同同知二十貫判官一十五貫提控案牘一十貫都目八貫　下州達魯花赤俸三十貫知州同同知一十八貫判官一十三貫吏目四十貫
上縣達魯花赤俸二十貫縣尹同縣丞一十五貫主簿一十三貫縣尉一十二貫典史三十五貫巡檢一十貫　中縣達魯花赤俸一十八貫縣尹同主簿一十三貫縣尉一十二貫典史三十五貫　下縣達魯花赤俸一十

七貫縣尹同主簿一十二貫縣尉同典史三十五貫

諸署諸局諸庫等官及掾吏之屬其目甚多不可勝書然其俸數之多寡亦皆以品級之高下爲則觀者可以類推故略而不錄

職田數

至元三年定隨路府州縣官員職田上路達魯花赤一十六頃總管同同知八頃治中六頃府判五頃　下路達魯花赤一十四頃總管同同知七頃府判五頃　散府達魯花赤一十頃知府同同知六頃府判四頃　上州達魯花赤一十頃州尹同同知五頃州判四頃　中州達魯花赤八頃知州同同知四頃州判三頃　下州達魯花赤六頃知州同州判三頃　警巡院達魯花赤五頃警使同警副四頃警判三頃　錄事司達魯花赤三頃錄事同錄判二頃　縣達魯花赤四頃縣尹同縣丞三頃主簿二頃縣尉主簿兼尉並同　經歷四頃

至元十四年定按察司職田各道按察使一十六頃副使八頃僉事六頃

至元二十一年定江南行省及諸司職田比腹裏減半上路達魯花赤八頃總管同同知四頃治中三頃府判二頃五十畝　下路達魯花赤七頃總管同同知三頃五十畝府判二頃五十畝經歷二頃知事一頃提控案牘同　散府達魯花赤六頃知府同同知三頃府判二頃提控案牘一頃上州達魯花赤五頃知州同同知二頃州判同提控案牘一頃　中州達魯花赤四頃知州同同知二頃州判一頃五十畝都目五十畝　下州達魯花赤三頃知州同同知二頃州判一頃五十畝　上縣達魯花赤二頃縣尹同縣丞一頃五十畝主簿一頃縣尉同　中縣同上無縣丞　下縣達魯花赤一頃五十畝縣尹同主簿兼尉一頃　錄事司達魯花赤一頃五十畝錄事同錄判一頃　司獄一頃巡檢同

按察使八頃副使四頃僉事三頃經歷二頃知事一頃　運司官運使八頃同知四頃運副三頃運判同經歷二頃知事二頃提控案牘同　鹽司官鹽使二頃鹽副二頃鹽判一頃　各場正同管勾各一頃

常平義倉

常平起于漢之耿壽昌義倉起于唐之戴胄皆救荒之良法也元立義倉于鄉社又置常平於路府使饑不損民豐不傷農粟直不低昂而民無菜色可謂善法漢唐者矣今攷其制常平倉世祖至元六年始立其法豐年米賤官爲增價糴之歉年米貴官爲減價糶之於是八年以和糴糧及諸河倉所撥糧貯焉二十三年定鐵法又以鐵課糴糧充焉義倉亦至元六年始立其法社置一倉以社長主之豐年每親丁納粟五斗驅丁二斗無粟聽納雜色歉年就給社民於是二十一年新城縣水二十九年東平等處饑皆發義倉賑之皇慶二年復申其令然行之既久名存而實廢豈非有司之過與

惠民藥局

周官有醫師掌醫之政令凡邦有疾病疕瘍者造焉則使醫分而治之此民所以無夭折之患也元立惠民藥局官給鈔本月營子錢以備藥物仍擇良醫主之以療貧民其深得周官設醫師之美意者與初太宗九年始於燕京等十路

置局以奉御田闊闊太醫王璧齊楫等爲局官給銀五百定爲規運之本世祖中統二年又命王祐開局四年復置局於上都每中統鈔一百兩收息錢一兩五錢至元二十五年以陷失官本悉罷革之至成宗大德三年又準舊例於各路置焉凡局皆以各路正官提調所設良醫上路二名下路府州各一名其所給鈔本亦驗民戶多寡以爲等差今併著于后

腹裏三千七百八十定　河南行省二百七十定

湖廣行省一千一百五十定　遼陽行省二百四十定

四川行省二百四十定　陝西行省二百四十定

江西行省三百定　江浙行省二千六百一十五定

雲南行省真貝一萬一千五百索　甘肅行省一百定

市糴

和糴自唐始所以備邊庭軍需也其弊至於害民者蓋有之矣元和糴之名有二曰市糴糧曰鹽折草率皆增其直而市於民於是邊庭之兵不乏食京師之

馬不乏芻而民亦用以不困其爲法不亦善乎
市糴糧之法世祖中統二年始以鈔一千二百定於上都北京西京等處糴三萬石四年以解鹽引一萬五千道和中陝西軍儲是年三月又命扎馬剌丁糴糧仍勅軍民官毋沮五年諭北京西京等路市糴軍糧至元三年以南京等處和糴四十萬石四年命沔州等處中納官糧續還其直八年驗各路糧粟價直增十分之一和糴三十九萬四千六百六十石十六年以兩淮鹽引五萬道募客旅中糧十九年以鈔三萬定市糴於隆興等處二十年以鈔五千定市於北京六萬定市於上都二千定市於應昌二十一年以河間山東兩浙兩淮鹽引募諸人中糧是年四月以鈔四千定於應昌市糴九月發鹽引七萬道鈔三萬定於上都和糴二十二年以鈔五萬定令木八剌沙和糴於上都是年二月詔江南民田秋成官爲定例收糴次年減價出糶二十三年發鈔五千定市糴沙靜隆興軍糧二十四年官發鹽引聽民中糧是年十二月以揚州杭州鹽引五十萬道兌換民糧二十七年和糴西京糧其價每一十兩之上增一兩延祐三

年中糴和林糧二十三萬石五年六年又各和中二十萬石

鹽折草之法成宗大德八年定其則例每年以河閒鹽令有司於五月預給京

畿郡縣之民至秋成各驗鹽數輸草以給京師秣馬之用每鹽二斤折草一束

重一十斤歲用草八百萬束折鹽四萬引云

賑恤

救荒之政莫大於賑恤元賑恤之名有二曰蠲免者免其差稅卽周官大司徒

所謂薄征者也曰賑貸者給以米粟卽周官大司徒所謂散利者也然蠲免有

以恩免者有以災免者賑貸有以鰥寡孤獨而賑者有以水旱疫癘而賑者有

以京師人物繁湊而每歲賑糶者若夫納粟補官之令亦救荒之一策也其爲

制各不同今並著于后以見其仁厚愛民之意云

恩免之制世祖中統元年量減絲料包銀分數二年免西京北京燕京差發是

年二月以真定大名河南陝西東平益都平陽等路兵興之際勞於轉輸其差

發減輕科取三年北京等路以兵興供給繁重免本歲絲料包銀是年閏九月

以濟南路遭李璮之亂軍民皆饑盡除差發四年以西涼民戶值渾都海阿藍

解兒之亂人民流散免差稅三年至元元年詔減明年包銀十分之三全無業

者十之七是年四月逃戶復業者免差稅三年二年減中都包銀四分之一十

二年蠲免包銀絲線俸鈔是年八月免河南路包銀三分之二其餘路府亦免

十之五十九年免諸路民戶明年包銀俸鈔及逃移戶差稅二十年免大都平

灤民戶絲線俸鈔二十二年除民間包銀三年不使帶納俸鈔盡免大都軍民

地稅二十四年免東京軍民絲線包銀俸鈔是年九月除北京馬五百匹二十

五年免遼陽武平等處差發二十七年減河間保定平灤三路絲線之半大都

全免二十八年詔免腹裏諸路包銀俸鈔其大都上都隆興平灤大同太原河

間保定武平遼陽十路絲線並除之二十九年免上都隆興平灤保定河間五

路包銀俸鈔三十年免大都差稅三十一年成宗卽位詔免天下差稅有差是

年六月免腹裏軍站匠船鹽鐵等戶稅糧及江南夏稅之半元貞元年除大都

民戶絲線包銀稅糧大德元年以改元免大都上都隆興民戶差稅三年三年

詔免腹裏包銀俸鈔及江南夏稅十分之三四年詔免上都大都隆興明年絲
銀稅糧其數亦如之江南租稅減十分之一九年又下寬免之令以恤大都上
都隆興腹裏江淮之民十年逃移民戶復業者免差稅三年十一年武宗即位
詔免內外郡縣差稅有差至大二年上尊號詔免腹裏江淮差稅三年又免大
都上都中都秋稅及民間差稅之負欠者四年免腹裏包銀及江南夏稅十分
之三是年四月免大都上都中都差稅三年延祐元年以改元免大都上都差
稅二年其餘被災經賑者免一年流民復業者免差稅三年二年免各路差稅
絲料七年免腹裏絲綿十分之五外郡十分之三江淮夏稅所免之數與外郡
絲綿同民間逋欠差稅並除之是年免丁地稅糧包銀絲料各有差至治二年
寬恤軍民站戶三年免臨清萬戶府軍民船戶差稅三年福建蜑戶差稅一年
泰定三年罷江淮以南包銀天曆元年免諸路差稅絲料有差及海北鹽課三
年二年免達達軍站之貧乏者及各路差稅有差是年十月免人民逋欠官錢
及奉元商稅各處竈戶雜役至順元年以改元免諸路差稅有差減方物之貢

免河南府懷慶路門攤海北鹽課存恤紅城兒屯田軍三年

災免之制世祖中統元年以各處被災驗實減免科差三年以蠻寇攻掠免三义沽竈戶一百六十五戶其年絲料包銀四年以秋旱霜災減大名等路稅糧至元三年以東平等處蠶災減其絲料五年以益都等路禾損蠲其差稅六年以濟南益都懷孟德州淄萊博州曹州真定順德河間濟州東平恩州南京等處桑蠶災傷量免絲料七年南京河南蝗旱減差徭十分之六十九年減京師民戶科差之半二十年以水旱相仍免江南稅糧十分之二二十四年免北京饑民差稅是年揚州及浙西水其地稅在揚州者全免浙西減二分二十五年南安等處被寇兵者稅糧免徵二十六年紹興路水免地稅十之三是年六月以禾稼不收免遼陽差稅二十七年大都遼陽被災免其包銀俸鈔是年六月以霖雨免河間等路絲料之半十月以與松二州霜免其地稅二十八年遼陽被災者稅糧皆免徵其餘量徵其半是年五月以太原去歲不登杭州被水其太原丁地稅糧杭州地稅並除之九月又免州路所負歲糧二十九年以北京

地震量減歲課是年以大都去歲不登流移者衆免其稅糧及包銀俸鈔元貞
元年以供給繁重及水傷禾稼免咸平府邊民差稅大德二年以旱蝗除揚州
淮安兩路稅糧五年各路被災重者其差稅並除之六年免大都平灤差稅七
年以內郡饑荆湖川蜀供給軍餉其差稅減免各有差八年以平陽太原地震
免差稅三年至大元年以江南江北水旱民饑其科差夏稅並免之二年以腹
裏江淮被災其科差夏稅亦並免之皇慶二年免益都饑民貸糧延祐二年河
南歸德南陽徐邳陳蔡許州荆門襄陽等處水三年肅州等處連歲被災皆免
其民戶稅糧天曆元年陝西霜旱免其科差一年鹽官州海潮免其秋糧夏稅
是年十二月詔經寇盜剽掠州縣免差稅一年二年以關陝旱免差稅三年至
順元年以河南懷慶旱其門攤課程及逋欠差稅皆免徵
鰥寡孤獨賑貸之制世祖中統元年首詔天下鰥寡孤獨廢疾不能自存之人
天民之無告者也命所在官司以糧贍之至元元年又詔病者給藥貧者給糧
八年令各路設濟衆院以居處之於糧之外復給以薪十年以官吏破除入己

凡糧薪並勅於公廳給散十九年各路立養濟院一所仍委憲司點治二十年給京師南城孤老衣糧房舍二十八年給寡婦冬夏衣二十九年給貧子柴薪日五斤三十一年特賜米絹元貞二年詔各處孤老凡遇寬恩人給布帛各一大德三年詔遇天壽節人給中統鈔二貫永爲定例六年給死者棺木錢

水旱疫癘賑貸之制中統元年平陽旱遣使賑之二年遷曳捏卽地貧民就食河南平陽太原三年濟南饑以糧三萬石賑之是年七月以課銀一百五十定濟甘州貧民四年以錢糧幣帛賑東平濟河貧民鈔四千定賑諸王只必帖木兒部貧民至元二年以鈔百定賑闊闊出所部軍五年益都民饑驗口賑之六年東平河間一十五處饑亦驗口賑之八年以糧賑西京路急遞鋪兵卒十二年濮州等處饑貸糧五千石十六年以江南所運糯米不堪用者賑貧民十九年真定饑賑糧兩月二十年以帛千疋鈔三百定賑水達達地貧民二十三年大都屬郡六處饑賑糧三月二十四年斡端民饑賑鈔萬定是年四月以陳米給貧民七月以糧給諸王阿只吉部貧民大口二斗小口一斗二十六年京兆

旱以糧三萬石賑之是年又賑左右翼屯田蠻軍及月兒魯部貧民糧各三月二十七年大都民饑減直糶糧五萬石二十八年以去歲隕霜害稼賑宿衛士怯憐口糧二月以饑賑徽州溧陽等路民糧三月三十一年復賑宿衛士怯憐口糧三月元貞元年諸王阿難答部民饑賑糧二萬石是年六月以糧一千三百石賑隆興府饑民二千石賑千戸滅禿等軍七月以遼陽民饑賑糧二月大德元年以饑賑遼陽水達達等戸糧五千石公主囊加真位糧二千石是年臨江揚州等路亦饑賑糧有差腹裏并江南災傷之地賑糧三月二年賑隆興臨江兩路饑民又賑金復州屯田軍糧二月四年鄂州等處民饑發湖廣省糧十萬石賑之七年以鈔萬定賑歸德饑民九年澧陽縣火賑糧二月十一年以饑賑安州高陽等縣糧五千石漷州穀一萬石奉符等處鈔二千定兩浙江東等處鈔三萬餘定糧二十萬餘石又勸率富戸賑糶糧一百四十餘萬石凡施米者驗其數之多寡而授以院務等官是年又以鈔一十四萬七千餘定鹽引五千道糧三十萬石賑紹興慶元台州三路饑民皇慶元年寧國饑賑糧兩月自

延祐之後腹裏江南饑民歲加賑恤其所賑或以糧或以鹽引或以鈔

京師賑糶之制至元二十二年始行其法於京城南城設鋪各三所分遣官吏發海運之糧減其市直以賑糶焉凡白米每石減鈔五兩南粳米減鈔三兩歲以爲常成宗元貞元年以京師米貴益廣世祖之制設肆三十所發糧七萬餘石糶之白粳米每石中統鈔一十五兩白米每石一十二兩糙米每石六兩五錢二年減米肆爲一十所其每年所糶多至四十餘萬石少亦不下二十餘萬石至大元年增兩城米肆爲一十五所每肆日糶米一百石四年增所糶米價爲中統鈔二十五貫自是每年所糶率五十餘萬石泰定二年減米價爲二十貫致和元年又減爲一十五貫云賑糶糧之外復有紅貼糧紅貼糧者成宗大德五年始行初賑糶糧多爲豪強嗜利之徒用計巧取弗能周及貧民於是令有司籍兩京貧乏戶口之數置半印號簿文貼各書其姓名口數逐月對貼以給大口三斗小口半之其價視賑糶之直三分常減其一與賑糶並行每年撥米總二十萬四千九百餘石閏月不與焉其愛民之仁於此亦可見矣

入粟補官之制元初未嘗舉行天曆三年內外郡縣亢旱爲災於是用太師答剌罕等言舉而行之凡江南陝西河南等處定爲三等令其富實民戶依例出米無米者折納價鈔陝西每石八十兩河南幷腹裏每石六十兩江南三省每石四十兩實授茶鹽流官如不仕讓封父母者聽錢穀官考滿依例陞轉陝西省一千五百石之上從七品一千石之上正八品五百石之上從八品三百石之上正九品二百石之上從九品一百石之上上等錢穀官八十石之上中等錢穀官五十石之上下等錢穀官三十石之上旌表門閭河南幷腹裏二千石之上從七品一千五百石之上正八品一千石之上從八品五百石之上正九品三百石之上從九品二百石之上上等錢穀官一百五十石之上中等錢穀官一百石之上下等錢穀官江南三省一萬石之上正七品五千石之上從七品三千石之上正八品二千石之上從八品一千石之上正九品五百石之上從九品三百石之上上等錢穀官二百五十石之上中等錢穀官二百石之上下等錢穀官先已入粟遙授虛名今再入粟者驗其糧數照依資品實授茶鹽

流官陝西一千石之上從七品六百六十石之上正八品三百三十石之上從八品二百石之上正九品一百三十石之上從九品河南并腹裏一千三百三十石之上從七品一千石之上正八品六百六十石之上從八品三百三十石之上正九品二百石之上從九品江南三省六千六百六十石之上正七品三千三百三十石之上從七品二千石之上正八品一千三百三十石之上從九品先已入粟實授茶鹽流官今再入粟者驗其糧數加等升除陝西七百五十石之上五百石之上二百五十石之上一百五十石之上一百石之上河南并腹裏一千石之上七百五十石之上五百石之上二百五十石之上僧道入粟三百石之上賜六字師號都省給之二百石之上四字師號一百石之上二字師號禮部給之四川省富實民戶有能入粟赴江陵者依河南省補官例行之夫入粟補官雖非先王之政然荒札之餘民賴其助者多矣故特識于篇末而不敢略云

元史卷九十六

元史卷九十七

明翰林學士亞中大夫知制誥兼修國史宋　濂等修

食貨志第四十五下

食貨五

食貨前志據經世大典爲之目凡十有九自天曆以前載之詳矣若夫元統以後海運之多寡鈔法之更變鹽茶之利害其見於六條政類之中及有司采訪事蹟凡有足徵者具錄於篇以備參考而喪亂之際其亡逸不存者則闕之

海運

元自世祖用伯顏之言歲漕東南粟由海道以給京師始自至元二十年至于天曆至順由四萬石以上增而爲三百萬以上其所以爲國計者大矣歷歲既久弊日以生水旱相仍公私俱困疲三省之民力以充歲運之恆數而押運監臨之官與夫司出納之吏恣爲貪饕脚價不以時給收支不得其平船戶貧乏耗損益甚兼以風濤不測盜賊出沒剽劫覆亡之患自仍改至元之後有不可

勝言者矣由是歲運之數漸不如舊至正元年益以河南之粟通計江南三省
所運止得二百八十萬石二年又令江淛行省及中正院財賦總管府撥賜諸
人寺觀之糧盡數起運僅得二百六十萬石而已及汝潁倡亂湖廣江右相繼
陷没而方國珍張士誠竊據淛東西之地雖縻以好爵資爲藩屏而貢賦不供
剝民以自奉於是海運之舟不至京師者積年矣至十九年朝廷遣兵部尚書
伯顏帖木兒戸部尚書齊履亨徵海運於江淛由海道至慶元抵杭州時達識
帖睦邇爲江淛行中書省丞相張士誠爲太尉方國珍爲平章政事詔命士誠
輸粟國珍具舟達識帖睦邇總督之既達朝廷之命而方張互相猜疑士誠慮
方氏載其粟而不以輸于京也國珍恐張氏掣其舟而因乘虛以襲己也伯顏
帖木兒白于丞相正辭以責之巽言以諭之乃釋二家之疑克濟其事先率海
州俟于嘉興之澉浦而平江之粟展轉以達杭之石墩又一舍而後抵澉浦乃
載于舟海灘淺澀躬履艱苦粟之載于舟者爲石十有一萬二十年五月赴京
是年秋又遣戸部尚書王宗禮等至江浙二十一年五月運糧赴京如上年之

數九月又遣兵部尚書徹徹不花侍郎韓祺往徵海運一百萬石二十二年五月運糧赴京視上年之數僅加二萬而已九月遣戶部尚書脫脫歡察爾兵部尚書帖木至江浙二十三年五月仍運糧十有三萬石赴京九月又遣戶部侍郎博羅帖木兒監丞賽因不花往徵海運士誠託辭以拒命由是東南之粟給京師者遂止於是歲云

鈔法

至正十年右丞相脫脫欲更鈔法乃會中書省樞密院御史臺及集賢翰林兩院官共議之先是左司都事武祺嘗建言云鈔法自世祖時已行之後除撥支料本倒易昏鈔以布天下外有合支名目於寶鈔總庫料鈔轉撥所以鈔法疏通民受其利比年以來失祖宗元行鈔法本意不與轉撥故民間流轉者少致僞鈔滋多遂准其所言凡合支名目已於總庫轉支至是吏部尚書偰哲篤及武祺俱欲迎合丞相之意偰哲篤言更鈔法以楮幣一貫文省權銅錢一千文爲母而錢爲子衆人皆唯唯不敢出一語惟集賢大學士兼國子祭酒呂思誠

獨奮然曰中統至元自有母子上料爲母下料爲子比之達達人乞養漢人爲
子是終爲漢人之子而已豈有故紙爲父而以銅爲過房兒子者乎一坐皆笑
思誠又曰錢鈔用法以虛換實其致一也今歷代錢及至正錢中統鈔及至元
鈔交鈔分爲五項若下民知之藏其實而棄其虛恐非國之利也偰哲篤武祺
又曰至元鈔多僞故更之爾思誠曰至元鈔非僞人爲僞爾交鈔若出亦有僞
者矣且至元鈔猶故戚也家之童稚皆識之矣交鈔猶新戚也雖不敢不親人
未識也其僞反滋多爾況祖宗成憲豈可輕改偰哲篤曰祖宗法弊亦可改矣
思誠曰汝輩更法又欲上誣世皇是汝又欲與世皇爭高下也且自世皇以來
諸帝皆諡曰孝改其成憲可謂孝乎武祺又欲錢鈔兼行思誠曰錢鈔兼行輕
重不倫何者爲母何者爲子汝不通古今道聽塗說何足以行徒以口舌取媚
大臣可乎偰哲篤曰我等策既不可行公有何策思誠曰我有三字策曰行不
得行不得又曰丞相勿聽此言如向日開金口河成則歸功汝等不成則歸罪
丞相矣脫脫見其言直猶豫未決御史大夫也先帖木兒言曰呂祭酒言有是

者有非者但不當坐廟堂高聲厲色若從其言此事終不行耶明日諷御史劾
之思誠歸臥不出遂定更鈔之議而奏之下詔云朕聞帝王之治因時制宜損
益之方在乎通變惟我世祖皇帝建元之初頒行中統交鈔以錢爲文雖鼓鑄
之規未遑而錢幣兼行之意已具厥後印造至元寶鈔以一當五名曰子母相
權而錢實未用歷歲滋久鈔法偏虛物價騰踴姦僞日萌民用匱乏爰詢廷臣
博采輿論僉謂拯弊必合更張其以中統交鈔一貫文省權銅錢一千文准至
元寶鈔二貫仍鑄至正通寶錢與歷代銅錢並用以實鈔法至元寶鈔通行如
故子母相權新舊相濟上副世祖立法之初意十一年置寶泉提舉司掌鼓鑄
至正通寶錢印造交鈔令民間通用行之未久物價騰踴價逾十倍又值海內
大亂軍儲供給賞賜犒勞每日印造不可數計舟車裝運軸轤相接交料之散
滿人間者無處無之昏軟者不復行用京師料鈔十錠易斗粟不可得既而所
在郡縣皆以物貨相貿易公私所積之鈔遂俱不行人視之若弊楮而國用由
是遂乏矣

大都之鹽元統二年四月御史臺備監察御史言竊覩京畿居民繁盛日用之中鹽不可闕大德中因商販把握行市民食貴鹽乃置局設官賣之中統鈔一貫買鹽四斤八兩後雖倍其價猶敷民用及泰定間因所任局官不得其人在上者失於鈐束致有短少之弊於是巨商趨利者營屬當道以局官侵盜爲由輒奏罷之復從民販賣自是鈔一貫僅買鹽一斤無籍之徒私相犯界煎賣獨受其利官課爲所侵礙而民食貴鹽益甚貧者多不得食甚不副朝廷恤小民之意如朝廷仍舊設局官爲發賣庶課不虧而民受賜矣既而大都路備三巡院及大興宛平縣所申又戶部尚書建言皆如御史所陳戶部乃言以謂榷鹽之法本以裕國而便民始自大德七年罷大都運司令河間運司兼辦每歲存留鹽數散之米鋪從其發賣後因富商專利遂於南北二城設局凡十有五處官爲賣之當時立法嚴明民甚便益泰定二年因局官綱船人等多有侵盜之弊復從民販賣而罷所置之局未及數載有司屢言富商高擡價直之害運司

所言綱船作弊蓋因立法不嚴失於關防所致且各處俱有官設鹽鋪與商賈
販賣並無窒礙豈有京城之內乃革罷官賣之局宜准本部尚書所言及大都
路所申依舊制於南北二城置局十有五處每局日賣十引設賣鹽官二員以
歲一周爲滿責其奉公發賣每中統鈔一貫買鹽二斤四兩毋令雜灰土其中
及權衡不得其平凡買鹽過十貫者禁之不及貫者從所買與之如滿歲無短
少失陷及元定分數者減一界升用之若有侵盜者依例追斷其合賣鹽數令
河間運司分爲四季起赴京廒用官定法物兩平稱收分給各局其所賣價鈔
逐旬起解委本部官輪次提調之仍委官巡視如有豪強兼利之徒頻買局鹽
而增價轉賣於外者從提調巡督官痛治之仍令運司嚴督押運之人設法防
禁毋致縱令綱船人等作弊其客商鹽貨從便相參發賣四月二十六日中書
省上奏如戶部所擬行之至元三年三月大都京廒申戶部云近奉文帖起運
至元二年京廒發賣食鹽一萬五千引令兩平稱收如數具實申部除各綱滲
没短少鹽計八百四十八引本廒實收一萬四千一百五十有二引已支一萬

一百引付各局發賣見存鹽四千五十有二引支撥欲盡所據至元三年食鹽
宜依例於河間運司起運一萬五千引赴都庶民間食用不闕戶部准其所言
乃議京廒食鹽今歲宜從河間運一萬五千引其脚價蓆索等費令運司於鹽
課錢內通算支用仍召募有產業船戶互相保識每一千引爲一綱就差各該
場官一員并本司奏差或監運巡鹽官每名管押一綱於大都與國等場見收
鹽內驗數分派分司官監視如數兩平支收限三月內赴京廒交卸取文憑赴
部銷照但有雜和沙土濕潤短少數並令本綱船戶押運場官奏差監運諸人
如數均賠依例坐罪中書如戶部所議行之至正三年監察御史王思誠侯思
禮等建言京師自大德七年罷大都鹽運司設官賣鹽置局十有五處泰定二
年以其不便罷之元統二年又復之迨今十年法久弊生在船則有侵盜滲溺
之患入局則有和雜灰土之姦名曰一貫二斤四兩實不得一斤之上其潔淨
不雜而斤兩足者唯上司提調數處耳又常白鹽一千五百引用船五十艘每
歲以四月起運官鹽二萬引用船五十艘每歲以七月起運而運司所遣之人

擅作威福南抵臨清北自通州所至以索截河道舟楫往來無不被擾名爲和雇實乃強奪一歲之中千里之內凡富商巨賈之載米粟者達官貴人之載家室者一槩遮截得重賄而放行所拘留者皆貧弱無力之人耳其舟小而不固滲溺侵盜弊病多端既達京廒又不得依時交收淹延歲月困守無聊鬻妻子質舟楫者往往有之此客船所以狼顧不前使京師百物湧貴者實由於此竊計官鹽二萬引每引脚價中統鈔七貫總爲鈔三千錠而十五局官典俸給以一歲計之又五百七十六錠其就支賃房之資短脚之價蓆草諸物又在外焉當時置局設官但爲民食貴鹽殊不料官賣之弊反不如商販之賤豈忍徒費國家而使百物貴也宜從憲臺具呈中書省議罷其監局及來歲起運之時出榜文播告鹽商從便入京興販若常白鹽所用船五十艘亦宜於江南造小料船處如數造之既成之後付運司雇人運載庶舟楫通而商賈集則京師百物賤而鹽亦不貴矣御史臺以其言具呈中書而河間運司所申亦如前議戶部言運司及大都路講究卽同監察御史所言元設鹽局合准革罷聽從客旅興

販其常白鹽繫內府必用之物起運如故宜從都省聞奏二月初五日中書省
上奏如戶部所擬行之
河間之鹽至正二年河間運司申戶部云本司歲辦額餘鹽共三十八萬引計
課鈔一百一十四萬錠以供國用不爲不重近年以來各處私鹽及犯界鹽販
賣者衆蓋因軍民官失於禁治以致侵礙官課鹽法澁滯實由於此乞轉呈都
省頒降詔旨宣諭所司欽依規辦本部具呈中書省遂於四月十七日上奏降
旨戒飭之七月又據河間運司申本司辦課全籍郡縣行鹽地方買食官鹽去
歲河間等路旱蝗闕食累蒙賑卹民力未蘇食鹽者少又因古北口等處把隘
官及軍人不爲用心詰捕大都路所屬有司亦不奉公巡禁致令諸人裝載疙
疸鹽於街市賣之或量以斗或盛以盤明相饋送今紫荊關捕獲犯人張狡羣
等所載疙疸鹽計一千六百餘斤自至元六年三月迄今犯者將及百起若不
申聞恐年終課不如數虛負其咎本部具呈中書省照會樞密院給降榜文禁
治之三年又據河間運司申生財節用固治國之常經薄賦輕徭實理民之大

本本司歲額鹽三十五萬引近年又添餘鹽三萬引元簽竈戶五千七百七十四戶除逃亡外止存四千三百有一戶每年額鹽勒令見在疲乏之戶勉強包煎今歲若依舊煎辦人力不足又兼行鹽地方旱蝗相仍百姓焉有買鹽之資如蒙矜憫自至正二年爲始權免餘鹽三萬引俟豐稔之歲煎辦如舊本部以錢糧支用不敷權擬住煎一萬引具呈中書省正月二十八日上奏如戶部所擬行之既而運司又言至元三十一年本司辦鹽額二十五萬引自後累增至三十有五萬元統元年又增餘鹽三萬引已經具呈蒙都省奏准住煎一萬引外有二萬引若依前勒令見戶包煎實爲難堪如幷將餘鹽二萬引住煎誠爲便益戶部又以所言具呈中書省權擬餘鹽二萬引住煎一年至正四年煎辦如故四月十二日上奏如戶部所擬行之

山東之鹽元統二年戶部呈據山東運司准濟南路牒依副達魯花赤完者同知閭里帖木兒所言比大都河閒運司改設巡鹽官一十二員專一巡禁本部詳山東運司歲辦鈔七十五萬餘錠行鹽之地周圍三萬餘里止是運判一員

豈能遍歷恐私鹽來往侵礙國課本司既與濟南路講究便益宜准所言中書省令戸部復議之本部言河間運司定設奏差一十二名巡鹽官一十六名山東運司設奏差二十四名今既比例添設巡鹽官外據元設奏差內減去一十二名具呈中書省如所擬行之三年二月又據山東運司備臨朐沂水等縣申本縣十山九水居民稀少元係食鹽地方後因改爲行鹽民間遂食貴鹽公私不便如蒙仍舊改爲食鹽令居民驗戸口多寡以輸納課鈔則官民俱便抑且可革私鹽之弊運司移文分局并益都路及下滕嶧等州從長講究互言食鹽爲便及准本司運使辛朝列牒云所據零鹽擬依登萊等處銓注局官給印置局散賣於民非惟大課無虧官釋私鹽之憂民免刑配之罪戸部議山東運司所言於滕嶧等處增置十有一局如登萊三十五局之例於錢穀官內通行銓注局官散賣食鹽官民俱便既經有司講究宜從所議具呈中書省如所擬行之至元二年御史臺據山東肅政廉訪司申准濟南路備章丘縣申見奉山東運司爲本司額辦鹽課二十八萬引除客商承辦之外見存十三萬引絕無買

者將及年終歲課不能如數所據新城章丘長山鄒平濟南俱近鹽場與大小清河相接客旅興販宜依商河滕嶧等處改爲食鹽榷派八千引責付本處有司自備薦索脚力赴已擬固堤等場於元統三年依例支出均散於民等事竊照山東運司初無上司明文輒擅散民食鹽追納課鈔使民不得安業今於至元元年正月二月兩次奉到中書戸部符文行鹽食鹽地分已有定例毋得椿配於民本司不遵省部所行寢匿符文依前差人馳驛督責州縣臨逼百姓追徵食鹽課鈔不無擾害據本司恣意行事玩法擾民理應取問緣繫辦課之時宜從憲臺區處又據監察御史所呈亦爲茲事若便行取問卽繫辦課時月具呈中書省區處戸部議呈行鹽食鹽已有定所宜從改正若准御史臺所呈取問運司却緣鹽法例應從長規畫似難別議中書省如所擬行之

陝西之鹽至元二年九月御史臺准陝西行臺咨備監察御史帖木兒不花建言近蒙委巡歷奉元東道至元元年各州縣戸口額辦鹽課其陝西運司官不思轉運之方每年豫期差人分道賫引遍散州縣甫及旬月杖限追鈔不問民

之無有竊照諸處運司之例皆運官召商發賣惟陝西等處鹽司近年散於民
戸且如陝西行省食鹽之戸該辦課二十萬三千一百六十四錠有餘於內鞏
昌延安等處認定課鈔一萬六千二百七十一錠慶陽環州鳳翔興元等處歲
辦課一萬七千九百八十五錠其餘課鈔先因關陝旱饑民多流亡准中書省
咨至順三年鹽課十分爲率減免四分于今三載尚有虧負蓋因戸口凋殘十
亡八九縱或有復業者家產已空爾來歲頗豐收而物價甚賤得鈔爲艱本司
官皆勒有司徵辦無分高下一槩給散少者不下二三引每一引收價三錠富
家無以應辦貧下安能措晝糶終歲之糧不酬一引之價緩則輸息而借貸急
則典鬻妻子縱引目到手力窘不能裝運止從各處鹽商勒價收買舊債未償
新引又至民力有限官賦無窮又寧夏所產韋紅鹽池不辦課程除鞏昌等處
循例認納乾課從便食用外其池鄰接陝西環州百餘里紅鹽味甘則價賤解
鹽味苦而價貴百姓私相販易不可禁約以此參詳河東鹽池除撈鹽戸口食
鹽外辦課引數今後宜從運官設法募商興販但遇行鹽之處諸人毋得侵擾

韋紅鹽法運司每歲分輪官吏監視聽民采取立法抽分依例發賣每引收價
鈔三錠自黃河以西從民食用通辦運司元額課鈔因時夾帶至黃河東南者
同私鹽法罪之陝西興販解鹽者不禁如此庶望官民兩便而課亦無虧矣又
據陝西漢中道肅政廉訪使胡通奉所陳云陝西百姓許食解鹽近脫荒儉流
移漸復正宜安輯而鹽吏不察民瘼止以恢辦爲名不論貧富散引收課或納
錢入官動經歲月猶未得鹽蓋因地遠脚力艱澁今後若令大河以東之民分
定課程買食解鹽其以西之民計口攤課任食韋紅之鹽則官不被擾民無蕩
產之禍矣且解鹽結之於風韋紅之鹽產之於地東鹽味苦西鹽味甘又豈肯
舍其美而就其惡乎使陝西百姓一槩均攤解鹽之課令食韋紅之鹽則鹽吏
免巡禁之勞而民亦受惠矣本臺詳所言鹽法宜從省部定擬具呈中書省送
戶部議之本部議云陝西行臺所言鹽事宜從都省選官前赴陝西與行省行
臺及河東運司官一同講究是否便益明白咨呈三年都督移咨陝西行省仍
摘委河東運司正官一員赴省一同再行講究三月初二日陝西行省官及李

御史運司同知郝中順會鞏昌延安興元奉元鳳翔邠州等官與總帥汪通議等俱稱當從御史帖木兒不花及廉使胡通奉所言限以黃河為界令陝西之民從便食用韋紅二鹽解鹽依舊西行紅鹽不許東渡其咸寧長安錄事司三處未散者依已散州縣一體斟酌認納乾課與運同已散食鹽引價同見納乾課辦鈔七萬錠通行按季輸納運司不須散引如此則民不受害而課以無虧矣郝同知獨言運司每歲辦課四十五萬錠陝西該辦二十萬錠今止認七萬錠餘十三萬錠從何處恢辦議不合而散本省檢照運司逐年申報文冊陝西止辦七萬二千六十餘錠郝遂稱疾不出其後訖無定論戶部參照至順二年中書省嘗遣兵部郎中幷朝散與陝西行省官一同講究以涇州白家河永為定界聽民食用仍督所在軍民官嚴行禁約毋致韋紅二鹽犯境侵課中書如所擬行之

兩淮之鹽至元六年八月兩淮運司准行戶部尚書運使王正奉牒本司自至元十四年創立當時鹽課未有定額但從實恢辦自後累增至六十五萬七十

五引客人買引自行赴場支鹽場官逼勒竈戶加其斛面以通鹽商壞亂鹽法大德四年中書省奏准改法立倉設綱儹運撥袋支發以革前弊本司行鹽之地江淛江西河南湖廣所轄路分上江下流鹽法通行至大間煎添正額餘鹽三十萬引通九十五萬七十五引客商運至揚州東關俱於城河內停泊聽候通放不下三四十萬餘引積疊數多不能以時發放至順四年前運使韓大中等又言歲賣額鹽九十五萬七十五引客商買引關給勘合赴倉支鹽雇船脚力每引遠倉該鈔十二三貫近倉不下七八貫運至揚州東關俟候以次通放其船梢人等恃以鹽主不能照管視同己物恣爲侵盜弊病多端及事敗到官非不嚴加懲治莫能禁止其所盜鹽以鈔計之不過折其舊船以償而已安能如數徵之是以裏河客商虧陷資本外江興販多被欺侮而百姓高價以買不潔之鹽公私俱受其害竊照揚州東關城外沿河兩岸多有官民空閑之地如蒙聽從鹽商自行賃買基地起造倉房支運鹽袋到稿籍定資次貯置倉內以俟通放臨期用船載往真州發賣既防侵盜之患可爲悠久之利其於鹽法非

小補也既申中書戶部及河南行省照勘議擬文移往復紛紜不決久之戶部乃定議令運司於已收在官客商帶納挑河錢內撥鈔一萬錠起蓋倉房仍從都省移咨河南行省委官與運司偕往相視空地果無違礙而後行之

兩浙之鹽至元五年兩浙運司申中書省云本司自至元十三年刱立當時未有定額至十五年始立額辦鹽十五萬九千引自後累增至四十五萬引元統元年又增餘鹽三萬引每歲總計四十有八萬每引初定官價中統鈔五貫自後增爲九貫十貫以至三十五十六十一百今則爲三錠矣每年辦正課中統鈔一百四十四萬錠較之初年引增十倍價增三十倍課額愈重煎辦愈難兼以行鹽地界所拘戶口有限前時聽從客商就場支給設立檢校所稱檢出場鹽袋又因支查停積延祐七年比兩淮之例改法立倉綱官押船到場運鹽赴倉收貯客旅就倉支鹽始則爲便經今二十餘年綱場倉官任非其人惟務掊克況淮浙風土不同兩淮跨涉四省課額雖大地廣民多食之者衆可以辦集本司地界居江枕海煎鹽亭竈散漫海隅行鹽之地裹河則與兩淮鄰接海洋

則與遼東相通番舶往來私鹽出沒侵礙官課雖有刑禁難盡防禦鹽法隳壞

亭民消廢其弊有五本司所轄場司三十四處各設令丞管勾典史管領竈戶

火丁用工之時正當炎暑之月晝夜不休纔值陰雨束手彷徨貧窮小戶餘無

生理衣食所資全藉工本稍存抵業之家十無一二有司不體其勞又復差充

他役各場元簽竈戶一萬七千有餘後因水旱疫癘流移死亡止存七千有餘

即今未蒙簽補所據拋下額鹽唯勒見戶包煎而已若不早為簽補優加存恤

將來必致損見戶而虧大課此弊之一也又如所設三十五綱監運綱司專掌

召募船戶照依隨場日煎月辦課額官給水脚錢就場支裝所煎鹽袋每引元

額四百斤又加折耗等鹽十斤裝為二袋綱官押運前赴所撥之倉而交納焉

客人到倉支鹽如自二月至於十月河凍之時以運足為度其立法非不周密

也今各綱運鹽船戶經行歲久奸弊日滋凡遇到場裝鹽之時私屬鹽場官吏

司秤人等重其斤兩裝為硬袋出場之後沿途盜賣雜以灰土補其所虧及到

所赴之倉而倉官司秤人又各受賄既不加辨秤盤又不如法在倉日久又復

消折袋法不均誠非細故不若仍舊令客商就場支給既免綱運倖給水脚之費又鹽法一新此弊之二也本司歲辦額鹽四十八萬引行鹽之地兩浙江東凡一千九百六萬餘口每日食鹽四錢一分八釐總而計之爲四十四萬九千餘引雖賣盡其數猶剩鹽三萬一千餘引每年督勒有司驗戶口請買又值荒歉連年流亡者衆兼以瀕江並海私鹽公行軍民官失於防禦所以各倉停積累歲未賣之鹽凡九十餘萬引無從支散如蒙早降定制以憑遵守賞罰既明私鹽減少戶口食鹽不致廢弛此弊之三也又每季拘收退引凡遇客人運鹽到所賣之地先須住報水程及所止店肆繳納退引豈期各處提調之官不能用心檢舉縱令吏胥坊里正等需求分例錢不滿所欲則多端留難客人或因發賣遲滯轉往他所水程雖住引不拘納遂有埋沒致容奸民藏匿在家影射私鹽所司亦不檢勘拘收其懦善者賣過官鹽之後卽將引目投之鄉胥又有狡猾之徒不行納官通同鹽徒執以爲憑與販私鹽如蒙將有司官吏明定黜降罪名使退引盡實還官不致影射私鹽此弊之四也本司自延祐七年改立

杭州等七倉設置部轄掌收各綱船戶運到鹽袋貯頓在倉聽候客人依次支
鹽俱有定制比年以來各倉官攢肆其貪欲出納之間兩收其利凡遇綱船到
倉必受船戶之賄縱其雜和灰土收納入倉或船戶運至好鹽無錢致賄則故
生事留難以致停泊河岸侵欺盜賣其倉官與監運人等爲弊多端是以各倉
積鹽九十餘萬引新舊相並充溢廊屋不能支發走鹵消折利害非輕雖繫客
人買過之物課鈔入官實恐年復一年爲患益甚若仍舊令客商自備脚力就
場支裝庶免停積此弊之五也五者之中各倉停積最爲急務驗一歲合賣之
數止該四十四萬餘引儘賣二年尚不能盡又復煎運到倉積累轉多如蒙特
賜奏聞選委德望重臣與拘該官府從長講究參酌時宜更張法制定爲良規
惠濟黎元庶望大課無虧見爲住煎餘鹽三萬引差人賫江浙行省咨文赴中
書省請照詳焉戶部詳運司所言除餘鹽三萬引別議外其餘事理未經行省
明白定擬呈省移咨從長講究六年五月中書省奏選官整治江浙鹽法命江
浙行省右丞納麟及首領官趙郎中等提調既而納麟又以他故辭至正元年

運使霍亞中又言兩淮福建運司俱有餘鹽已行住免本司繫同一體如蒙依例住煎三萬引庶大課易爲辦集中書省上奏得旨權將餘鹽三萬引倚閣侯鹽法通行而後辦之二年十月中書右丞相脫脫平章鐵木兒塔識等奏兩淛食鹽害民爲甚江淛行省官運司官屢以爲言擬合欽依世祖皇帝舊制除近鹽地十里之內令民認買革罷見設鹽倉綱運聽從客商赴運司買引就場支鹽許於行鹽地方發賣革去派散之弊及設檢校批驗所四處選任廉幹之人直隷運司如遇客商載鹽經過依例秤盤均平袋法批驗引目運司官常行體究又自至元十三年歲辦鹽課額少價輕今增至四十五萬額多價重轉運不行今戶部定擬自至正二年爲始將兩浙額鹽量減一十萬引侯鹽法流通復還元額散派食鹽擬合住罷有旨從之

福建之鹽至元六年正月江淛行省據福建運司申本司歲辦額課鹽十有三萬九引一百八十餘斤今查勘得海口等七場至元四年閏八月終積下附餘增辦等鹽十萬一千九百六十二引二百六十二斤看詳既有積儹附餘鹽數

據至元五年額鹽擬合照依天曆元年住煎正額五萬引不給工本將上項餘鹽五萬准作正額省官本鈔二萬錠免致亭民重困本年止辦額鹽八萬九引一百八十餘斤計鹽十有三萬九引有奇通行發賣辦納正課除留餘鹽五萬餘引預支下年軍民食鹽實爲官民便益本省如所擬咨呈中書省送戶部參詳亦如所擬其下餘鹽五萬一千九百六十二引發賣爲鈔通行起解回咨本省從所擬行之至正元年詔福建山東俵賣食鹽病民爲甚行省監察御史廉訪司拘該有司官宜公同講究二年六月江浙行省左丞與行臺監察御史福建廉訪司官及運使常山李鵬舉漳州等八路正官講究得食鹽不便其目有三一曰餘鹽三萬引難同正額擬合除免二曰鹽額太重比依廣海例止收價二錠三曰住罷食鹽並令客商通行福建鹽課始自至元十三年見在鹽六千五十五引每引鈔九貫二十年煎賣鹽五萬四千二百引每引鈔十四貫二十五年增爲一錠三十一年始立鹽運司增鹽額爲七萬引元貞二年每引增價十五貫大德八年罷運司併入宣慰使司恢辦十年立都提舉司增鹽額爲十

萬引至大元年各場煎出餘鹽三萬引四年復立運司遂定額爲十三萬引增價鈔爲二錠延祐元年又增爲三錠運司又從權改法建延汀邵仍舊客商興販而福興漳泉四路椿配民食流害迄今三十餘年本道山多田少土瘠民貧民不加多鹽額增重八路秋糧每歲止二十七萬八千九百餘石夏稅不過一萬一千五百餘錠而鹽課十三萬引該鈔三十九萬錠民力日敝每遇催徵貧者質妻鬻子以輸課至無可規措往往逃移他方近年漳寇擾攘亦由於此運司官耳聞目見蓋因職專恢辦惠無所施如蒙欽依詔書事意罷餘鹽三萬引革去散賣食鹽之弊聽從客商入路通行發賣誠爲官民兩便其正額鹽若依廣海鹽價每引中統鈔二錠宜從都省區處江淛行省遂以左丞所講究咨呈中書省送戶部定擬自至正三年爲始將餘鹽三萬引權令減免散派食鹽擬合住罷其減正額鹽價卽與廣海提舉司事例不同別難更議十月二十八日右丞相脫脫平章帖木兒達失等以所擬奏而行之

廣東之鹽至元二年御史臺准江南諸道行御史臺咨備監察御史韓承務建

言廣東道所管鹽課提舉司自至元十六年爲始止辦鹽額六百二十一引自後累增至三萬五千五百引延祐間又增餘鹽通正額計五萬五百五十二引竈戶窘於工程官民迫於催督呻吟愁苦已逾十年泰定間蒙憲臺及奉使宣撫交章敷陳減免餘鹽一萬五千引元統元年都省以支持不敷權將已減餘鹽依舊煎辦今已二載未蒙住罷竊意議者必謂廣東控制海道連接諸番船商輳集民物富庶易以辦納是蓋未能深知彼中事宜本道所轄七路八州平土絕少加以嵐瘴毒癘其民刀耕火種巢顛穴岸崎嶇辛苦貧窮之家經歲淡食額外辦鹽賣將誰售所謂富庶者不過城郭商賈與舶船交易者數家而已竈戶鹽丁十逃三四官吏畏罪止將見存人戶勒令帶煎又有大可慮者本道密邇蠻獠民俗頑惡誠恐有司責辦太嚴斂怨生事所繫非輕如蒙捐此徵利以示大信疲民幸甚具呈中書省送戶部定擬自元統三年爲始廣東提舉司所辦餘鹽量減五千引十月初九日中書省以所擬奏聞得旨從之

廣海之鹽至元五年三月湖廣行省咨中書省云廣海鹽課提舉司額鹽三萬

五千一百六十五引餘鹽一萬五千引近因黎賊爲害民不聊生正額積虧四萬餘引臥收在庫若復添辦餘鹽困苦未甦恐致不安事關利害如蒙憐憫聞奏除免庶期元額可辦不致遺患邊民戶部議云上項餘鹽若全恢辦緣非元額兼以本司僻在海隅所轄竈民累遭劫掠死亡逃竄民物凋敝擬於一萬五千引內量減五千引以舒民力中書以所擬奏聞得旨從之

四川之鹽元統三年四川行省據鹽茶轉運使司申至順四年中書坐到添辦餘鹽一萬引外又帶辦兩淛運司五千引與正額鹽通行煎辦已後支用不闕再行議擬卑司爲各場別無煎出餘鹽不免勒令竈戶承認規劃幸已足備以後年分若不申覆誠恐竈戶逃竄有妨正課如蒙憐憫備咨中書省於所辦餘鹽一萬引內量減帶辦兩淛之數又准分司運官所言云四川鹽井俱在萬山之間比之腹裏兩淮優苦不同又行帶辦餘鹽竈民由此而疲矣行省咨呈中書省上奏得旨權以帶辦餘鹽五千引倚閣之

至元二年江西湖廣兩行省具以茶運司同知萬家閭所言添印茶由事咨呈中書省云本司歲辦額課二十八萬九千二百餘錠除門攤批驗鈔外數內茶引一百萬張每引十二兩五錢共爲鈔二十五萬錠末茶自有官印筒袋關防其零斤草茶由帖每年印造一千三百八萬五千二百八十九斤該鈔二萬九千八十餘錠茶引一張照茶九十斤客商興販其小民買食及江南產茶去處零斤採賣皆須由帖爲照春首發賣茶由至於夏秋茶由盡絕民間闕用以此考之茶由數少課輕便於民用而不敷茶引課重數多止於商旅興販年終尙有停閑未賣者每歲合印茶由以十分爲率量添二分計二百六十一萬七千五十八斤算依引目內官鈔每斤收鈔一錢三分八釐八毫八絲計增鈔七千二百六十九錠七兩比驗減去引目二萬九千七十六張庶幾引不停閑茶無私積中書戶部定擬江西茶鹽司歲辦公據十萬道引一百萬計鈔二十八萬九千二百餘錠茶引便於商販而山場小民全憑茶由爲照歲辦茶由一千三百八萬五千二百八十九斤每斤一錢一分一釐一毫二絲計鈔五千八百一

十六錠七兩四錢一分減引二萬三千二百六十四張茶引一張造茶九十斤
納官課十二兩五錢如於茶由量添二分計二百六十一萬七千五十八斤每
斤添收鈔一錢三分八釐八毫八絲計鈔七千二百六十九錠七兩積出餘零
鈔數官課無虧而便於民用合准本省所擬具呈中書省移咨行省如所擬行
之至正二年李宏陳言內一節言江州茶司據引不便事云榷茶之制古所未
有自唐以來其法始備國朝既於江州設立榷茶都轉運司仍於各路出茶之
地設立提舉司七處專任散據賣引規辦國課莫敢誰何每至十二月初差人
勾集各處提舉司官吏關領次年據引及其到司旬月之間司官不能偕聚吏
帖需求各滿所欲方能給付據引此時春月已過及還本司方欲點對給散又
有分司官吏到各處驗戶散據賣引每引十張除正納官課一百二十五兩外
又取要中統鈔二十五兩名爲搭頭事例錢以爲分司官吏饋𩟗之資提舉司
雖以榷茶爲名其實不能專散據賣引之任不過爲運司官吏營辦資財而已
上行下效勢所必然提舉司既見分司官吏所爲若是亦復倣效遷延及茶戶

得據還家已及五六月矣中間又存留茶引二三千本以茶戶消乏爲名轉賣與新興之戶每據又多取中統鈔二十五兩上下分派各爲己私不知此等之錢自何而出其爲茶戶之苦有不可言至如得據在手碾磨方興吏卒踵門催併初限不知茶未發賣何從得錢間有充裕之家必須別行措辦其力薄者例被拘監無非典鬻家私以應官限及終限不能足備上司緊併重複勾追非法苦楚此皆由運司給引之遲分司苛取之過茶戶本圖求利反受其害日見消乏逃亡情實堪憫今若申明舊制每歲正月須要運司盡將據引給付提舉司隨時派散無得停留在庫多收分例妨誤造茶時月如有過期別行定罪仍不許運司似前分司自行散賣據引違者從肅政廉訪司依例糾治如此庶茶司少革貪黷之風茶戶免損乏之害中書省以其言送戶部定擬復移咨江西行省委官與茶運司講究如果便益如所言行之

元史卷九十七

元史卷九十八

明翰林學士亞中大夫知制誥兼修國史宋　濂等修

兵志第四十六

兵一

兵者先王所以威天下而折奪姦宄戡定禍亂者也三代之制遠矣漢唐而下其法變更不一大抵用得其道則兵力富而國勢強用失其宜則兵力耗而國勢弱故兵制之得失國勢之盛衰繫焉元之有國肇基朔漠雖其兵制簡略然自太祖太宗滅夏剪金霆轟風飛奄有中土兵力可謂雄勁者矣及世祖卽位平川蜀下荆襄繼命大將帥師渡江盡取南宋之地天下遂定于一豈非盛哉考之國初典兵之官視兵數多寡爲爵秩崇卑長萬夫者爲萬戶千夫者爲千戶百夫者爲百戶世祖時頗修官制內立五衞以總宿衞諸軍衞設親軍都指揮使外則萬戶之下置總管千戶之下置總把百戶之下置彈壓立樞密院以總之遇方面有警則置行樞密院事已則廢而移都鎭撫司屬行省萬戶千戶

百戶分上中下萬戶佩金虎符符趺爲伏虎形首爲明珠而有三珠二珠一珠之別千戶金符百戶銀符萬戶千戶死陣者子孫襲爵死病則降一等總把百戶老死萬戶遷他官皆不得襲是法尋廢後無大小皆世其官獨以罪去者則否若夫軍士則初有蒙古軍探馬赤軍蒙古軍皆國人探馬赤軍則諸部族也其法家有男子十五以上七十以下無衆寡盡僉爲兵十人爲一牌設牌頭上馬則備戰鬭下馬則屯聚牧養孩幼稍長又籍之曰漸丁軍既平中原發民爲卒是爲漢軍或以貧富爲甲乙戶出一人曰獨戶軍合二三而出一人則爲正軍戶餘爲貼軍戶或以男丁論嘗以二十丁出一卒至元七年十丁出一卒或以戶論二十戶出一卒而限年二十以上者充士卒之家爲富商大賈則又取一人曰餘丁軍至十五年免或取匠爲軍曰匠軍或取諸侯將校之子弟充軍曰質子軍又曰禿魯華軍是皆多事之際一時之制天下既平嘗爲軍者定入尺籍伍符不可更易詐增損丁產者覺則更籍其實而以印印之病死戍所者百日外役次丁死陣者復一年貧不能役則聚而一之曰合併貧甚者老無子

者落其籍戶絶者別以民補之奴得縱自便者俾爲其主貼軍其戶逃而還者復三年又逃者杖之投他役者還籍其繼得宋兵號新附軍又有遼東之乣軍契丹軍女直軍高麗軍雲南之寸白軍福建之畲軍則皆不出戍他方者蓋鄉兵也又有以技名者曰砲軍弩軍水手軍應募而集者曰苔剌罕軍其名數則有憲宗二年之籍世祖至元八年之籍十一年之籍而新附軍有二十七年之籍以兵籍係軍機重務漢人不閱其數雖樞密近臣職專軍旅者惟長官一二人知之故有國百年而內外兵數之多寡人莫有知之者今其典籍可考者曰兵制曰宿衞曰鎮戍而馬政屯田站赤弓手急遞鋪兵鷹房捕獵非兵而兵者亦以類附焉作兵志

兵制

太宗元年十一月詔兄弟諸王諸子幷衆官人等所屬去處僉軍事理有妄分彼此者達魯花赤幷官員皆罪之每一牌子僉軍一名限年二十以上三十以下者充仍定立千戶百戶牌子頭其隱匿不實及知情不首幷隱藏逃役軍人

者皆處死　七年七月僉宣德西京平陽太原陝西五路人匠充軍命各處管
匠頭目除織匠及和林建宮殿一切合干人等外應有回回河西漢兒匠人并
札魯花赤及札也種田人等通驗丁數每二十人出軍一名　八年七月詔燕
京路保州等處每二十戶僉軍一名令荅不葉兒統領出軍真定河間邢州大
名太原等路除先僉軍人外於斷事官忽都虎新籍民戶三十七萬二千九百
七十二人數內每二十丁起軍一名亦令屬荅不葉兒領之　十三年八月諭
總管萬戶劉黑馬據斜烈奏忽都虎等元籍諸路民戶一百萬四千六百五十
六戶除逃戶外有七十二萬三千九百一十戶隨路總僉軍一十萬五千四百
七十一名點數過九萬七千五百七十五人餘因近年蝗旱民力艱難往往在
逃有旨今後止驗見在民戶僉軍仍命逃戶復業者免三年軍役
世祖中統元年六月詔罷解鹽司軍一百人初解鹽司元籍一千鹽戶內每十
戶出軍一人後阿藍荅兒倍其役世祖以重困其民罷之七月以張榮實從南
征多立功命為水軍萬戶兼領霸州民戶諸水軍將吏河陰路達魯花赤胡玉

千戶王端臣軍七百有四人八柳樹千戶斡來軍三百六十一人孟州龐抄兒赤張信軍一百九十人濱棣州海口總把張山軍一百人滄州海口達魯花赤塔剌海軍一百人睢州李總管麾下孟春等五十五人霸州蕭萬戶軍一百九十五人悉聽命焉　三年三月詔真定彰德邢州洺磁東平大名平陽太原衞輝懷孟等路各處有舊屬按扎兒孛羅笑乃斛闊闊不花不里合拔都兒等官所管探馬赤軍人乙卯歲籍爲民戶亦有僉充軍者若壬寅甲寅兩次僉定軍已入籍冊者令隨各萬戶依舊出征其或未嘗爲軍及蒙古漢人民戶內作數者悉僉爲軍六月以軍士訴貧乏者衆命貧富相兼應役實有不能自存者優恤　三年十月諭山東東路經略司益都路匠軍已前曾經僉把者可遵別路之例俾令從軍以鳳翔府屯田軍人準充平陽軍數仍於鳳翔屯田勿遣從軍刁國器所管重僉軍九百一十五人卽日放罷爲民陝西行省言士卒戍金州者諸奧魯已嘗服役今重勞苦詔罷之併罷山東大名河南諸路新僉防城戍卒　四年二月詔統軍司及管軍萬戶千戶等可遵太祖之制令各官以子弟

入朝充禿魯花其制萬戶禿魯花一名馬一十匹牛二具種田人四名千戶見
管軍五百或五百以上者禿魯花一名馬六匹牛一具種田人二名雖所管軍
不及五百其家富強子弟健壯者亦出禿魯花一名馬匹牛具種田人同萬戶
千戶子弟充禿魯花者挈其妻子同至從人不拘定數馬匹牛具除定去數目
已上復增餘者聽若有貧乏不能自備者於本萬戶內不該出禿魯花之人通
行津濟起發不得因而科及衆軍萬戶千戶或無親子或親子幼弱未及成人
者以弟姪充候親子年及十五却行交換若委有親子不得隱匿代替委有氣
力不得妄稱貧乏及雖到來氣力却有不完者並罪之是月帝以太宗舊制設
官分職軍民之事各有所司後多故之際不暇分別命阿海充都元帥專於北
京東京平灤懿州蓋州路管領見管軍人凡民間之事毋得預焉五月立樞密
院凡蒙古漢軍並聽樞密節制統軍司都元帥府除遇邊面緊急事務就便調
度外其軍情一切大小公事並須申覆合設奥魯官並從樞密院設置七月詔
免河南保甲丁壯射生軍三千四百四十一戶雜泛科差專令把守巡哨八月

諭成都路行樞密院近年軍人多逃亡事故者可於各奧魯內盡實僉補自乙卯年定入軍籍之數悉僉起赴軍十一月一直水達達及乞烈賓地合僉鎮守軍命亦里不花僉三千人付塔匣來領之并達魯花赤官之子及其餘近上戶內亦令僉軍聽亦里不花節制　至元二年八月陝西五路西蜀四川行省言新僉軍七千人若發民戶恐致擾亂今鞏昌已有舊軍三千諸路軍二千餘二千人亦不必發民戶當以便宜起補從之十一月省院官議收到私走間道盜販馬匹曾過南界人三千八百四戶悉令充軍以一千九百七十八人與山東路統軍司一千人與蔡州萬戶餘八百二十六戶有旨留之軍中　三年七月添內外巡軍外路每百戶選中產者一人充之其賦令餘戶代輸在都增武衛軍四百　四年正月僉蒙古軍每戶二丁三丁者一人四丁五丁者二人六丁七丁者三人二月詔遣官僉平陽太原人戶爲軍除軍站僧道也里可温荅失蠻儒人等戶外於係官投下民戶運司戶人匠打捕鷹房金銀鐵冶丹粉錫碌等不以是何戶計驗酌中戶內丁多堪當人戶僉軍三千人定立百戶牌子頭

前赴陝西五路西蜀四川行中書省所轄東川出征復於京兆延安兩路僉軍一千人如平陽太原例五月詔河南路驗酌中戶內丁多堪當軍人戶僉軍四百二十名歸之樞密院俾從軍復其徭役南京路除邳州南宿州外依中書省分間定應僉軍人戶驗丁數僉軍二千五百八十名管領出征十二月僉女直水達達軍三千人　五年閏正月詔益都李璮元僉軍仍依舊數充役二月詔諸路奧魯毋隸總管府別設總押所官聽樞密院節制六月省臣議僉起禿魯花官員皆已僉轉或物故黜退者於內復有貧難蒙古人氏除隨路總管府達魯花赤總管及掌兵萬戶合令應當其次官員禿魯花宜放罷其自願留質者聽之十月禁長軍之官不得侵漁士卒違者論罪十一月僉山東河南沿邊州城民戶為軍遇征進則選有力之家同元守邊城漢軍一體出征其無力之家代守邊城及屯田勾當　六年二月僉懷孟衛輝路丁多人戶充軍益都淄萊所轄登萊州李璮舊軍內起僉一萬人差官部領出征其淄萊路所轄淄萊等處有非李璮舊管者僉五百二十六人其餘諸色人戶亦令酌驗丁數僉軍起

遣至軍前赴役十月從山東路統軍司言應係逃軍未獲者令其次親丁代役身死軍人亦令親丁代補無親丁則以少壯驅丁代之　七年三月定軍官等級萬戶千戶百戶總把以軍士爲差六月成都府括民三萬一千七十五戶僉義士軍八千六十七人七月分揀隨路砲手軍始太祖太宗征討之際於隨路取發幷攻破州縣招取鐵木金火等人匠充砲手管領出征壬子年俱作砲手附籍中統四年揀定除正軍當役外其餘戶與民一體當差後爲出軍正戶煩難至元四年取元充砲手民戶津貼其間有能與不能者影占不便至是分揀之　八年二月以瓜州沙州鷹房二百人充軍　九年正月河南省請益兵勅諸路僉軍三萬詔元帥府統軍司總管萬戶府閱實軍籍二月命阿朮典行省蒙古軍劉整阿里海牙典漢軍四月詔諸路軍戶驅丁除至元六年前從良入民籍者當差七年後凡從良文書寫從便爲民者亦如之餘雖從良並令津助本戶軍役七月閱大都京兆等處探馬赤戶名籍九月詔樞密諸路正軍貼戶及同籍親戚僮奴丁年堪役依諸王權要以避役者並還之軍惟匠藝精巧者

以名聞十二月命府州司縣達魯花赤及治民長官不妨本職兼管諸軍奥魯

各路總管府達魯花赤總管別給宣命印信府州司縣達魯花赤長官止給印

信任滿則別具解由申樞密院　十年正月合剌請於渠江之北雲門山及嘉

陵西岸虎頭山立二戍以其圖來上仍乞益兵二萬勑給京兆新僉軍五千人

益之陝西京兆延安鳳翔三路諸色人戶約六萬戶內僉軍六千五月禁乾討

虜人其願充軍者於萬戶千戶內結成牌甲與大軍一體征進八月禁軍吏之

長舉債不得重取其息以損軍力違者罪之九月襄陽生券軍至都釋械繫免

死聽自立部伍俾征日本仍於蒙古漢人內選官率領之　十一年正月初立

軍官以功陞散官格五月便宜總帥府言本路軍經今四十年間或死或逃無

丁不能起補見在軍少乞選擇堪與不堪丁力放罷貧乏無丁者於民站內別

選充役從之詔延安府沙井靜州等處種田白達達戶選其可充軍者僉起出

征六月潁州屯田總管李珣言近爲僉軍事乞依徐邳州屯田例每三丁內一

丁防城二丁納糧可僉丁壯七百餘人幷元撥保甲丁壯令珣通領鎮守潁州

代見屯納合監戰軍馬別用從之　十二年三月遣官往遼東僉揀蒙古達魯花赤千戶百戶等官子弟出軍詔隨處所置襄陽生券軍之爲農者或自願充軍具數以聞五月正陽萬戶劉復亨言新下江南三十餘城俱守以兵及江北淮南潤揚等處未降軍力分散調度不給以致鎭巢軍滁州兩處復叛乞僉河西等戶爲軍併力勦除庶無後患有旨命肅州達魯花赤𢌿遣使同往驗各色戶計物力富強者僉起之六月僉平陽西京延安等路達魯花赤弟男爲軍萊州酒稅官王貞等上言國家討平殘宋吊伐爲事何嘗以賄利爲心彼不紹事業小人貪圖貨利作乾討虜名目侵掠彼地所得人口悉皆貨賣以充酒食之費勝則無益朝廷敗則實爲辱國其招討司所收乾討虜人可悉罷之第其高下籍爲正軍命各萬戶管領征進一則得其實用二則正王師吊伐之名實爲便益從之　十四年正月詔上都隆興西京北京四路編民捕獵等戶僉選丁壯軍二千人防守上都中書省議從各路荅配二十五戶內取軍一名選善騎射者充官給行資中統鈔一錠仍自備鞍馬衣裝器仗編立牌甲差官部領前

來赴役十二月樞密院臣言收附亡宋州城新附請糧官軍并通事馬軍人等軍官不肯存恤多逃散者乞招誘之命左丞陳巖等分揀堪當軍役者收係充軍依舊例月支錢糧其生券不堪當軍者官給牛具糧食屯田種養　十五年正月定軍官承襲之制凡軍官之有功者陞其秩元受之職令他有功者居之不得令子姪復代陣亡者始得承襲病死者降一等總把百戶老病死不在承襲之例凡將校臨陣中傷還營病創者亦令與陣亡之人一體承襲禁長軍之官不恤士卒及士卒亡命避役侵擾初附百姓者俱有罪雲南行省言雲南舊屯駐蒙古軍甚少遂取漸長成丁怯困都等軍以備出征雲南闊遠多未降之地必須用兵已僉爨僰人一萬爲軍續取新降落落和泥等人亦令充軍然其人與中原不同若赴別地出征必致逃匿宜令就各所居一方未降處用之九月併軍士初至元九年僉軍三萬止擇精銳年壯者不復問其貲產且無貼戶之助歲久多貧乏不堪樞密院臣奏宜縱爲民遂併爲一萬五千諸軍戶投充諸侯王怯憐口人匠或託爲別戶以避其役者復令爲軍有良匠則別而出之

樞密臣又言至元八年於各路軍之爲富商大賈者一百四十三戶各增一軍號餘丁軍今東平等路諸奧魯總管府言往往人死產乏不能充二軍乞免餘丁充役者制可十二月樞密院官議諸軍官在軍籍者除百戶總把權準軍役其元帥招討萬戶總管千戶或首領官俱合再當正軍一名　十六年正月罷五翼探馬赤重役軍三月括兩淮造回回礮新附軍匠六百人及蒙古回回漢人新附人能造礮者至京師五月淮西道宣慰司官昂吉兒請招諭亡宋通事軍俾屬之麾下初亡宋多招納北地蒙古人爲通事軍遇之甚厚每戰皆列於前行願效死力及宋亡無所歸朝議欲編入版籍未暇也人人疑懼皆不自安至是昂吉兒請招集列之行伍以備征戍從之九月詔河西地未僉軍之官及富強戶有物力者僉軍六百人十月壽州等處招討使李鐵哥請召募有罪亡命之人充軍其言使功不如使過始南宋未平時蒙古諸色人等因得罪皆亡命往依焉今已平定尚逃匿林藪若釋其罪而用之必能效力無不一當十者矣十一月罷太原平陽西京延安路新僉軍還籍　十七年七月詔江淮諸路

招集荅剌罕軍初平江南募死士願從軍者號荅剌罕屬之劉萬戶麾下南北
既混一復散之其人皆無所歸率羣聚剽掠至是命諸路招集之令萬奴部領
如故聽范左丞李拔都二人節制　十八年二月併貧乏軍人三萬戶爲一萬
五千取貼戶津貼正軍充役四月置蒙古漢人新附軍總管六月樞密院議正
軍貧乏無丁者令富彊丁多貼戶權充正軍應役驗正軍物力却令津濟貼戶
其正軍仍爲軍頭如故或正軍實係單丁者許傭雇練習之人應役丁多者不
得傭雇軍官亦不得以親從人代之　十九年二月諸侯王阿只吉遣使言探
馬赤軍凡九處出征各奥魯內復徵雜泛傜役不便詔免之并詔有司毋重役
軍戶六月禁長軍之官毋得占役士卒散定海荅剌罕軍還各營及歸戍城邑
十月僉發漸丁軍士遵舊制家止一丁者不作數凡二丁至五丁六丁之家止
存一人餘皆充軍　二十年二月命各處行樞密院造新附軍籍冊六月從丞
相伯顏議所括宋手號軍八萬三千六百人立牌甲設官以統之十月定出征
軍人亡命之罪爲首者斬餘令減死一等　二十一年八月江東道僉事馬奉

訓言劉萬奴乾討虜軍私相糾合結爲徒黨張弓挾矢或詐稱使臣莫若散之各翼萬戶千戶百戶牌甲內管領爲便省院官以聞有旨可令問此軍欲從脫歡出征虜掠耶欲且放散還家耶回奏衆軍皆言自圍襄樊渡江以來與國効力願令還家少息遂從之籍亡宋手記軍宋時有是軍死則以兄弟若子承代有旨依漢軍例籍之毋涅其手　二十二年正月立行樞密院於江南三省其各處行省見管軍馬悉以付焉九月詔福建黃華畬軍有恆產者放爲民無恆產與妻子者編爲守城軍征交趾蒙古軍五百人漢軍二千人除留蒙古軍百人漢軍四百人爲鎭南王脫歡宿衞餘悉遣還別以江淮行樞密院蒙古軍戍江西十月從月的迷失言以乾討虜軍七百人籍名數立牌甲命將官之無軍者領之十一月御史臺臣言昔宋以無室家壯士爲鹽軍內附之初有五千人除征占城運糧死亡者今存一千一百二十二人此徒皆性習凶暴民患苦之宜給以衣糧使屯田自贍庶絕其擾從之十二月從樞密院請嚴立軍籍條例選壯士及有力之家充軍舊例丁力強者充軍弱者出錢故有正軍貼戶之籍

行之既久而強者弱弱者強籍亦如故其同戸異居者私立年期以相更代故
有老稚不免從軍而強壯家居者至是革焉江淛省募鹽徒爲軍得四千七百
六十六人選軍官麾下無士卒者相參統之以備各處鎮守　二十四年閏二
月樞密院臣言諸軍貼戸有正軍已死者有充工匠者放爲民者有元係各投
下戸回付者似此歇閑一千三百四十戸乞差人分揀貧富定貼戸正軍制可
　二十六年八月樞密院議諸管軍官萬戸千戸百戸等或治軍有法鎮守無
虞鎧仗精完差役均平軍無逃竄者許所司薦舉以聞不次擢用諸軍吏之長
非有上司之命毋擅離職諸長軍者及蒙古漢軍毋得妄言邊事
成宗大德二年十二月定各省提調軍馬官員凡用隨從軍士蒙古長官三十
名次官二十名漢人一十名萬戸千戸百戸人等俱不得占役行省鎮撫止用
聽探外亦不得多餘役占十一年四月詔禮店軍還屬土番宣慰司初西川也
速迭兒按住奴帖木兒等所統探馬赤軍自壬子年屬籍禮店隸王相府後王
相府罷屬之陝西省桑哥奏屬土番宣慰司咸以爲不便大德十年命依壬子

之籍至是復改屬焉
武宗至大元年正月以通惠河千戶劉粲所領運糧軍九百二十人屬萬戶亦因帖木爾兵籍十二月丞相三寶奴等言國制行省佐貳及宣慰使不得提調軍馬若遙授平章揚州宣慰使阿憐帖木兒者嘗與成宗同乳母故得行之非常憲也今命沙的代之宜遵國制勿令提調制可
仁宗皇慶元年三月中書省臣奏李馬哥等四百戶爲民初李馬哥等四百戶屬諸侯王脫脫乙未年定籍爲民高麗林衍及乃顏叛皆嘗僉爲軍至元八年置軍籍以李馬哥等非七十二萬戶內軍數復改爲民至大四年樞密院復奏爲軍至是省官以爲言命遵乙未年已定之籍後樞密復奏竟以爲軍戶十二月省臣言先是樞密院奏準雲南省宜遵各省制其省官居長者二員得佩虎符提調軍馬餘佐貳者不得預已受虎符者悉收之今雲南省言本省籍軍士之力以辦集錢穀遇有調遣則省官親率衆上馬故舊制雖牧民官亦得佩虎符領軍務視他省爲不同臣等議已受虎符者依故事未受者宜頒賜之制可

二年正月詔雲南省鎮遠方掌邊務凡事涉軍旅者自平章至僚佐須同署押其長官二員復與哈必赤　延祐元年二月四川省軍官闕員詔依民官遷調之制差人與本省提調官及監察御史同銓注　三年三月命伯顏都萬戶府及紅胖襖總帥府各調軍九千五百人往諸侯王所更代守邊士卒其屬都萬戶府者軍一名馬三匹屬總帥府者軍一名馬二匹令人自爲計其貧不能自備者則命行伍之長及百戶千戶等助之悉遣精銳練習騎射之士每軍一百名百戶一員五百名千戶一員復命買住囊加䚟二人分左右部領之

元史卷九十八

元史卷九十九

明翰林學士亞中大夫知制誥兼修國史宋　濂等修

兵志第四十七

兵二

宿衞

宿衞者天子之禁兵也元制宿衞諸軍在內而鎭戍諸軍在外內外相維以制輕重之勢亦一代之良法哉方太祖時以木華黎赤老温博爾忽博爾朮爲四怯薛領怯薛歹分番宿衞及世祖時又設五衞以象五方始有侍衞親軍之屬置都指揮使以領之而其後增置改易於是禁兵之設殆不止於前矣夫屬櫜鞬列宮禁宿衞之事也而其用非一端用之於大朝會則謂之圍宿軍用之於大祭祀則謂之儀仗軍車駕巡幸用之則曰扈從軍守護天子之帑藏則曰看守軍或夜以之警非常則爲巡邏軍或歲漕至京師用之以彈壓則爲鎭遏軍今總之爲宿衞而以餘者附見焉

四怯薛　太祖功臣博爾忽博爾朮木華黎赤老温時號掇里班曲律猶言四傑也太祖命其世領怯薛之長怯薛者猶言番直宿衛也凡宿衛每三日而一更申酉戌日博爾忽領之爲第一怯薛卽也可怯薛博爾忽早絕太祖命以別速部代之而非四傑功臣之類故太祖以自名領之其云也可者言天子自領之故也亥子丑日博爾朮領之爲第二怯薛寅卯辰日木華黎領之爲第三怯薛巳午未日赤老温領之爲第四怯薛赤老温後絕其後怯薛常以右丞相領之凡怯薛長之子孫或由天子所親信或由宰相所薦舉或以其次序所當爲卽襲其職以掌環衛雖其官卑勿論也及年老旣久則遂擢爲一品官而四怯薛之長天子或又命大臣以總之然不常設也其宅預怯薛之職而居禁近者分冠服弓矢食飲文史車馬廬帳府庫醫藥卜祝之事悉世守之雖以才能受任使服官政貴盛之極然一日歸至內庭則執其事如故至於子孫無改非甚親信不得預也其怯薛執事之名則主弓矢鷹隼之事者曰火兒赤昔寶赤怯憐赤書寫聖旨曰扎里赤爲天子主文史者曰必闍赤親烹飪以奉上飲食者

曰博爾赤侍上帶刀及弓矢者曰云都赤闊端赤司閽者曰八剌哈赤掌酒者曰答剌赤典車馬者曰兀剌赤莫倫赤掌內府尚供衣服者曰速古兒赤牧駱駝者曰帖麥赤牧羊者曰火你赤捕盜者曰忽剌罕赤奏樂者曰虎兒赤又名忠勇之士曰霸都魯勇敢無敵之士曰拔突其名類蓋不一然皆天子左右服勞侍從執事之人其分番更直亦如四怯薛之制而領於怯薛之長若夫宿衞之士則謂之怯薛歹亦以三日分番入衞其初名數甚簡後累增爲萬四千人揆之古制猶天子之禁軍是故無事則各執其事以備宿衞禁庭有事則惟天子之所指使比之樞密各衞諸軍於是爲尤親信者也然四怯薛歹自太祖以後累朝所御斡耳朵其宿衞未嘗廢是故一朝有一朝之怯薛總而計之其數滋多每歲所賜鈔幣動以億萬計國家大費每敝於此焉

右衞　中統三年以侍衞親軍都指揮使董文炳兼山東東路經略使共領武衞軍事命益都行省大都督撒吉思驗壬子年已定民籍及照李璮總籍軍數每千戶內選練習軍士二人充侍衞軍幷海州東海漣州三處之軍屬焉至元

元年改武衞爲侍衞親軍分左右翼置都指揮使八年改立左右中三衞掌宿衞扈從兼屯田國有大事則調度之
左衞
中衞　並至元八年侍衞親軍改立
前衞　至元十六年以侍衞親軍創置前後二衞掌宿衞扈從兼營屯田國有大事則調度之置都指揮使
後衞　亦至元十六年置
武衞　至元二十五年尙書省奏那海那的以漢軍一萬人如上都所立虎賁司營屯田修城隍二十六年樞密院官暗伯奏以六衞六千人塔剌海孛可所掌大都屯田三千人及近路迤南萬戶府一千人總一萬人立武衞親軍都指揮使司掌修治城隍及京師內外工役之事
左都威衞　至元十六年世祖以新取到侍衞親軍一萬戶屬之東宮立侍衞親軍都指揮使司三十一年復以屬皇太后改隆福宮左都威衞使司至大三

年選其軍之善造作者八百人立千戶所一及百戶翼八以掌之而分局造作
皇慶元年以王平章舊所領軍一千人立屯田至治三年罷匠軍千戶所
右都威衞　國初木華黎奉太祖命收扎剌兒兀魯忙兀納海四投下以按察
兒孛羅笑乃觧不里海拔都兒闊闊不花五人領探馬赤軍既平金隨處鎮守
中統三年世祖以五投下探馬赤立蒙古探馬赤總管府至元十六年罷其軍
各於本投下應役十九年仍令充軍二十一年樞密院奏以五投下探馬赤軍
俱屬之東宮復置官屬如舊二十二年改蒙古侍衞親軍指揮使司三十一年
改隆福宮右都威衞使司
唐兀衞　至元十八年阿沙阿束言今年春奉命總領河西軍三千人但其所
帶虎符金牌者甚衆征伐之重若無官署何以防閑之樞密院以聞遂立唐兀
衞親軍都指揮使司以總之
貴赤衞　至元二十四年立
西域親軍　元貞元年依貴赤唐兀二衞例始立西域親軍都指揮使司

衛候直都指揮使司　至元元年裕宗招集控鶴一百三十五人三十一年徽政院增控鶴六十五人立衛候司以領之且掌儀從金銀器物元貞元年皇太后復以晉王校尉一百人隸焉大德十一年益以懷孟從行控鶴二百人陞衛候直都指揮使司至大元年復增控鶴百人總六百人設百戶所六以爲其屬至治三年罷之四年以控鶴六百三十人歸于皇后位下後復置立

右阿速衛　至元九年初立阿速拔都達魯花赤後招集阿速正軍三千餘名復選阿速揭只揭了温怯薛丹軍七百人扈從車駕掌宿衛城禁兼管潮河蘇沽兩川屯田幷供給軍儲二十三年爲阿速軍南攻鎭巢殘傷者衆遂以鎭巢七百戶屬之幷前軍總爲一萬戶隸前後二衛至大二年始改立右衛阿速親軍都指揮使司

左阿速衛　亦至大二年改立

隆鎭衛　睿宗在潛邸嘗於居庸關立南北口屯軍徼巡盜賊各設千戶所至元二十五年以南北口上千戶所總領之至大四年改千戶所爲萬戶府分欽

察唐兀貴赤西域左右阿速諸衛軍三千人幷南北口大和嶺舊隘漢軍六百九十三人屯駐東西四十三處立十千戶所置隆鎮上萬戶府以統之皇慶元年始改爲隆鎮衛親軍都指揮使司延祐二年又以哈兒魯軍千戶所隸焉至治元年置蒙古漢軍籍

左衛率府　至大元年命以中衛兵萬人立衛率府屬之東宮時仁宗爲皇太子曰世祖立五衛象五方也其制猶中書之六部殆不可易遂命江南行省萬戶府選漢軍之精銳者一萬人爲東宮衛兵立衛率府延祐元年改爲忠翊府未幾復改爲御臨親軍都指揮使司又以御臨非古典改爲羽林六年英宗立爲皇太子復以隸東宮仍爲左衛率府

右衛率府　延祐五年以詹事禿滿迭兒所管速怯那兒萬戶府及迤東女直兩萬戶府右翼屯田萬戶府兵合爲右衛率府隸皇太子位下

康禮衛　武宗至大三年定康禮軍籍凡康禮氏之非者皆別而黜之驗其實始得入籍及諸侯王阿只吉火郎撒所領探馬赤屬康禮氏者令樞密院康禮

衛遣人乘傳往置籍焉

忠翊侍衛　至元二十九年始立屯田府大德十一年增軍數立爲大同等處侍衛親軍都指揮使司至大四年四月皇太后修五臺寺遂移屬徽政院幷以京兆軍三千人增入延祐元年改中都威衛使司仍隸徽政院至治元年始改爲忠翊侍衛親軍都指揮使司

宗仁衛　至治二年右丞相拜住奏先脫別鐵木叛時沒入亦乞列思人一百戸與今所收蒙古子女三千戸清州匠二千戸合爲行軍五千請立宗仁衛以統之於是命右丞相拜住總衛事給降虎符牌面如右衛率府又置行軍千戸所隸焉

右欽察衛　至元二十三年依河西等衛例立欽察衛至治二年分爲左右兩衛天曆二年以本衛屬大都督府

左欽察衛　亦至治二年立始至元中立衛時設行軍千戸十有九所屯田三所大德中置只兒哈郎鐵哥納兩千戸所至大元年復設四千戸所至是始分

爲左右二衞亦屬大都督府

龍翊侍衞　天曆元年十二月立龍翊衞親軍都指揮使司以左欽察衞唐吉失等九千戶隸焉

虎賁親軍都指揮使司

左翊蒙古侍衞親軍都指揮使司

右翊蒙古侍衞親軍都指揮使司

宣忠斡羅思扈衞親軍都指揮使司

威武阿速衞親軍都指揮使司

東路蒙古侍衞親軍都指揮使司

女直侍衞親軍萬戶府

高麗女直漢軍萬戶府管女直侍衞親軍萬戶府

鎭守海口侍衞親軍屯儲都指揮使司

宣鎭侍衞

世祖中統元年四月諭隨路管軍萬戸有舊從萬戸三哥西征軍人悉遣至京師充防城軍忙古䚟軍三百一十九人嚴萬戸軍一千三百四十五人濟南路軍一百四十人脫赤剌軍一百四十九人糺查剌軍一百四十五人馬總管軍一百四十四人　三年十月諭益都大小管軍官及軍人等先李璮懷逆蒙蔽朝廷恩命驅駕爾等以爲己惠爾等雖有效過功勞殊無聞報一旦泯絶此非爾等不忠之愆實李璮懷逆之罪也今侍衛親軍都指揮使董文炳來奏其詳言爾等各有願爲朝廷出力之語此復見爾等存忠之久也今命董文炳仍爲山東東路經略使收集爾等直隸朝廷充武衛軍近侍勾當比及應職且當守把南邊隄防外隙庶内境軍民各得安業爾等宜益盡心以圖勳效　至元二年十二月增侍衛親軍一萬人内選女直軍三千高麗軍三千阿海三千益都路一千每千人置千戸一員百人置百戸一員以領之仍選丁力壯銳者以應役焉　三年五月帝謂樞密臣曰侍衛親軍非朕命不得發充夫役修瓊華島士卒卽日放還　四年七月諭東京等路宣撫司命於所管戸内以十等爲率

於從上第三等戶僉選侍衞親軍一千八百名若第三等戶不敷於第二等戶內僉補仍定立千戶百戶牌子頭幷其家屬同來赴中都應役　十四年五月以蒙古軍與漢軍相參備都城內外及萬壽山宿衞仍以也速不花領圍宿事　十五年五月總管胡翔請還侍衞軍先是宿州蘄縣等萬戶府士卒百人有旨俾充侍衞軍後從僉省嚴忠範征西川既而嘉定重慶夔府皆下忠範回軍留西道翔上言從之九月以總管張子良所匿軍二千二百二十二人充侍衞軍士　十六年四月選揚州省新附軍二萬人充侍衞親軍併其妻子遷赴京師　二十四年十月總帥汪惟和選麾下銳卒一千人請擇昆弟中一人統之以備侍衞從之

成宗元貞四年八月詔蒙古侍衞所管探馬赤軍人子弟投充諸王位下應役者悉遵世祖成憲發還元役充軍　大德六年二月調蒙古侍衞等軍一萬人往官山住夏

仁宗延祐六年九月知樞密院事塔失鐵木兒言諸漢人不得點圍宿軍士圖

籍係軍數者雖御史亦不得預知此國制也比者領圍宿官言中書命司計李
處恭巡視守倉庫軍卒有曠役者則罪之以懲其後使無怠而已而李司計擅
取軍數簽士卒在法爲過臣等議宜自中書與樞密遣人案之驗實以聞制可
七年六月以紅城中都威衞係掌軍務之司屬徽政院不便命遵舊制俾樞
密總之

圍宿軍

世祖至元二十六年七月命大都侍衞軍內復起一萬人赴上都以備圍宿
成宗元貞二年十月樞密院臣言昔大朝會時皇城外皆無墻垣故用軍環繞
以備圍宿今墻垣已成南北西三畔皆可置軍獨御酒庫西地窄不能容臣等
與丞相完澤議各城門以蒙古軍列衞及於周橋南置戍樓以警昏旦從之
武宗至大四年正月省臣等傳皇太子命以大朝會調蒙古漢軍三萬人備圍
宿仍遣使發山東河北河南淮北諸路軍至京師復命都府左右翼右都威衞
整器仗車騎六月以諸侯王駙馬等來朝命發各衞色目漢軍八百二十六人

至上京復命指揮使也干不花領之

仁宗皇慶元年六月命衞率府軍士備圍宿守隆福宮內外禁門十一月樞密院臣言皇太后有旨禁掖門可嚴守衞臣等議增置百戶一員及於欽察貴赤西域唐兀阿速等衞調軍士九十人增守諸掖門復命千戶一員帥領百戶一員備巡邏從之。延祐三年十月以諸侯王來朝命圍宿軍士六千人增至一萬人復命也了干禿魯分左右部領其事十一月詔圍宿軍士除舊有者更增色目軍萬人以備禁衞十二月樞密院臣言圍宿軍士不及數其已發各衞者地遠至不能如期可遷刈葦草及靑塔寺工役軍先備守衞其各衞還家軍士亦發二萬五千人令備車馬器械俱會京師制可　六年閏八月命知樞密院事衆嘉領圍宿發五衞軍代羽林軍士仍以千戶二員百戶十員擇士卒精銳者二百人屬之

英宗至治元年正月帝詣石佛寺以其墻垣踈壞命副樞朮溫台僉院阿散領圍宿士卒以備巡邏八月東內皇城建宿衞屋二十五楹命五衞內摘軍二百

五十人居之以備禁衛
文宗天曆二年二月樞密院臣言去歲嘗奉旨依先制調軍把守圍宿此時各翼軍人皆隨處出征亦有潰散者故不及依次調遣止於右翼侍衛及右都威衛內發軍一千一百二十六名以備圍宿今歲車駕行幸臣等議於河南山東兩都府內起遣未差軍士一千三名以備扈從制可五月樞密臣又言比奉令旨放散軍人臣等議常制以三月一日放散六月一日赴限今放散既遲可令於八月一日赴限從之

儀仗軍

世祖至元十二年十二月上尊號受冊告祭天地宗廟調左右中三衛軍五千人爲蹕街清路軍
武宗至大二年十二月上尊號百官行朝賀禮樞密院調軍一千人備儀仗
三年十月上皇太后尊號行冊寶禮用內外儀仗軍數及防護五色甲馬軍二百人

四年二月合祭天地太廟社稷用蹕街清道及守內外壝門軍一百八十人命以圍宿軍爲之事畢還役七月以奉迎武宗玉冊祔廟用清路蹕街軍一百五十人管軍千戶百戶各一員九月以祭享太廟用蹕街清路軍一百五十人千戶百戶各一員

仁宗皇慶元年三月天壽節行禮用內外儀仗軍一千人

英宗至治元年十一月命有司選控鶴衞士及色目漢軍以備鹵簿儀仗十二月定鹵簿隊仗用軍士二千三百三十人萬戶千戶百戶四十五員仍議用軍士一千九百五十人萬戶千戶百戶五十九員以備儀仗

致和元年六月以享太廟用蹕街清路軍一百名看糼盆軍一百名管軍官千戶百戶各一員九月行大禮用擎執儀仗蒙古漢軍一千名

文宗天曆元年十一月親祭太廟內外用儀仗并五色甲馬軍一千六百五十名仍命指揮青山及洪副使攝折衝都尉提調 二年正旦行禮用儀仗軍一千人享太廟用蹕街清路軍一百名看守糼盆軍一百名管軍千戶百戶各一

員天壽節行禮用儀仗軍一千名皇后冊寶擎執儀仗用軍一千二百名軍官
四員

扈從軍

世祖至元十七年三月發忙古解抄兒赤所領河西軍士及阿魯黑麾下二百
人入備扈從

武宗至大二年太后將幸五臺徽政院官請調軍扈從省臣議昔大太后嘗幸
五臺於住夏探馬赤及漢軍內各起扈從軍三百人今遵故事從之十一月樞
密院臣言去歲六衛漢軍內以諸處興建工役故用六千軍士於上都臣等議
來歲車駕行幸復令騎卒六千人備車馬器仗與步卒二千人扈從制可

看守軍

世祖至元二十五年十一月以軍守都城外倉初大都城內倉敖有軍守之城
外豐閏豐實廣貯通濟四倉無守者至是收糧頗多丞相桑哥以爲言乃依都
城內倉例每倉發軍五人守之十二月中書省臣言樞密院公廨後有倉貯糧

乞調軍五人看守從之

成宗大德四年二月調軍五百人於新浚河內看閘

武宗至大四年六月帝御大安閣樞密院官奏嘗奉旨令各門置軍守備臣等議探馬赤軍士去其所戍地遠卒莫能至擬發阿速唐兀等軍參漢軍用之各門置五十人制可

仁宗延祐元年閏三月隆禧院官言初世祖影殿有軍士守之今武宗御容於大崇恩福元寺安置宜依例調軍守衞從之　三年二月嶺北省乞軍守衞倉庫命於丑漢所屬萬戶三千探馬赤軍內摘軍三百人與之

英宗至治元年增守太廟墻垣軍初以衞士軍人共守圍宿故止用蒙古軍四百人至是以衞士守內墻垣其外墻止用軍士乃增至八百復命僉院哈散院判阿剌鐵木兒領之四月敕擱思吉斡節兒八哈失寺內常令軍士五人守衞

巡邏軍

仁宗皇慶元年三月丞相鐵木迭兒奏每歲旣幸上京於各宿衞中留衞士三

百七十人以備巡邏今歲多盜賊宜增百人以嚴守禦制可仍命樞密與中書分領之　延祐七年五月詔留守司及虎賁司官親率衆於夜巡邏

鎮遏軍

仁宗延祐元年閏三月樞密院官奏中書省言江淛春運糧八十三萬六千二百六十石取日開洋前來直沽請預差軍人鎮遏詔依年例調軍一千名命右衛副都指揮使伯顏往鎮遏之　三年四月海運至直沽樞密院官奏今歲軍數不敷乞調軍士五百人巡鎮從之　七年四月調海運鎮遏軍一千如舊制

鎮戍

元初以武功定天下四方鎮戍之兵亦重矣然自其始而觀之則太祖太宗相繼以有西域中原而攻取之際屯兵蓋無定向其制殆不可考也世祖之時海宇混一然後命宗王將兵鎮邊徼襟喉之地而河洛山東據天下腹心則以蒙古探馬赤軍列大府以屯之淮江以南地盡南海則名藩列郡又各以漢軍及新附等軍戍焉皆世祖宏規遠略與二三大臣之所共議達兵機之要審地理

之宜而足以貽謀於後世者也故其後江南三行省嘗以遷調戍兵爲言當時莫敢有變其法者誠以祖宗成憲不易於變更也然卒之承平既久將驕卒惰軍政不修而天下之勢遂至於不可爲夫豈其制之不善哉蓋法久必弊古今之勢然也今故著其調兵屯守之制而列之爲鎭戍焉

世祖中統元年五月詔漢軍萬戶各於本管新舊軍內摘發軍人備衣甲器仗差官領赴燕京近地屯駐萬戶史天澤一萬四百三十五人張馬哥二百四十人解成一千七百六十人糺吡剌四百六十六人斜良拔都八百九十六人扶溝馬軍奴一百二十九人內黃鐵木兒一百四十四人趙奴懷四十一人鄢陵勝都古六十五人十一月命右三部尚書怯烈門平章政事趙璧領蒙古漢軍於燕京近地屯駐平章塔察兒領武衞軍一萬人屯駐北山漢軍質子軍及僉到民間諸投下軍於西京宣德屯駐復命怯列門爲大都督管領諸軍勾當分達達軍爲兩路一赴宣德德興一赴興州其諸萬戶漢軍則令赴潮河屯守後復以興州達達軍合入德興宣德命漢軍各萬戶悉赴懷來縉山川中屯駐

三年十月詔田德實所管固安質子軍九百十六戶及平灤州劉不里剌所管質子軍四百戶還元管地面屯駐　至元七年以金州軍八百隸東川統軍司還成都忽朗吉軍戍東川　十一年正月以忙古帶等新舊軍一萬一千人戍建都調襄陽府生券軍六百人熟券軍四百人由京兆府鎮戍鴨池命金州招討使欽察部領之十二月調西川王安撫楊總帥軍與火尾赤相合與丑漢黃兀剌同鎮守合答之城　十二年二月詔以東川新得城寨逼近夔府恐南兵來侵發鞏昌路補僉軍三千人戍之三月海州丁安撫等來降選五州丁壯四千人守海州東海　十三年十月命別速解忽別列八都兒二人爲都元帥領蒙古軍二千人河西軍一千人守斡端城　十五年三月分揚州行省兵於隆興府初置行省分兵諸路調遣江西省軍爲最少至是以南廣地闊阻山谿之險命鐵木兒不花領兵一萬人赴之合元帥塔出軍以備戰守四月詔以伯顏阿术所調河南新僉軍三千人還守廬州六月命荆湖北道宣慰使塔海調遣夔府諸軍士七月詔以塔海征夔軍之還戍者及揚州江西舟師悉付水軍萬

戶張榮實將之守禦江中八月命江南諸路戍卒散歸各所屬萬戶屯戍初渡江所得城池發各萬戶部曲士卒以戍之久而亡命死傷者衆續至者多不著行伍至是縱還各營以備屯戍安西王相府言川蜀既平城邑山砦洞穴凡八十三所其渠州禮義城等處凡三十三所宜以兵鎭守餘悉撤去從之九月詔發東京北京軍四百人往戍應昌府其應昌舊戍士卒悉令散歸十一月定軍民異屬之制及蒙古軍屯戍之地先是以李璮叛分軍民爲二而異其屬後因平江南軍官始兼民職遂因之凡以千戶守一郡則率其麾下從之百戶亦然不便至是令軍民各異屬如初制士卒以萬戶爲率擇可屯之地屯之諸蒙古軍士散處南北及還各奧魯者亦皆收聚令四萬戶所領之衆屯河北阿朮二萬戶屯河南以備調遣餘丁定其版籍編入行伍俾各有所屬遇征伐則遣之

十六年二月命萬戶孛朮魯敬領其麾下舊有士卒守湖州先是以唐鄧均三州士卒二百八十八人屬敬麾下後還戍江陵府至是還之四月定上都戍卒用本路元籍軍士國制郡邑鎭戍士卒皆更相易置故每歲以他郡兵戍上

都軍士罷於轉輸至是以上都民充軍者四千人每歲令備鎮戍罷他郡戍兵六月碉門魚通及黎雅諸處民戶不奉國法議以兵戍其地發新附軍五百人蒙古軍一百人漢軍四百人往鎮戍之七月以西川蒙古軍七千人新附軍三千人付皇子西安王命闍里鐵木兒以戍杭州軍六百九十人赴京師調兩淮招討小廝蒙古軍及自北方迴探馬赤軍代之八月調江南新附軍五千駐太原五千駐大名五千駐衞州又發探馬赤軍一萬人及夔府招討張萬之新附軍俾四川西道宣慰使也罕的斤將之戍斡端　十七年正月詔以他令不罕守建都布吉䚟守長河西之地無令遷易三月同知瀏東道宣慰司事張鐸言江南鎮戍軍官不便請以時更易置之國制既平江南以兵戍列城其長軍之官皆世守不易故多與富民樹黨因奪民田宅居室蠹有司政事爲害滋甚鐸上言以爲皆不遷易之弊請更其制限以歲月遷調之庶使初附之民得以安業也五月命樞密院調兵六百人守居庸關南北口七月廣州鎮戍士卒初以丞相伯顏等麾下合必赤軍二千五百人從元帥張弘範征廣王因留戍焉歲

久皆貧困多死亡者至是命更代之復以揚州行省四萬戶蒙古軍更戍潭州

十月發礮卒千人入甘州備戰守十二月八番羅甸宣慰司請增戍卒先是以

三千人戍八番後征亦奚不薛分摘其半至是師還宣慰司復請益兵以備戰

守從之　十八年正月命萬戶張珪率麾下往就潭州還其祖父所領亳州士

卒并統之二月以合必赤軍三千戍揚州十月高麗王幷行省皆言金州合浦

固城全羅州等處沿海上下與日本正當衝要宜設立鎮邊萬戶府屯鎮從之

十一月詔以征東留後軍分鎮慶元上海澉浦三處上船海口　十九年二月

命唐兀觮於沿江州郡視便宜置軍鎮戍及諭鄂州揚州隆興泉州等四省議

用兵戍列城徙瀏東宣慰司於温州分軍戍守江南自歸州以及江陰至三海

口凡二十八所四月調揚州合必軍三千人鎮泉州又潭州行省以臨川鎮地

接占城及未附黎洞請立總管府一同鎮戍從之七月以隆興西京軍士代上

都戍卒還西川先是上都屯戍士卒其奧魯皆在西川而戍西川者多隆興西

京軍士每歲轉餉不勝勞費至是更之　二十年八月留蒙古軍千人戍揚州

餘悉縱還揚州所有蒙古士卒九千人行省請以三分爲率留一分鎭戍史塔
剌渾曰蒙古士卒悍勇孰敢當留一千人足矣從之十月發乾討虜軍千人增
戍福建行省先是福建行省以其地險常有盜負固爲亂兵少不足戰守請增
蒙古漢軍千人樞密院議以劉萬奴所領乾討虜軍益之　二十一年四月詔
潭州蒙古軍依揚州例留一千人餘悉放還諸奧魯十月增兵鎭守金齒國以
其地民戶剛狠舊嘗以漢軍新附軍三千人戍守今再調探馬赤蒙古軍二千
人令藥剌海率赴之　二十二年二月詔改江淮江西元帥招討司爲上中下
三萬戶府蒙古漢人新附諸軍相參作三十七翼上萬戶宿州蘄縣真定沂郯
益都高郵沿海七翼中萬戶棗陽十字路邳州鄧州杭州懷州孟州真州八翼
下萬戶常州鎭江潁州廬州亳州安慶江陰水軍益都新軍湖州淮安壽春揚
州泰州弩手保甲處州上都新軍黃州安豐松江鎭江水軍建康二十二翼每
翼設達魯花赤萬戶副萬戶各一人以隸所在行院　二十四年五月調各衞
諸色軍士五百人於平灤以備鎭戍十月詔以廣東係邊徼之地山險人稀兼

江西福建賊徒聚集不時越境作亂發江西行省忽都鐵木兒麾下軍五千人往鎭守之　二十五年二月調揚州省軍赴鄂州代鎭戍士卒三月詔黃州蘄州壽昌諸軍還隸江淮省始三處舊置鎭守軍以近鄂州省嘗分隸領之至是軍官以爲言遂仍其舊遼陽行省言懿州地接賊境請益兵鎭戍從之四月調江淮行省全翼一下萬戶軍移鎭江西省從皇子脫歡士卒及劉二拔都麾下一萬人皆散歸各營十一月增軍戍咸平府以察忽亦兒思合言其地實邊徼請益兵鎭守以備不虞故也　二十六年二月命萬戶劉得祿以軍五千人鎭守八番　二十七年六月調各行省軍於江西以備鎭戍俟盜賊平息而後縱還九月以元帥那懷麾下軍四百人守文州調江淮省下萬戶府軍於福建鎭戍十一月江淮行省言先是丞相伯顏及元帥阿朮阿塔海等守行省時各路置軍鎭戍視地之輕重而爲之多寡厥後忙古䚟代之悉更其法易置將吏士卒殊失其宜今福建盜賊已平惟潮東一道地極邊惡賊所巢穴請復還三萬戶以戍守之合剌帶一軍戍沿海明台亦怯烈一軍戍温處扎忽帶一軍戍紹

興婺州其寧國徽州初用土兵後皆與賊通今盡遷之江北更調高郵泰州兩萬戶漢軍戍之揚州建康鎮江三城跨據大江人民繁會置七萬戶府杭州行省諸司府庫所在置四萬戶府水戰之法舊止十所今擇瀕海沿江要害二十二所分兵閱習伺察諸盜錢塘控扼海口舊置戰艦二十艘今增置戰艦百艘海船二十艘樞密院以聞悉從之　二十八年二月調江淮省探馬赤軍及漢軍二千人於脫歡太子側近揚州屯駐　二十九年以咸平府東京所屯新附軍五百人增戍女直地　三十年正月詔西征探馬赤軍八千人分留一千或二千餘令放還皇子奧魯赤大王朮伯言切恐軍散釁生宜留四千還四千從之五月命思播黄平鎮遠拘刷亡宋避役手號軍人以增鎮守七月調四州行院新附軍一千人戍松山

成宗元貞元年七月樞密院官奏劉二拔都兒言初鄂州省安置軍馬之時南面止是潭州等處後得廣西海外四州八番洞蠻等地疆界闊遠闕少戍軍復增四萬人今將元屬本省四翼萬戶軍分出軍力減少臣等謂劉二拔都兒之

言有理雖然江南平定之時沿江安置軍馬伯顏阿朮阿塔海阿里海牙阿剌罕等俱係元經攻取之人又與近臣月兒魯孛羅等樞密院官同議安置者乞命通軍事知地理之人同議增減安置庶後無弊從之　二年五月江淛行省言近以鎮守建康太平保定萬戶府全翼軍馬七千二百一十二名調屬湖廣省乞分兩淮戍兵於本省沿海鎮遏樞密院官議沿江軍馬係伯顏阿朮安置勿令改動止於本省元管千戶百戶軍內發兵鎮守之制可九月詔以兩廣海外四州城池戍兵歲一更代往來勞苦給俸錢選良醫往治其疾病者命三二年一更代之　三年二月調揚州翼鄧新萬戶府全翼軍馬分屯蘄黃　大德元年三月陝西平章政事脫烈伯領總帥府軍三千人收捕西番回詔留總帥軍百人及階州舊軍禿思馬軍各二百人守階州餘軍還元翼湖廣省請以保定翼萬人移鎮彬州樞密院官議此翼乃張柔所領征伐舊軍宜還入鄂州省屯駐別調兵守之七月招收亡宋左右兩江土軍千人從思明上思等處都元帥昔剌不花言也十一月河南行省言前揚州立江淮行省江陵立荊湖行省

各統軍馬上下鎮遏後江淮省移於杭州荊湖省遷於鄂州黃河之南大江迤
北汴梁古郡設立河南江北行省通管江淮荊湖兩省元有地面近年併入軍
馬通行管領所屬之地大江最爲緊要兩淮地險人頑宋亡之後始來歸順當
時沿江一帶斟酌緩急安置定三十一翼軍馬鎮遏後遷調十二翼前去江南
餘有一十九翼於內調發止存原額十分中一二況兩淮荊襄自古隘要之地
歸附至今雖即寧靜宜慮未然乞照沿江元置軍馬遷調江南翼分幷各省所
占本省軍人發還元翼仍前鎮遏省院官議以爲沿江安置三十一翼軍馬之
說本院無此簿書問之河南省官孛魯歡其省亦無樞密院文卷內但稱至元
十九年伯顏玉速鐵木兒等共擬其地安置三萬二千軍後增二千總三萬四
千今悉令各省差占及逃亡事故者還充役足矣又孛魯歡言去年伯顏點視
河南省見有軍五萬二百之上又若還其占役事故軍人則共有七八萬人此
數之外脫歡太子位下有一千探馬赤一千漢軍阿剌八赤等哈剌魯亦在其
地設有非常皆可調用據各省占役總計軍官軍人一萬三千八百八十一名

軍官二百九名軍人一萬三千六百七十二名內漢軍五千五百八十名新附軍八千二十八名蒙古軍六十四名江淛省占役軍官軍人四千九百五十七名湖廣省占役軍官軍人七千六百三名福建省占役軍官軍人一千二百七十二名江西省出征收捕未回新附軍四十九名悉令還役江淛省亦言河南行省見占本省軍人八千八百三十三名亦宜遣還鎮遏有旨兩省各差官赴闕辨議　二年正月樞密院臣言阿剌解脫忽思所領漢人女直高麗等軍二千一百三十六名內有青海對陣者有久戍四五年者物力消乏乞於六衛軍內分一千二百人大同屯田軍八百人徹里台軍二百人總二千二百人往代之制可三月詔各省合併鎮守軍福建所置者合為五十三所江淛所置者合為二百二十七所江西元立屯軍鎮守二百二十六所減去一百六十二所存六十四所　三年三月沅州賊人嘯聚命以毗陽萬戶府鎮守辰州鎮巢萬戶府鎮守沅州靖州上均萬戶府鎮守常州澧州　五年三月詔河南省占役江淛省軍一萬一千四百七十二名除洪澤芍陂屯田外餘令發還元翼　七年

四月調磞門四川軍一千人鎭守羅羅斯　八年二月以江南海口軍少調蘄縣王萬戸翼漢軍一百人甯萬戸翼漢軍一百人新附軍二百人守慶元自乃顔來者蒙古軍三百人守定海

武宗至大二年七月樞密院臣言去年日本商船焚掠慶元官軍不能敵江浙省言請以慶元台州沿海萬戸府新附軍往陸路鎭守以蘄縣宿州兩萬戸府陸路漢軍移就沿海屯鎭臣等議自世祖時伯顔阿朮等相地之勢制事之宜然後安置軍馬豈可輕動前行省忙古解等亦言以水陸軍互換遷調世祖有訓曰忙古解得非狂醉而發此言以水路之兵習陸路之伎驅步騎之士而從風水之役難成易敗於事何補今欲禦備姦宄莫若從宜於水路沿海萬戸府新附軍三分取一與陸路蘄縣萬戸府漢軍相參鎭守從之　四年十月以江浙省嘗言兩淛沿海瀕江隘口地接諸番海寇出没兼收附江南之後三十餘年承平日久將驕卒惰帥領不得其人軍馬安置不當乞斟酌衝要去處遷調鎭遏樞密院官議慶元與日本相接且爲倭商焚毁宜如所請其餘遷調軍馬

事關機務別議行之十二月雲南八百媳婦大小徹里等作耗調四川省蒙古漢軍四千人命萬戶囊加解部領赴雲南鎮守其四川省言本省地方東南控接荊湖西北襟連秦隴阻山帶江密邇番蠻素號天險古稱極邊重地乞於存恤歇役六年軍內調二千人往從之

仁宗皇慶元年十一月詔江西省瘴地內諸路鎮守軍各移近地屯駐　延祐四年四月河南行省言本省地方寬廣關係非輕所屬萬戶府俱於臨江沿淮上下鎮守方面相離省府近者千里之上遠者二千餘里不測調度卒難相應況汴梁國家腹心之地設立行省別無親臨軍馬較之江浙江西湖廣陝西四川等處俱有隨省軍馬惟本省未蒙撥付樞密院以聞命於山東河北蒙古軍河南淮北蒙古軍兩都萬戶府調軍一千人與之十一月陝西都萬戶府言碉門探馬赤軍一百五十名鎮守多年乞放還元翼樞密院臣議彼中亦係要地不宜放還止令於元翼起遣一百五十名三年一更鎮守元調四川各翼漢軍一千名鎮守碉門黎雅亦令一體更代

泰定四年三月陝西行省嘗言奉元建立行省行臺別無軍府唯有蒙古軍都萬戶府遠在鳳翔置司相離三百五十餘里緩急難用乞移都萬戶府於奉元置司軍民兩便及後陝西都萬戶府言自大德三年命移司酌中安置經今三十餘年鳳翔離天都土番甘肅俱各三千里地面酌中不移爲便樞密議陝西舊例未嘗提調軍馬況鳳翔置司三十餘年不宜移動制可十二月河南行省言所轄之地東連淮海南限大江北抵黃河西接關陝洞蠻草賊出沒與民爲害本省軍馬俱在瀕海沿江安置遠者二千近者一千餘里乞以礮手弩軍兩翼移於汴梁并各萬戶府摘軍五千名世祖命知地理省院官共議於瀕海沿江六十三處安置軍馬時汴梁未嘗置軍揚州衝要重地置五翼軍馬并砲手弩軍今親王脫歡太子鎮遏揚州提調四省軍馬此軍不宜更動設若河南省果用軍則不塔刺吉所管四萬戶蒙古軍內三萬戶在黃河之南河南省之西一萬戶在河南省之南脫別台所管五萬戶蒙古軍俱在黃河之北河南省東北阿剌鐵木兒安童等兩侍衞蒙古軍在河南省之北共十一衞翼蒙古軍馬

俱在河南省周圍屯駐又本省所轄一十九翼軍馬俱在河南省之南沿江置

列果用兵卽馳奏於諸軍馬內調發從之

元史卷九十九

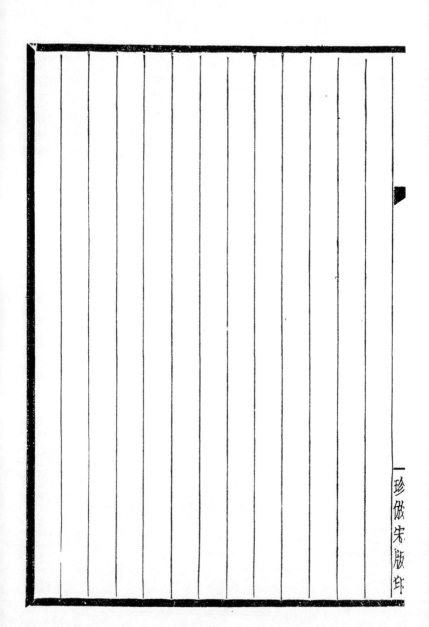

元史卷一百

明翰林學士亞中大夫知制誥兼修國史宋　濂等修

兵志第四十八

兵三

馬政

西北馬多天下秦漢而下載籍蓋可考已元起朔方俗善騎射因以弓馬之利取天下古或未之有蓋其沙漠萬里牧養蕃息太僕之馬殆不可以數計亦一代之盛哉世祖中統四年設羣牧所隸太府監尋陞尚牧監又陞太僕院改衞尉院院廢立太僕寺屬之宣徽院後隸中書省典掌御位下大斡耳朶馬其牧地東越躭羅北踰火里禿麻西至甘肅南暨雲南等地凡一十四處自上都大都以至玉你伯牙折連怯呆兒周迴萬里無非牧地馬之羣或千百或三五十左股烙以官印號大印子馬其印有兵古貶古闊卜川月思古斡欒等名牧人曰哈赤哈剌赤有千戶百戶父子相承任事自夏及冬隨地之宜行逐水草十

月各至本地朝廷歲以九月十月遣寺官馳驛閱視較其多寡有所產駒即烙印取勘收除見在數目造蒙古回回漢字文冊以聞其總數蓋不可知也凡病死者三則令牧人償大牝馬一二則償二歲馬一一則償牝羊一其無馬者以羊駞牛折納太廟祀事暨諸寺影堂用乳酪則供牝馬駕仗及宮人出入則供尙乘馬車駕行幸上都太僕卿以下皆從先驅馬出健德門外取其肥可取乳者以行汰其羸瘦不堪者還于羣自天子以及諸王百官各以脫羅氈置撒帳爲取乳室車駕還京師太僕卿先期遣使徵馬五十醞都來京師醞都者承乳車之名也既至俾哈赤哈剌赤之在朝爲卿大夫者親秣飼之曰醲黑馬乳以奉玉食謂之細乳每醞都牝馬四十每牝馬一官給芻一束菽八升駒一給芻一束菽五升菽貴則其半以小稻充自諸王百官而下亦有馬乳之供醞都如前之數而馬減四之一謂之粗乳芻粟要旬取給於度支寺官亦以旬詣閑廏閱肥瘠又自世祖而下山陵各有醞都取馬乳以供祀事號金陵擠馬越五年盡以與守山陵使者凡御位下正宮位下隨朝諸色目人員甘肅土番耽羅雲

南占城蘆州河西亦奚卜薛和林斡難怯魯連阿剌忽馬乞哈剌木連亦乞里思亦思渾察成海阿察脫不罕折連怯呆兒等處草地內及江南腹裏諸處應有係官孳生馬牛駝驢羊點數之處一十四道牧地各千戶百戶等名目如左

東路折連怯呆兒等處　玉你伯牙上都周圍　哈剌木連等處　阿剌忽馬乞等處　斡斤川等處　阿察脫不罕處等　甘州等處　左手永平等處　右手固安州等處　雲南亦奚卜薛　蘆州　益都　火里禿麻　高麗耽羅國

一折連怯呆兒等處御位下　折連怯呆兒地哈剌赤千戶買買買的撒台怯兒八思闊闊來塔失鐵木兒哈剌那海伯要䚟也兒的思撒的迷失教化太鐵木兒塔都也先木薛肥不思塔八不兒都麻失不顏台撒敦　按赤忽里哈赤千戶下百戶脫脫木兒　兀魯兀內土阿八剌哈赤闊闊出徹徹地撒剌八　薛裏温你里温斡脫忽赤哈剌鐵木兒　哈思罕地僧家奴　玉你伯牙斷頭山百戶哈只

一玉你伯牙等處御位下　玉你伯牙地哈剌赤百戶忽兒禿哈兀都蠻燕
鐵木兒暗出忽兒也先禿滿玉龍鐵木兒月思哥明里不蘭
大斡耳朵位下　乞剌里郭羅赤馬某等　哈里牙兒茍赤別鐵木兒
伯只剌茍赤阿藍答兒　阿察兒伯顏茍赤教化的等　塔魯內亦兒哥
赤塔里牙赤等　伯只剌阿塔赤忽兒禿哈　桃山太師月赤察兒分出
鐵木兒等　伯顏只魯于阿塔赤禿忽魯等　玉你伯牙奴禿赤火你赤
一塔剌木連等處御位下　阿失温忽都地八都兒希徹禿地吉兒鮮　哈
察木敦　火石腦兒哈塔咬羅海牙撒的　換撒里真按赤哈答　須知
忽都哈剌赤別乞　軍腦兒哈剌赤火羅思　玉龍鞊徹　雲內州拙里
牙赤昌罕　察罕腦兒欠昔思　棠樹兒安魯罕　石頭山禿忽魯　牙
不罕你里温脫脫木兒　開城路黑水河不花
大斡耳朵位下完者
一阿剌忽馬兒等處御位下　阿剌忽馬乞地哈剌赤百戶按不憐乾鐵哥

火石鐵木兒末赤卯罕不蘭奚孛羅罕　怯魯連地哈剌赤千戶床八失
百戶怯兒的小薛干別鐵列不作孛羅串都也速典列坦的里也里迷失
忙兀斛　斡難地蘭盞兒末者哈只不花等
大斡耳朵位下　阿剌忽馬乞按灰等　闊苦地闊赤斤等
一斡斤川等處御位下　斡斤川地哈剌赤千戶月魯阿剌鐵木兒塔塔
察兒　拙里牙赤斡羅孫　馬塔哈兒哈地哈剌赤千戶當失燕忽里歡
差大難　闊闊地兀奴忽赤忙兀斛　怯魯連八剌哈赤八兒麻思
大斡耳朵位下　馬塔哈兒哈怯連口只兒哈忽
一阿察脫不罕等處御位下　阿察脫不罕地哈赤守納　斡川札馬昔寶
赤忙哥撒兒　火羅罕按赤禿忽赤　青海後火義罕塔兒罕按赤也先
黃兀兒不剌按赤末兒哥忽林失　應里哥地按赤哈丹忽台迷失
應吉列古哈剌赤不魯　亦兒渾察西哈剌赤　答蘭速魯哈剌赤八只
吉兒哈兒哈孫不剌哈剌赤阿兒禿

大斡耳朶位下　怯魯連火你赤塔剌海
一甘州等處御位下　口千子哈剌不花一所　奧魯赤一所　阿剌沙阿
蘭山兀都蠻　亦不剌金一所　寬徹干　塔塔安地普安　勝回地劉
子總管　闊闊思地　太鐵木兒等　甘州等處楊住普　撥可連地撒
兒吉思　只哈禿屯田地安童一所　哈剌班忽都拙思牙赤耳眉
一左手永平等處御位下　永平地哈剌赤千戶六十　樂亭地拙里牙赤阿
都赤答剌赤迷里迷失亦兒哥赤馬某撒兒答　香河按赤定住亦馬赤
速哥鐵木兒　河西務愛牙赤孛羅䚟　灤州哈剌赤脫忽察　桃花島
青昔寶赤赤班等
大斡耳朶位下　河西務玉提赤百戶馬札兒
一右手固安州四怯薛八剌哈赤平章那懷爲長　固安州哈剌赤脫忽察
哈赤忽里哈赤按赤不都兒　真定昔寶赤脫脫　左衞哈剌赤塔不䚟
青州哈剌赤阿哈不花　涿州哈剌赤不魯哈思

一雲南亦奚卜薛鐵木兒不花爲長

一藘州

一益都哈剌赤忽都鐵木兒

一火里禿麻太勝忽兒爲長

一高麗耽羅

屯田

古者寓兵於農漢魏而下始置屯田爲守邊之計有國者善用其法則亦養兵息民之要道也國初用兵征討遇堅城大敵則必屯田以守之海內既一於是內而各衛外而行省皆立屯田以資軍餉或因古之制或以地之宜其爲慮蓋甚詳密矣大抵勺陂洪澤甘肅瓜沙因昔人之制其地利蓋不減於舊和林陝西四川等地則因地之宜而肇爲之亦未嘗遺其利焉至於雲南八番海南海北雖非屯田之所而以爲蠻夷腹心之地則又因制兵屯旅以控扼之由是而天下無不可屯之兵無不可耕之地矣今故著其建置增損之槩而內外所轄

軍民屯田各以次列焉

樞密院所轄

左衞屯田　世祖中統三年三月調樞密院二千人於東安州南永清縣東荒土及本衞元占牧地立屯開耕分置左右手屯田千戶所爲軍二千名爲田一千三百一十頃六十五畝

右衞屯田　世祖中統三年三月調本衞軍二千人於永清益津等處立屯開耕分置左右手屯田千戶所其屯軍田畝之數與左衞同

中衞屯田　世祖至元四年於武清香河等縣置立十一年以各屯地界相去百餘里往來耕作不便遷於河西務荒莊楊家口青臺楊家白等處其屯軍之數與左衞同爲田一千三十七頃八十二畝

前衞屯田　世祖至元十五年九月以各省軍入備侍衞者於霸州保定涿州荒閑地土屯種分置左右手屯田千戶所屯軍與左衞同爲田一千頃

後衞屯田　置立歲月與前衞同後以永清等處田畝低下遷昌平縣之太平

莊泰定三年五月以太平莊乃世祖經行之地營盤所在春秋往來牧放衞士頭匹不宜與漢軍立屯遂罷之止於舊立屯所耕作如故屯軍與左衞同爲田一千四百二十八頃一十四畝

武衞屯田　世祖至元十八年發迤南軍人三千名於涿州霸州保定定興等處置立屯田分設廣備萬益等六屯別立農政院以領之二十二年罷農政院爲司農寺自後與民相參屯種二十五年別立屯田萬戶府分管屯種軍人二十六年以屯軍屬武衞親軍都指揮使司兼領屯田事仁宗皇慶元年改屬衞率府後復歸之武衞英宗至治元年命以廣備利民二千戶軍人所耕地土與左衞率府忙古䚟屯田千戶所互相更易屯軍三千名爲田一千八百四頃四十五畝

左翼屯田萬戶府　世祖至元二十六年二月罷蒙古侍衞軍從人之屯田者別以斡端別十八里回還漢軍及大名衞輝兩翼新附軍與前後二衞迤東還戍士卒合併屯田設左右翼屯田萬戶府以領之遂於大都路霸州及河間等

處立屯開耕置漢軍左右手二千戶新附軍六千戶所爲軍二千五十一名爲田一千三百九十九頃五十二畝
右翼屯田萬戶府　其置立歲月與左翼同成宗大德元年十一月發真定軍人三百名於武清縣崔黃口增置屯田仁宗延祐五年四月立衞率府以本府屯田幷屬詹事院後復歸之樞密分置漢軍千戶所三別置新附軍千戶所以爲軍一千五百四十人爲田六百九十九頃五十畝
中翊侍衞屯田　世祖至元二十九年十一月命各萬戶府摘大同隆興太原平陽等處軍人四千名於燕只哥赤斤地面及紅城周迴置立屯田開耕荒田二千頃仍命西京宣慰司領其事後改立大同等處屯儲萬戶府以領之成宗大德十一年改侍衞親軍都指揮使司仍領屯田武宗至大四年以黃華嶺新附屯田軍一千人併歸本衞別立屯署是年改大同侍衞爲中都威衞屬之徽政院分屯軍二千置弩軍翼止以二千人分置左右手屯田千戶所黃華嶺新附軍屯如故仁宗延祐二年遷紅城屯軍於古北口太平莊屯種五年復僉中

都威衛軍八百人於左都威衛所轄地內別立屯署七年十二月罷左都威衛
及太平莊白草營等處屯田復於紅城周迴立屯仍屬中都威衛英宗至治元
年始改爲忠翊侍衛屯田如故爲田二千頃後移置屯所不知其數

左右欽察衛屯田　世祖至元二十四年發本衛軍一千五百一十二名分置
左右手屯田千戶所及欽察屯田千戶所於清州等處屯田英宗至治二年始
分左右欽察衛以左右手屯田千戶所分屬之文宗天曆二年創立龍翊侍衛
復以隸焉爲軍左手千戶所七百五名右手千戶所四百三十七名欽察千戶
所八百名爲田左手千戶所一百三十七頃五十畝右手千戶所二百一十八
頃五十畝欽察千戶所三百頃

左衛率府屯田　武宗至大元年六月命於大都路漷州武清縣及保定路新
城縣置立屯田英宗至治元年以武衛與左衛率府屯田地界相離隔絕不便
耕作命以兩衛屯田互更易之分置三翼屯田千戶所爲軍三千人爲田一千
五百頃

宗仁衛屯田　英宗至治二年八月發五衛漢軍二千人於大寧等處創立屯田分置兩翼屯田千戶所爲田二千頃

宣忠扈衛屯田　文宗至順元年十二月命收聚訖一萬斡羅斯給地一百頃立宣忠扈衛親軍萬戶府屯田依宗仁衛例

大農司所轄

永平屯田總管府　世祖至元二十四年八月以北京採取材木百姓三千餘戶於灤州立屯設官署以領其事爲戶三千二百九十爲田一萬一千六百一十四頃四十九畝

營田提舉司　不詳其建置之始其設立處所在大都漷州之武清縣爲戶軍二百五十三民一千二百三十五析居放良四百八十不蘭奚二百三十二火者一百七十口獨居不蘭奚一十二口黑瓦木丁八十二名爲田三千五百二頃九十三畝

廣濟署屯田　世祖至元二十二年正月以崔黃口空城屯田歲澇不收還於

清滄等處後大司農寺以尙珍署舊領屯夫二百三十戶歸之既又還濟南河間五百五十戶平灤眞定保定三路屯夫四百五十戶倂入本屯爲戶共一千二百三十爲田一萬二千六百頃三十八畝

宣徽院所轄

淮東淮西屯田打捕總管府　世祖至元十六年募民開耕連海州荒地官給禾種自備牛具所得子粒官得十之四民得十之六仍免屯戶徭役屢欲中廢不果二十七年所轄提舉司一十九處倂爲十二其後再倂止設八處爲戶一萬一千七百四十三爲田一萬五千一百九十三頃三十九畝

豐閏署　世祖至元二十二年創立於大都路薊州之豐閏縣爲戶八百三十七爲田三百四十九頃

寶坻屯　世祖至元十六年僉大都屬邑編民三百戶立屯於大都之寶坻縣爲田四百五十頃

尙珍署　世祖至元二十三年置立於濟寧路之兗州爲戶四百五十六爲田

九千七百一十九頃七十二畝

腹裏所轄軍民屯田

大同等處屯儲總管府屯田　成宗大德四年以西京黄華嶺等處田土頗廣發軍民九千餘人立屯開耕六年始設屯儲軍民總管萬戸府十一年放罷漢軍還紅城屯所止存民夫在屯仁宗時改萬戸府爲總管府爲戸軍四千二十民五千九百四十五爲田五千頃

虎賁親軍都指揮使司屯田　世宗至元十七年十二月月兒魯官人言近於滅捏怯土赤納赤高州忽蘭若班等處改置驛傳臣等議可於舊置驛所設立屯田從之二十八年發虎賁親軍二千人入屯二十九年增軍一千凡立三十四屯於上都置司爲軍三千人佃戸七十九爲田四千二百二頃七十九畝

嶺北行省屯田　世祖至元二十一年併和林阿剌䚡元領軍一千人入五條河成宗元貞元年摘六衞漢軍一千名赴青海屯田大德三年以五條河漢軍悉併入青海仁宗延祐三年罷青海屯田復立屯於五條河六年分揀蒙古軍

五千人復屯田青海七年命依世祖舊制青海五條河俱設屯田發軍一千人於五條河立屯英宗時立屯田萬戶府爲戶四千六百四十八爲田六千四百餘頃

遼陽等處行中書省所轄屯田

大寧路海陽等處打捕屯田所　世祖至元二十三年以大寧遼陽平灤諸路拘刷漏籍放良孛蘭奚人戶及僧道之還俗者立屯於瑞州之西瀕海荒地開耕設打捕屯田總管府成宗大德四年罷之止立打捕屯田所爲戶元撥并召募共一百二十二爲田二百三十頃五十畝

浦峪路屯田萬戶府　世祖至元二十九年十月以蠻軍三百戶女直一百九十戶於咸平府屯種三十年命本府萬戶和魯古䚟領其事仍於茶剌罕剌憐等處立屯三十一年罷萬戶府屯田仁宗大德二年撥蠻軍三百戶屬肇州蒙古萬戶府止存女直一百九十戶依舊立屯爲田四百頃

金復州萬戶府屯田　世祖至元二十一年五月發新附軍一千二百八十一

戶於忻都察置立屯田二十六年分京師應役新附軍一千人屯田哈思罕關
東荒地三十年以王龍帖木兒塔失海牙兩萬戶新附軍一千三百六十戶併
入金復州立屯耕作爲戶三千六百四十一爲田二千五百二十三頃
肇州蒙古屯田萬戶府　成宗元貞元年七月以乃顏不魯古赤及打魚水達
達女直等戶於肇州旁近地開耕爲戶不魯古赤二百二十戶水達達八十戶
歸附軍三百戶續增漸丁五十二戶
　河南行省所轄軍民屯田
南陽府民屯　世祖至元二年正月詔孟州之東黃河之北南至八柳樹枯河
徐州等處凡荒閑地土可令阿朮阿剌罕等所領士卒立屯耕種并摘各萬戶
所管漢軍屯田六年以攻襄樊軍餉不足發南京河南歸德諸路編民二萬餘
戶於唐鄧申裕等處立屯八年散還元屯戶別僉南陽諸色戶計立營田使司
領之尋罷改立南陽屯田總管府後復罷止隸有司爲戶六千四十一爲田一
萬六百六十二頃七畝

洪澤萬戶府屯田　世祖至元二十三年立洪澤南北三屯設萬戶府以統之先是江淮行省言國家經費糧儲爲急今屯田之利無過兩淮況勺陂洪澤皆漢唐舊嘗立屯之地若令江淮新附漢軍屯田可歲得糧百五十餘萬石至是從之三十一年罷三屯萬戶止立洪澤屯田萬戶府以統之其置立處所在淮安路之白水塘黃家疃等處爲戶一萬五千九百九十四名爲田三萬五千三百一十二頃二十一畝

芍陂屯田萬戶府　世祖至元二十一年二月江淮行省言安豐之芍陂可溉田萬餘頃乞置三萬人立屯中書省議發軍士二千人姑試行之後屯戶至一萬四千八百八名

德安等處軍民屯田總管府　世祖至元十八年以各翼取到漢軍及各路拘收手號新附軍分置十屯立屯田萬戶府三十一年改立總管府爲民九千三百七十五名軍五千九百六十五名爲田八千八百七十九頃九十六畝

陝西等處行中書省所轄軍民屯田

陝西屯田總管府　世祖至元十一年正月以安西王府所管編民二千戸立櫟陽涇陽終南渭南屯田十八年立屯田所十九年以軍站屯戸拘收爲怯憐口戸計放還而無所歸者籍爲屯戸立安西平涼屯田設提領所以領之二十九年立鳳翔鎮原彭原屯田放罷至元十年所僉接應成都延安軍人置立民屯設立屯田所尋改爲軍屯令千戸所管領三十年復更爲民屯爲戸鳳翔一千一百二十七戸鎮原九百一十三戸櫟陽七百八十六戸後存六百五十戸涇陽六百九十六戸後存六百五十八戸彭原一千二百三十八戸安西七百二十四戸後存二百六十二戸平涼二百八十八戸終南七百七十一戸後存七百一十三戸渭南八百一十一戸後存七百六十六戸爲田鳳翔九十頃一十二畝鎮原四百二十六頃八十五畝櫟陽一千二十頃九十九畝涇陽一千二十頃九十九畝彭原五百四十五頃六十八畝安西四百六十七頃七十八畝平涼一百一十五頃二十畝終南九百四十三頃七十六畝渭南一千二百二十二頃三十一畝

陝西等處萬戶府屯田　世祖至元十九年二月以盩厔南係官荒地發歸附軍立孝子林張馬村軍屯二十年以南山把口子巡哨軍人八百戶於盩厔之杏園莊寧州之大昌原屯田二十一年發文州鎮戍新附軍九百人立亞柏鎮軍屯復以燕京戍守新附軍四百六十三戶於德順州之威戎立屯開耕爲戶孝子林屯三百一戶張馬村屯三百一十三戶杏園莊屯二百三十三戶大昌原屯四百七十四戶亞柏鎮屯九百戶威戎屯四百六十三戶爲田孝子林二十三頃八十畝張馬村七十三頃八十畝杏園莊一百一十八頃三十畝大昌原一百五十八頃七十九畝亞柏鎮二百六十八頃五十九畝威戎一百六十四頃八十畝

貴赤延安總管府屯　世祖至元十九年以拘收贖身放良不蘭奚及漏籍戶計於延安路探馬赤草地屯田爲戶二千二十七爲田四百八十六頃

甘肅等處行中書省所轄軍民屯田

寧夏等處新附軍萬戶府屯田　世祖至元十九年三月發迤南新附軍一千

三百八十二戶往寧夏等處屯田二十一年遣塔塔裏千戶所管軍人九百五十八戶屯田爲田一千四百九十八頃三十三畝

管軍萬戶府屯田　世祖至元十八年正月命肅州沙州瓜州置立屯田先是遣都元帥劉恩往肅州諸郡視地之所宜恩還言宜立屯田遂從之發軍於甘州黑山子滿峪泉水渠鴨子翅等處立屯田爲戶二千二百九十爲田一千一百六十六頃六十四畝

寧夏營田司屯田　世祖至元八年正月僉發己未年隨州鄂州投降人民一千一百七戶往中興居住十一年編爲屯田戶凡二千四百丁二十三年續僉漸丁得三百人爲田一千八百頃

寧夏路放良官屯田　世祖至元十一年從安撫司請以招收放良人民九百四戶編聚屯田爲田四百四十六頃五十畝

亦集乃屯田　世祖至元十六年調歸附軍人於甘州十八年以充屯田軍二十二年遷甘州新附軍二百人往屯亦集乃合即渠開種爲田九十一頃五十

畝

江西等處行中書省所轄屯田

贛州路南安寨兵萬戶府屯田　成宗大德二年正月以贛州路所轄信豐會昌龍南安遠等處賊人出沒發寨兵及宋舊役弓手與抄數漏籍人戶立屯耕守以鎮遏之爲戶三千二百六十五爲田五百二十四頃六十八畝

江浙等處行中書省所轄屯田

汀漳屯田　世祖至元十八年以福建調軍糧儲費用依腹裏例置立屯田命管軍總管鄭楚等發鎮守士卒年老不堪備征戰者得百有十四人又募南安等縣居民一千八百二十五戶立屯耕作成宗元貞三年命於南詔黎畲各立屯田摘撥見戍軍人每屯置一千五百名及將所招陳弔眼等餘黨入屯與軍人相參耕種爲戶汀州屯一千五百二十五名漳州屯一千五百一十三名爲田汀州屯二百二十五頃漳州屯二百五十頃

高麗國立屯

高麗屯田　世祖至元七年創立是時東征日本欲積糧餉爲進取之計遂以王綧洪茶丘等所管高麗戶二千人及發中衞軍二千人合婆娑府咸平府軍各一千人於王京東寧府鳳州等一十處置立屯田設經略司以領其事每屯用軍五百人

四川行省所轄軍民屯田二十九處

廣元路民屯　世祖至元十三年從利路元帥言廣元實東西兩川要衝支給浩繁經理係官田畝得九頃六十畝遂以褒州刷到無主人口偶配爲十戶立屯開種十八年發新得州編民七十七戶屯田爲戶共八十七

敘州宣撫司民屯　世祖至元十一年命西蜀四川經略使起立屯田十五年僉長寧軍富順州等處編民四百七十五戶立屯耕種十九年續僉一百六十戶二十年敘州僉民一千九百戶二十五年富順州復僉民六百八戶增入舊屯二十七年取勘析出屯戶得二百八十四成宗元貞二年復放罷站戶一千一十七戶依舊屯田總之爲戶四千四百四十四

紹慶路民屯　世祖至元十九年於本路未當差民戶內僉二十三名置立屯田二十年於彭水縣籍管萬州寄戶內僉撥二十戶二十一年僉彭水縣未當差民戶三十二戶增入二十六年屯戶貧乏者多負逋復僉彭水縣編民一十六戶補之爲戶九十一

嘉定路民屯　世祖至元十九年僉亡宋編民四戶置立屯田成宗元貞元年撥成都義士軍八戶增入爲戶一十二

順慶路民屯　世祖至元十二年僉順慶民三千四百六十八戶置立屯田十九年復於民戶內差撥一千三百二十六戶置民屯二十年復僉二百一十二戶增入總之五千一十六戶

潼川府民屯　世祖至元十一年僉本府編民及義士軍二千二百二十四戶立屯十三年復僉民一百四十二戶二十一年行省遣使於遂寧府擇監夫之老弱廢疾者得四十六戶僉充屯戶總之二千四百一十二戶

夔路總管府民屯　世祖至元十一年置累本路編民至五千二十七戶續於

新附軍內僉老弱五十六戶增入
重慶路民屯　世祖至元十一年置累於江津巴縣瀘州忠州等處僉撥編民二千三百八十七戶并召募共三千五百六十六戶
成都路民屯　世祖至元十二年僉陰陽人四十戶辦納屯糧二十二年續僉瀘州編民九千七戶充屯田戶三十一年續僉千戶高德所管民一十四戶
保寧萬戶府軍屯　世祖至元一十六年保寧府言本管軍人一戶或二丁三丁父兄子弟應役實爲重併若又遷於成都屯種去家隔遠逃匿必多乞令本府在營士卒及夔路守鎮軍人止於保寧沿江屯種從之僉軍一千二百名二十七年發屯軍一百二十九人從萬戶也速迭兒西征別僉漸丁軍人入屯爲戶一千三百二十九名爲田一百一十八頃二十七畝
敘州等處萬戶府軍屯　成宗元貞二年改立敘州軍屯遷遂寧屯軍二百三十九人於敘州宣化縣喁口上下荒地開耕爲田四十一頃八十三畝
重慶五路守鎮萬戶府軍屯　仁宗延祐七年發軍一千二百人於重慶路三

堆中嶆趙市等處屯耕爲田四百二十頃

夔路萬戸府軍屯　世祖至元二十一年從四川行省議除沿邊重地分軍鎮守餘軍一萬人命官於成都諸處擇膏腴地立屯開耕爲戸三百五十一人爲田五十六頃七十畝凡創立十四屯

成都等路萬戸府軍屯於本路崇慶州義與鄉楠木園置立爲戸二百九十九人爲田四十二頃七十畝

河東陝西等路萬戸府軍屯　置立於灌州之青城陶垻及崇慶州之大冊頭等處爲戸一千一百二十八名爲田二百八頃七畝

廣安等處萬戸府軍屯　置立於成都路崇慶州之七寶垻爲戸一百五十名爲田二十六頃二十五畝

保寧萬戸府軍屯　置立於重慶州晉源縣之金馬爲戸五百六十四名爲田七十五頃九十五畝

敘州萬戸府軍屯　置立於灌州之青城爲戸二百二十一名爲田三十八頃

六十七畝
五路萬戶府軍屯　置立於成都路崇慶州之大柵鎮孝感鄉及灌州青城縣
之懷仁鄉爲戶一千一百六十一名爲田二百三頃一十七畝
與元金州等處萬戶府軍屯　置立於崇慶州晉源縣孝感鄉爲戶三百四十
四名爲田五十六頃
隨路八都萬戶府軍屯　置立於灌州青城温江縣爲戶八百三十二名爲田
一百六十二頃五十七畝
舊附等軍萬戶府軍屯　置立於灌州青城縣崇慶州等處爲戶一千二名爲
田一百二十九頃五十畝
礮手萬戶府軍屯　置立於灌州青城縣龍池鄉爲戶九十六名爲田一十六
頃八十畝
順慶軍屯　置立於晉源縣義興鄉江源縣將軍橋爲戶五百六十五名爲田
九十八頃八十七畝

平陽軍屯　置立於灌州青城崇慶州大柵頭爲戶三百九十八名爲田六十九頃六十五畝

遂寧州軍屯爲戶二千名爲田三百五十頃

嘉定萬戶府軍屯　世祖至元二十一年摘蒙古漢軍及嘉定新附軍三百六十人於崇慶州青城等處屯田二十八年還之元翼止餘屯軍一十三名爲田二頃二十七畝

順慶等處萬戶府軍屯　世祖至元二十六年發軍於沿江下流漢初等處屯種爲戶六百五十六名爲田一百一十四頃八十畝

廣安等處萬戶府軍屯　世祖至元二十七年撥廣安舊附漢軍一百一十八名於新明等處立屯開耕爲田二十頃六十五畝

雲南行省所轄軍民屯田一十二處

威楚提舉司屯田　世祖至元十五年於威楚提舉鹽使司拘刷漏籍人戶充民屯本司就領其事與中原之制不同爲戶三十三爲田一百六十五雙

大理金齒等處宣慰司都元帥府軍民屯　世祖至元十二年命於所轄州縣拘刷漏籍人戶得六千六十有六戶置立屯田十四年僉本府編民四百戶益之十八年續僉永昌府編民一千二百七十五戶增入二十六年立大理軍屯於爨僰軍內撥二百戶二十七年復僉爨僰軍人二百八十一戶增入二十八年續增一百一十九戶總之民屯三千七百四十一戶軍屯六百戶爲田軍民已業二萬二千一百五雙

鶴慶路軍民屯田　世祖至元十二年僉鶴慶路編民一百戶立民屯二十七年僉爨僰軍一百五十二戶立軍屯爲田軍屯六百八雙民屯四百雙俱已業

武定路總管府軍屯　世祖至元二十七年以雲南戍軍糧餉不足於和曲祿勸二州爨僰軍內僉一百八十七戶立屯耕種爲田七百四十八雙

威楚路軍民屯田　世祖至元十五年立威楚民屯拘刷本路漏籍人戶得一千一百一戶內八百六十六戶官給無主荒田四千三百三十雙餘戶自備己業田一千一百七十五雙二十七年始立屯軍於本路爨僰軍內僉三百九十

九戶內一十五戶官給荒田六十雙餘戶自備己業田一千五百三十六雙

中慶路軍民屯田　世祖至元十二年置立中慶民屯於所屬州縣內拘刷漏籍人戶得四千一百九十七戶官給田一萬七千二十二雙自備己業田二千六百二雙二十七年始立軍屯用爨僰軍人七百有九戶官給田二百三十四雙自備己業田二千六百一雙

曲靖等處宣慰司兼管軍萬戶府軍民屯田　世祖至元十二年立曲靖路民屯拘刷所轄州郡諸色漏籍人戶七百四十戶立屯十八年續僉民一千五百戶增入其所耕之田官給一千四百八十雙自備己業田三千雙十二年立澂江民屯所僉屯戶與曲靖同凡一千二百六十戶二十六年始立軍屯於爨僰軍內僉一百六十九戶二十七年復僉一百二十六戶增入十二年立仁德府民屯所僉屯戶與澂江同凡八十戶官給田一百六十雙二十六年始立軍屯僉爨僰軍四十四戶二十七年續僉五十六戶增入所耕田畝四百雙俱係軍人己業

烏撒宣慰司軍民屯田　世祖至元二十七年立烏撒路軍屯以爨僰軍一百一十四戸屯田又立東川路民屯屯戸亦係爨僰軍人八十六戸皆自備己業

臨安宣慰司兼管軍萬戸府軍民屯田　世祖至元十二年立臨安民屯二處皆於所屬州縣拘刷漏籍人戸開耕宣慰司所管民屯三百戸田六百雙本路所管民屯二千戸田三千四百雙二十七年續立爨僰軍屯爲戸二百八十八爲田一千一百五十二雙

梁千戸翼軍屯　世祖至元三十年梁王遣使詣雲南行省言以漢軍一千人置立屯田三十一年發三百人備鎭戍巡邏止存七百人於烏蒙屯田後遷於新興州爲田三千七百八十九雙

羅羅斯宣慰司兼管軍萬戸府軍民屯田　世祖至元二十七年立會通民屯屯戸係爨僰土軍二戸十六年立建昌民屯撥編民一百四戸二十三年發爨僰一百八十戸立軍屯是年又立會川路民屯發本路所轄州邑編民四十戸十六年立德昌路民屯發編民二十一戸二十年始立軍屯發爨僰軍人一百

二十戶

烏蒙等處屯田總管府軍屯　仁宗延祐二年立烏蒙軍屯先是雲南行省言烏蒙乃雲南咽喉之地別無屯戍軍馬其地廣闊土脉膏腴皆有古昔屯田之蹟乞發畏吾兒及新附漢軍屯田俱遏至是從之爲戶軍五千人爲田一千二百五十頃

湖廣等處行中書省所轄屯田二處

海北海南道宣慰司都元帥府民屯　世祖至元三十年召募民戶幷發新附士卒於海南海北等處置立屯田成宗元貞元年以其地多瘴癘縱屯田軍二千人還各翼留二千人與召募民之屯種大德三年罷屯田萬戶府屯軍悉令還役止令民戶八千四百二十八戶屯田瓊州路五千一十一戶雷州路一千五百六十六戶高州路九百四十八戶化州路八百四十三戶廉州路六十戶爲田瓊州路二百九十二頃九十八畝雷州路一百六十五頃五十一畝高州路四十五頃化州路五十五頃二十四畝廉州路四頃八十八畝

廣西兩江道宣慰司都元帥撞兵屯田　成宗大德二年黃聖許叛逃之交趾遺棄水田五百四十五頃七畝部民有呂瑛者言募牧蘭等處及融慶溪洞猺獞民丁於上浪忠州諸處開屯耕種十年平大任洞賊黃德寧等以其地所遺田土續置藤州屯田爲戶上浪屯一千二百八十二戶忠州屯六百一十四戶那扶屯一千九戶雷留屯一百八十七戶水口屯一千五百九十九戶續增藤州屯二百八頃一十九畝

湖南道宣慰司衡州等處屯田　世祖至元二十五年調德安屯田萬戶府軍士一千四百六十七名分置衡州之清化永州之烏符武岡之白倉置立屯田二十七年募衡陽縣無土產居民得九戶增入清化屯爲戶清化屯軍民五百九戶烏符屯軍民五百戶白倉屯同爲田清化屯一百二十頃一十九畝烏符屯一百三頃五十畝白倉屯八十六頃九十二畝

元史卷一百一

明翰林學士亞中大夫知制誥兼修國史宋　濂等修

兵志第四十九

兵四

站赤

元制站赤者驛傳之譯名也蓋以通達邊情布宣號令古人所謂置郵而傳命未有重於此者焉凡站陸則以馬以牛或以驢或以車而水則以舟其給驛傳璽書謂之鋪馬聖旨遇軍務之急則又以金字圓符爲信銀字者次之內則掌之天府外則國人之爲長官者主之其官有驛令有提領又置脫脫禾孫於關會之地以司辨詰皆總之於通政院及中書兵部而站戶闕乏逃亡則又以時僉補且加賑恤焉於是四方往來之使止則有館舍頓則有供帳饑渴則有飲食而梯航畢達海宇會同元之天下視前代所以爲極盛也今故著其驛政之大者然後紀各省水陸凡若干站而遼東狗站亦因以附見云

太宗元年十一月敕諸牛鋪馬站每一百戸置漢車一十具各站俱置米倉站戸每年一牌內納米一石令百戸一人掌之北使臣每日支肉一斤麪一斤米一升酒一瓶　四年五月諭隨路官員并站赤人等使臣無牌面文字始給馬之驛官及元差官皆罪之有文字牌面而不給驛馬者亦論罪若係軍情急速及送納顏色絲線酒食米粟段匹鷹隼但係御用諸物雖無牌面文字亦驗數應付車牛

世祖中統四年三月中書省定議乘坐驛馬長行馬使臣從人及下文字曳剌解子人等分例乘驛使臣換馬處正使臣支粥食解渴酒從人支粥宿頓處正使臣白米一升麪一斤酒一升油鹽雜支鈔一十文冬月一行日支炭五斤十月一日為始正月三十日終住支從人白米一升麪一斤長行馬使臣賫聖旨令旨及省部文字幹當官事者其一二居長人員支宿頓分例次人與粥飯仍支給馬一匹草一十二斤料五升十月為始至三月三十日終止白米一升麪一斤油鹽雜用鈔一十文投呈公文曳剌解子依部擬宿頓處批支五月雲州

設站戶取迤南州城站戶籍內選堪中上戶應當馬站戶馬一匹牛站戶牛二隻於各戶選堪當站役之人不問親軀每戶取二丁及家屬於立站去處安置　五年八月詔站戶貧富不等每戶限四頃除免稅石以供鋪馬祗應已上田畝全納地稅　至元六年二月詔各道憲司如總管府例每道給鋪馬劄子三道　七年正月省部官定議各路總府在城驛設官二員於見役人員內選用州縣驛設頭目二名如見役人卽是相應站戶就令依上任事不係站戶則就本站馬戶內別行選用除脫脫禾孫依舊存設隨路見設總站官罷之十一月立諸站都統領使司往來使臣令脫脫禾孫盤問　八年正月中書省議鋪馬劄子初用蒙古字各處站赤未能盡識宜繪畫馬匹數目復以省印覆之庶無疑惑因命今後各處取給鋪馬標附文籍其馬匹數付驛史房書寫畢就左右司用墨印印給馬數目省印印訖別行附籍發行墨印左右司封掌　九年八月諸站都統領使司言朝省諸司局院及外路諸官府應差馳驛使臣所賫劄子從脫脫禾孫辨詰無脫脫禾孫之處令總管府驗之　十一年十月命隨處

站赤直隸各路總管府其站戶家屬令原籍州縣管領　十三年正月改諸站都統領使司爲通政院命降鑄印信　十七年二月詔江淮諸路增置水站除海青使臣及事干軍務者方許馳驛餘者自濟州水站爲始並令乘船往來
十八年閏八月詔除上都楡林迤北站赤外隨路官錢不須支給驗其閑劇量增站戶協力自備首思當站　十九年四月詔給各處行省鋪馬聖旨揚州行省鄂州行省泉州行省隆興行省占城行省安西行省四川行省西夏行省甘州行省每省五道南方驗田糧及七十石者准當站馬一匹九月通政院臣言隨路站赤三五戶共當正馬一匹十三戶供車一輛自備一切什物公用近年以來多爲諸王公主及正宮太子位下頭目識認招收或冒入投下戶計者遂致站赤損弊乞換補站戶從之十月增給各省鋪馬聖旨西川京兆泉州十道甘州中興各五道　二十年二月和林宣慰司給鋪馬聖旨二道江淮行省增給十道都省遣使繁多亦增二十道給之七月免站戶和顧和買一切雜泛差役仍令自備首思十一月增給甘州行省鋪馬聖旨十道總之爲二十道十二

月增各省及轉運司宣慰司鋪馬聖旨三十五道江淮行省十道四川行省十道安西轉運司分司二道荊湖行省所轄湖南宣慰司三道福建行省十道二十一年二月增給各處鋪馬劄子荊湖占城等處本省一十道荊湖北道宣慰司二道所轄路分一十六處每處二道山東運司二道河南運司七道宣德府三道江西行省五道福建行省所轄路分七處每處二道司農司五道四川行省所轄順元路宣慰司三道思州播州兩處宣撫司各三道都省二十道四月定增使臣分例正使宿頓支米一升麪一斤羊肉一斤酒一升柴一束油鹽雜支增鈔二分通作三分經過減半從者每名支米一升經過減半九月給阿里海牙所治之省鋪馬聖旨十道所轄宣慰司二處各三道　二十二年四月給陝西行省幷各處宣慰司行工部等處鋪馬劄子一百二十六道　二十三年四月福建東京兩行省各給圓牌二面奧魯赤出使交阯先給圓牌二面今再增二面於脫歡太子位下給發南京行省起馬三十匹給圓牌二面𠛬立三處宣慰司給劄子起馬三十匹　二十四年四月增給尚書省鋪馬聖旨一百

五十道幷先給降一百五十道共三百道五月揚州省言徐州至揚州水馬站兩各分置夏月水潦使臣勞苦請徙馬站附倂水站一處安置馳驛者白日馬行夜則經由水路況站戶皆是水濱居止者庶幾官民兩便從之七月給中興路陝西行省廣東宣慰司沙不丁等官鋪馬聖旨一十三道　二十五年正月腹裏路分三十八處年銷祗應錢不敷增給鈔三千九百八十一錠倂元額七千一百六十九錠總中統鈔一萬一千一百五十錠分上下半年給降二月命南方站戶以糧七十石出馬一匹爲則或十石之下八九戶共之或二三十石之上兩三戶共之惟求稅糧僅足當站之數不至多餘却免其一切雜泛差役若有納糧百石之下七十石之上自請獨當站馬一匹者聽之五月增給遼陽行省鋪馬劄子五道十一月福建行省元給鋪馬聖旨二十四道增給劄子六道　二十六年正月給光祿寺鋪馬劄子四道二月從沿海鎮守官蔡澤言以舊有水軍二千人於海道置立水站三月給海道運糧萬戶府鋪馬聖旨五道四月四川紹慶路給鋪馬劄子二道成都府六道龍興行省增給鋪馬聖旨五

道太原府宣慰司及儲峙提舉司給降二道八月給遼東宣慰司鋪馬聖旨五道大理金齒宣慰司四道九月增給西京宣慰司鋪馬劄子五道江淮行省所轄浙東道宣慰司三道紹興路總管府給降二道甘肅行省所轄亦集乃總管府沙州肅州三路給六道十一月增給甘肅行省鋪馬聖旨七道　二十七年正月增給陝西行省鋪馬聖旨五道二月都省增給鋪馬聖旨一百五十道江淮行省一十五道六月給營田提舉司鋪馬聖旨二道九月江淮行省所轄徽州路水道不通給鋪馬聖旨二道　二十八年六月隨處設站官二員大都至上都置司吏三名餘設二名祗應頭目攢典各一名站戶及百者設百戶一名七月詔各路府州縣達魯花赤長官依軍戶例兼管站赤奧魯非奉通政院明文不得擅科差役十二月增給省除之任官鋪馬聖旨三百五十道　二十九年三月命通政院分官四員於江南四省整理站赤給印與之　三十年正月南丹州洞蠻來朝立安撫司於其地給鋪馬聖旨二道三月兩淮都轉運鹽使司增給鋪馬聖旨起馬五匹五月給淘金運司鋪馬聖旨起馬五匹大司農司

起馬二十匹六月江浙行省言各路遞運站船若止以六戶供船一艘除苗不過十四五石力寡不能當役請令各路除苗不過元額二十四石自六戶之上或至十戶通融僉撥從之八月給劉二拔都兒圓牌三面鋪馬聖旨一十五道十月增給濟南府鹽運司鋪馬聖旨一道　三十一年六月給福建運司鋪馬聖旨起馬五匹

成宗大德八年正月御史臺臣言各處站赤合用祗應官錢多不依時撥降又或數少不給遂令站戶輪當庫子陪備應辦莫若驗使臣起數實支官錢所在官司依時撥降令各站提領收掌祗待毋得科配小民似爲便益詔都省定議行之　十年從江浙省言命站官仍領祗待選站戶之有餘糧者以充庫子止設一名上下半年更代就准本戶里正主首身役

武宗至大三年五月給嘉興松江瑞州三路及汴梁等處管民總管府鋪馬聖旨各三道　四年三月詔拘收各衙門鋪馬聖旨命中書省定議以聞省臣言始者站赤隸兵部後屬通政院今通政院怠於整治站赤消乏合依舊命兵部

領之制可四月中書省臣又言昨奉旨以站赤屬兵部今右丞相鐵木迭兒等
議漢地之驛命兵部領之其鐵烈于納憐末憐等處蒙古站赤仍付通政院帝
曰何必如此但令罷通政院悉隸兵部可也閏七月復立通政院領蒙古站赤
八月詔大都至上都每站除設驛令丞外設提領三員司吏三名腹裏路分衝
要水陸站赤設提領二員司吏二名其餘閑慢驛分止設提領一員司吏一名
如無驛令量擬提領二員每一百戶設百戶一名從拘該路府州縣提調正官
於站戶內選用三歲爲滿凡濫設官吏頭目人等盡罷之十一月給中政院鋪
馬聖旨二十道
仁宗皇慶二年四月增給陝西行臺鋪馬聖旨八道六月中書省臣言典瑞監
掌金字圓牌及鋪馬聖旨三百餘道至大四年凡聖旨皆納之于翰林院以金
字圓牌不敷增置五十面蓋圓牌遣使初爲軍情大事而設不宜濫給自今求
給牌面不經中書省樞密院者宜勿與從之　延祐元年十月沙瓜州立屯儲
總管萬戶府給鋪馬聖旨六道　五年十月中書兵部言各站設置提領止受

部劄行九品印職專車馬之役所領站赤多者三二千少者五七百戶比之軍
民體非輕細奈何俸祿不給三年一更貪邪得以自縱今擬各處館驛除令丞
外見役提領不許交換從之　七年四月詔蒙古漢人站依世祖舊制悉歸之
通政院十一月從通政院官請詔腹裏江南漢地站赤依舊制命各路達魯花
赤總管提調州縣官勿得預
泰定元年三月遣官賑給帖里干木憐納憐等一百一十九站鈔二十一萬三
千三百錠糧七萬六千二百四十四石八斗北方站赤每加津濟至此爲最盛
中書省所轄腹裏各路站赤總計一百九十八處
陸站一百七十五處馬一萬二千三百九十八匹車一千六十九輛牛一千
九百八十二隻驢四千九百八頭　水站二十一處船九百五十隻馬二百
六十六匹牛二百隻驢三百九十四頭羊五百口　牛站二處牛三百六隻
車六十輛
河南江北等處行中書省所轄總計一百七十九處該一百九十六站　陸站

一百六處馬三千九百二十八匹車二百一十七輛牛一百九十二隻驢五百三十四頭　水站九十處船一千五百一十二隻

遼陽等處行中書省所轄總計一百二十處

馬六千五百一十五匹車二千六百二十一輛牛五千二百五十九隻

狗站一十五處元設站戶三百狗三千隻後除絕亡倒死外實在站戶二百八十九狗二百一十八隻

江浙等處行中書省所轄總計二百六十二處

馬站一百三十四處馬五千一百二十三匹　轎站三十五處轎一百四十八乘　步站一十一處遞運夫三千三十二戶　水站八十二處船一千六百二十七隻

江西等處行中書省所轄總計一百五十四處

馬站八十五處馬二千一百六十五匹轎二十五乘　水站六十九處船五百六十八隻

湖廣等處行中書省所轄總計一百七十三處
陸站一百處馬二千五百五十五匹車七十輛牛五百四十五隻坐轎一百
七十五乘臥轎三十乘　水站七十三處船五百八十隻
陝西行中書省所轄八十一處
陸站八十處馬七千六百二十九匹　水站一處船六隻
四川行中書省所轄
陸站四十八處馬九百八十六匹牛一百五十頭　水站八十四處船六百
五十四隻牛七十六頭
雲南諸路行中書省所轄站赤七十八處
馬站七十四處馬二千三百四十五匹牛三十隻　水站四處船二十四隻
甘肅行中書省所轄三路
脫脫禾孫馬站六處馬四百九十一匹牛一百四十九頭驢一百七十一頭
羊六百五十口

弓手

元制郡邑設弓手以防盜也內而京師有南北兩城兵馬司外而諸路府所轄州縣設縣尉司巡檢司捕盜所皆置巡軍弓手而其數則有多寡之不同職巡邏專捕獲官有綱運及流徙者至則執兵仗導送以轉相授受外此則不敢役示專其職焉

世祖中統五年隨州府驛路設置巡馬及馬步弓手驗民戶多寡定立額數除本管頭目外本處長官兼充提控官其夜禁之法一更三點鐘聲絕禁人行五更三點鐘聲動聽人行有公事急速及喪病產育之類則不在此限違者笞二十七下有官者笞七下准贖元寶鈔一貫州縣城池相離遠處其間五七十里所有村店及二十戶以上者設立巡防弓手合用器仗必須完備令本縣長官提調不及二十戶者依數差捕若無村店去處或五七十里創立聚落店舍亦須及二十戶數其巡軍別設不在戶數之內關津渡口必當設立店舍弓手去處不在五七十里之限於本路不以是何投下當差戶計及軍站人匠打捕鷹

房斡脱窰冶諸色人等戸內每一百戸內取中戸一名充役與免本戸合着差
發其當戸推到合該差發數目却於九十九戸內均攤若有失盜勒令當該弓
手定立三限盤捉每限一月如限內不獲其捕盜官強盜停俸兩月竊盜一月
外據弓手如一月不獲強盜決二十七下竊盜七下兩月不獲強盜二十七下
竊盜一十七下三月不獲者強盜三十七下竊盜二十七下如限內獲賊數及
一半者全免正罪至元三年省部議隨路戸數多寡不同兼軍站不該差發似
難均攤擬合斟酌京府司縣合用人數止於本處包銀絲線并止納包銀戸計
內每一百戸選差中戸一名當役本戸合當差發稅銀却令九十九戸包納從
之四年除上都中都已有巡軍其所轄州縣合設弓手俱於本路包銀等戸選
丁多強壯者充驗各處州縣戸數多寡驛程緊慢設置合用器仗各人自備八
年御史臺言諸路宜選年壯熟閑弓馬之人以備巡捕之職弓手數少者亦宜
增置除捕盜防轉不得别行差占十六年分大都南北兩城兵馬司各主捕盜
之任南城三十二處弓手一千四百名北城一十七處弓手七百九十五名二

十三年省臺官言捕賊巡馬先令執持悶棍以行賊衆多有弓箭反致巡軍被傷今議給各路弓箭十副府州七副司縣五副各令置備防盜從之仁宗延祐二年從江南行御史臺請以各處弓手人等往往致害人命役三年者罷之還當民役別於相應戶內補換

急遞鋪兵

古者置郵而傳命示速也元制設急遞鋪以達四方文書之往來其所繫至重其立法蓋可考焉世祖時自燕京至開平府復自開平府至京兆始驗地里遠近人數多寡立急遞站鋪每十里或十五里二十五里則設一鋪於各州縣所管民戶及漏籍戶內僉起鋪兵中統元年詔隨處官司設傳遞鋪驛每鋪置鋪丁五人各處縣官置文簿一道付鋪遇有轉遞文字當傳鋪所卽注名件到鋪時刻及所轄轉遞人姓名置簿令轉送人取下鋪押字交收時刻還鋪本縣官司時復點刷稽滯者治罪其文字本縣官司絹袋封記以牌書號其牌長五寸闊一寸五分以綠油黃字書號若係邊關急速公事用匣子封鎖於上重別題

號及寫某處文字發遣時刻以憑照勘遲速其匣子長一尺闊四寸高三寸用
黑油紅字書號已上牌匣俱係營造小尺上以千字文爲號仍將本管地境置
立鋪驛卓望地名遞相傳報鋪兵一晝夜行四百里各路總管府委有俸正官
一員每季親行提點州縣亦委有俸末職正官上下半月照刷如有怠慢初犯
事輕者笞四十贖銅再犯罰俸一月三犯者決總管府提點官比總管減一等
仍科三十初犯贖銅再犯罰俸半月三犯者決鋪兵鋪司痛行斷罪至元八年
申命州縣官用心照刷及點視闕少鋪司鋪兵凡有遞轉文字到鋪司隨卽分
明附籍速令當該鋪兵裹以軟絹包袱更用油絹捲縛夾版束繫賷小回曆一
本作急走遞到下鋪交割附曆訖於回曆上令鋪司驗到鋪時刻幷文字總計
角數及有無開拆磨擦損壞或亂行批寫字樣如此附寫一行鋪司畫字回還
若有違犯易爲挨問隨路鋪兵不許顧人領替須要本戶少壯人力正身應役
每鋪安置十二時輪子一枚紅綽楔一座幷牌額及上司行下諸路申上鋪曆
二本每遇夜常明燈燭其鋪兵每名備夾版鈴攀各一付纓槍一軟絹包袱一

油絹三尺簑衣一領回曆一本各處往來文字先用淨檢紙封裹於上更用厚夾紙印信封皮各路承發文字人吏每日逐旋發放及將承發到文字驗視有無開拆磨擦損壞批寫字樣分朗附簿九年左補闕祖立福合言諸路急遞鋪名不合人情急者急速也國家設官署名字必須吉祥者爲美宜更定之遂更爲通遠鋪二十年留守司官言初立急遞鋪時取不能當差貧戶除其差發充鋪兵又不敷者於漏籍戶內貼補今富人規避差發永充鋪兵乞擇其富者令充站戶站戶之貧者却充鋪兵從之二十八年中書省定議近年入遞文字封緘雜亂發遣無時今後省部并諸衙門入遞文字其常事皆付承發司隨所投下去處類爲一緘如往江淮行省者凡江淮行省不以是何文字通爲一緘其他官府同省部臺院凡有急速之事別置匣子發遣其匣子入遞隨到卽行鋪司須能附寫文曆辨定時刻鋪兵須壯健善走者不堪之人隨卽易換三十一年大都設置總急遞鋪提領所降九品銅印設提領三員英宗至治三年各處急遞鋪每十鋪設一郵長於州縣籍記司吏內差充使之專督其事一歲之內

能盡職者從優補用不能者提調官量輕重罪之凡鋪卒皆腰革帶懸鈴持槍挾兩衣賫文書以行夜則持炬火道狹則車馬者負荷者聞鈴避諸旁夜亦以驚虎狼也響及所之鋪則鋪人出以俟其至囊板以護文書不破碎不襞積摺小漆絹以禦兩雪不使濡濕之及各鋪得之則又展轉遞去

鷹房捕獵

元制自御位及諸王皆有昔寶赤蓋鷹人也是故捕獵有戶使之致鮮食以薦宗廟供天庖而齒革羽毛又皆足以備用此殆不可闕焉者也然地有禁取有時而違者則罪之冬春之交天子或親幸近郊縱鷹隼搏擊以爲游豫之度謂之飛放故鷹房捕獵皆有司存而打捕鷹房人戶多取析居放良及漏籍孛蘭奚還俗僧道與凡曠役無賴者及招收亡宋舊役等戶爲之其差發除納地稅商稅依例出軍等六色宣課外並免其雜泛差役自太宗乙未年抄籍分屬御位下及諸王公主駙馬各投下及世祖時行尙書省嘗重定其籍厥後永爲定制焉

御位下打捕鷹房官　一所權官張元大都路寶坻縣置司元額七十七戶

一所王阿都赤世襲祖父職掌十投下中都順天真定宣德等路諸色人匠打捕等戶元額一百四十七戶　一所管領大都等處打捕鷹房民戶達魯花赤石抹也先世襲祖父職元額一百一十七戶　一所管領大都路打捕鷹房等官李脫歡帖木兒世襲祖父職元額一百二十八戶　一所宣授管領大都等處打捕鷹房人匠等戶達魯花赤黃也速觧兒世襲祖父職元額五十戶　一所管領鷹房打捕人匠等戶達魯花赤移剌帖木兒世襲祖父職元額一百五十七戶　一所宣授管領打捕鷹房等戶達魯花赤阿八赤世襲祖父職元額三百五十五戶　一所宣授管領大都等路打捕鷹房人戶達魯花赤寒食世襲祖父職元額二百四十三戶

諸王位下　汝寧王位下管領民匠打捕鷹房等戶官元額二百一戶　普賽因大王位下管領本投下大都等路打捕鷹房諸色人匠達魯花赤都總管府元額七百八十戶

天下州縣所設獵戶　腹裏打捕戶總計四千四百二十三戶　河東宣慰司打捕戶五百九十八戶　晉寧路打捕戶三百三十二戶　大同路打捕戶一十五戶　冀寧路打捕戶二百五十一戶　上都留守司打捕戶三百九十七戶　宣德提領所打捕戶一百八十二戶　山東宣慰司打捕戶三百九十七戶　宣德提領所打捕戶一百八十二戶　山東宣慰司打捕戶一百戶　益都路打捕戶四十三戶　濟南路打捕戶三十六戶　般陽路二十二戶　東平路三十四戶　曹州八十四戶　德州一十戶　濮州三十一戶　泰安州五戶　東昌路一戶　真定路九十一戶　順德路一十九戶　廣平路一十九戶　冠州五戶　恩州二戶　彰德三十七戶　衛輝路一十六戶　大名路二百八十六戶　保安路三十一戶　河間路二百五十二戶　隨路提舉司一千一百九十一戶　河間鷹房府二百七十六名　都總管府七百五十六戶
遼陽大寧等處打捕鷹房官捕戶七百五十九戶　東平等路打捕鷹房官

捕戶三百九戶　隨州德安河南襄陽懷孟等處打捕鷹房官捕戶一百七十二戶　扠捕提領所捕戶四十戶　高麗鷹房總管捕戶二百五十戶　河南等路打捕鷹房官捕戶一千一百四十二戶　益都等處打捕鷹房官捕戶五百二十一戶　河北河南東平等處打捕鷹房官捕戶三百戶　隨路打捕鷹房總管捕戶一百五十九戶　真定保定等處打捕鷹房官捕戶五十戶　淮安路鷹房官捕戶四十七戶　揚州等處打捕鷹房官捕戶七十二戶

宣徽院管轄淮東淮西屯田打捕總管府司屬打捕衙門提舉司十處千戶所一處總一萬四千三百二戶　淮安提舉司八百五十八戶　安東提舉司九百一十二戶　招泗提舉司四百六十五戶　鎮巢提舉司二千五百四十戶　蘄黃提舉司一千一百一十二戶　通泰提舉司七百四十九戶　塔山提舉司六百四十四戶　魚網提舉司二千五百一十九戶　打捕手號軍上千戶所打捕軍六百四戶

元史卷一百一

元史卷一百二

明翰林學士亞中大夫知制誥兼修國史宋　濂等修

刑法志第五十

刑法一

自古有天下者雖聖帝明王不能去刑法以爲治是故道之以德義而民弗從則必律之以法法復違焉則刑辟之施誠有不得已者是以先王制刑非以立威乃所以輔治也故書曰士制百姓于刑之中以教祇德後世專務黷刑任法以爲治者無乃昧於本末輕重之義乎歷代得失考諸史可見已元興其初未有法守百司斷理獄訟循用金律頗傷嚴刻及世祖平宋疆理混一由是簡除繁苛始定新律頒之有司號曰至元新格仁宗之時又以格例條畫有關於風紀者類集成書號曰風憲宏綱至英宗時復命宰執儒臣取前書而加損益焉書成號曰大元通制其書之大綱有三一曰詔制二曰條格三曰斷例凡詔制爲條九十有四條格爲條一千一百五十有一斷例爲條七百十有七大概纂

集世祖以來法制事例而已其五刑之目凡七下至五十七謂之笞刑凡六十七至一百七謂之杖刑其徒法年數杖數相附麗爲加減鹽徒盜賊既決而又鐐之流則南人遷於遼陽迤北之地北人遷於南方湖廣之鄉死刑則有斬而無絞惡逆之極者又有淩遲處死之法焉蓋古者以墨劓剕宮大辟爲五刑後世除肉刑乃以笞杖徒流死備五刑之數元因之更用輕典蓋亦仁矣世祖謂宰臣曰朕或怒有罪者使汝殺汝勿殺必遲回一二日乃覆奏斯言也雖古仁君何以過之自後繼體之君惟刑之恤凡郡國有疑獄必遣官覆讞而從輕死罪審錄無冤者亦必待報然後加刑而大德間王約復上言國朝之制笞杖十減爲七今之杖一百者宜止九十七不當又加十也此其君臣之間唯知輕典之爲尚百年之間天下乂寧亦豈偶然而致哉然其弊也南北異制事類繁瑣挾情之吏舞弄文法出入比附用譎行私而兇頑不法之徒又數以赦宥獲免至於西僧歲作佛事或恣意縱囚以售其奸宄俾善良者喑啞而飲恨識者病之然則元之刑法其得在仁厚其失在乎緩弛而不知檢也今按其實條列而

次第之使後世有以考其得失作刑法志

名例

五刑

笞刑

七下　十七　二十七　三十七

四十七　五十七

杖刑

六十七　七十七　八十七　九十七

一百七

徒刑

一年杖六十七　一年半杖七十七　二年杖八十七

二年半杖九十七　三年杖一百七

流刑

遼陽　湖廣　迤北

死刑

斬　凌遲處死

五服

斬衰　三年

子爲父婦爲夫之父之類

齊衰　三年　杖期　期　五月　三月

子爲母婦爲夫之母之類

大功　九月　長殤九月　中殤七月

爲同堂兄弟爲姑姊妹適人者之類

小功　五月　殤

爲伯叔祖父母爲再從兄弟之類

緦麻　三月

爲族兄弟爲族曾祖父母之類

十惡

謀反

謂謀危社稷

謀大逆

謂謀毀宗廟山陵及宮闕

謀叛

謂謀背國從僞

惡逆

謂毆及謀殺祖父母父母殺伯叔父母姑兄姊外祖父母夫夫之祖父母父母者

不道

謂殺一家非死罪三人及支解人造畜蠱毒魘魅

大不敬

謂盜大祀神御之物乘輿服御物盜及僞造御寶合和御藥誤不如本方及封題誤若造御膳誤犯食禁御幸舟船誤不牢固指斥乘輿情理切害及對捍制使而無人臣之禮

不孝

謂告言詛詈祖父母父母及祖父母父母在別籍異財若供養有闕居父母喪身自嫁娶若作樂釋服從吉聞祖父母父母喪匿不舉哀詐稱祖父母父母死

不睦

謂謀殺及賣緦麻以上親毆告夫及大功以上尊長小功尊屬

不義

謂殺本屬府主刺史縣令見受業師吏卒殺本部五品以上官長及聞夫喪匿不舉哀若作樂釋服從吉及改嫁

內亂

謂姦小功以上親父祖妾及與和者

八議

議親

謂皇帝袒免以上親及太皇太后皇太后緦麻以上親皇后小功以上親

議故

謂故舊

議賢

謂有大德行

議能

謂有大才業

議功

謂有大功勳

議貴

謂職事官三品以上散官二品以上及爵一品者

議勤

謂有大勳勞

議賓

謂承先代之後爲國賓者

贖刑附

諸牧民官公罪之輕者許罰贖

諸職官犯夜者贖

諸年老七十以上年幼十五以下不任杖責者贖

諸罪人癃篤殘疾有妨科決者贖

衛禁

諸掌宿衛三日一更直掌四門之鑰昏閉晨啓毋敢不慎　諸欲言事人闌入

宮殿呼冀上聞杖一百七發元籍　諸擅帶刀闌入殿庭者杖八十七流遠
諸登皇城角樓因爲盜者處死　諸闌入禁衞盜金玉寶器者處死　諸輒入
禁苑盜殺官獸者爲首杖八十七徒二年爲從減一等並刺字知見不首者笞
四十七掌門衞受財縱放者五十七坐鋪守把軍人不詗問二十七　諸漢人
南人投充宿衞士總宿衞官輒收納之並坐罪　諸大都上都諸城門夜有急
務須出入者遣官以夜行象牙圓符及織成聖旨啓門門尉辯驗明白乃許啓
雖有牙符而無織成聖旨者不論何人並勿啓違者處死

職制上

諸官府印章長官掌收次官封之差故卽以牒發次官次其下者第封之不得
付其私人　諸郡縣城門鎖鑰並從有司掌之　諸有司凡薦舉刑名出納等
文字非有故並須圓署行之　諸職官到任距上司百里之內者公參百里之
外者免上司輒非理徵會稽失公務者禁之　諸內外百司呈署文字並須由
下而上論定而後行之　諸省府以下百司凡行公務置朱銷簿按治官以時

考之　諸職官公坐同職者以先到任居上輒越次而坐者正之　諸有司公事各官連銜申稟其上司者並自書其名有故從對讀首領官代書之具述其故於名下曹吏輒代書其名者罪之　諸職官受代聽除之處從所便具載解由私赴都者禁之　諸有司案牘籍帳編次架閣各路提控案牘兼架閣庫官與經歷知事同掌之散府州縣知事提控案牘都吏目典史掌之任滿相沿交割毋敢不慎　諸樞密院行省文卷除軍數及邊關兵機不在考閱餘並從監察御史考閱之　諸職官承上司他委所治闕官者許回申不得擅令首領官吏攝事　諸職官押運官物赴都除常所不差者餘並置籍輪差徇私不均者罪其上司　諸吏員遷調廉訪司書吏奏差避道路府州縣吏避貫　諸有司遺失印信隨即尋獲者罰俸一月追尋不獲者具申禮部別鑄元掌印官解職坐罪非獲元印不得給由求敘　諸毀匿邊關文字者流　諸蒙古人居官犯法論罪既定必擇蒙古官斷之行杖亦如之　諸四怯薛及諸王駙馬蒙古色目之人犯姦盜詐僞從大宗正府治之　諸以親女獻當路權貴求進用已得

者追奪所受命仍沒入其家　諸官吏在任與親戚故舊及理應追往之人追往者聽餘並禁之　諸職官到任輒受所部贄見儀物比受贓減等論　諸職官受部民事後致謝食用之物者笞二十七記過　諸上司及出使官於使所受其燕饗餽遺者准不枉法減二等論經過而受者各減一等從臺憲察之

諸職官及有出身人因事受財枉法者除名不敘不枉法者殿三年再犯不敘無祿者減一等以至元鈔爲則枉法一貫至十貫笞四十七不滿貫者量情斷罪依例除名一十貫以上至二十貫五十七二十貫以上至五十貫杖七十七一百貫以上一百七不枉法一貫至二十貫笞四十七本等敘不滿貫者量情斷罪解見任別行求仕二十貫以上至五十貫五十七注邊遠一任五十貫以上至一百貫杖六十七降一等一百貫以上至一百五十貫七十七降二等一百五十貫以上至二百貫八十七降三等二百貫以上至三百貫九十七降四等三百貫以上一百七除名不敘　諸內外百司官吏受贓悔過自首無不盡不實者免罪有不盡不實止坐不盡之贓若知人欲告而首及以贓還主並減

罪二等聞知他處事發首者計其日程雖不知亦以知人欲告而首論詭名代首者勿聽犯人實有病故許親屬代首臺憲官吏受贓不在准首之限有司受人首告者罪之　諸職官恐嚇有罪人求賂未得財者笞二十七　諸告官吏贓有實取之者有爲過度人所諱而官吏初不知者有官吏已知而姑付過度之家事畢而後取之者有本未嘗言而故以錢物寘人家指作過度而誣陷人者止以錢物所在坐之與錢人俱坐　諸職官但犯贓私有罪狀明白者停職聽斷　諸奴賤爲官但犯贓罪除名　諸職官犯贓生前贓狀明白雖死猶責家屬納贓　諸官吏犯贓罪遇原免或自首免罪過錢人卽因人致罪不坐

諸官吏贓罰臺官問者歸臺省官問者歸省　諸職官犯贓罪狀已明反誣告臨問官者斷後仍徒　諸官吏家人受贓減官吏法二等坐官吏初不知及知卽首官吏家人俱免不卽首官吏減家人法二等坐家人依本法若官吏知情故令家人受財官吏依本法家人免坐官吏實不知者止坐家人　諸職官受除未任因承差而犯贓者同見任論邊遠遷轉官已任而未受文憑犯贓者亦

如之吏未出職受贓既出職事發罷所受職　諸錢穀官吏受贓不枉法者止
計贓論罪不殿年敘　諸職官受贓聞知事發回付到主同知人欲告自首論
減二等科罪枉法者降先職三等敘不枉法者解職別敘　諸職官侵用官錢
者以枉法論雖會赦仍除名不敘　諸職官在任犯贓被問贓狀已明而稱疾
者停其職歸對　諸職官所將親屬傔從受所部財而無入己之贓會赦還職
諸外任牧守受贓被問垂成近臣奏徵入朝者執付元問官　諸職官犯贓
在逃者同獄成　諸職官受贓丁憂終制日究問軍官不丁憂者不在終制之
限　諸職官犯贓已承伏會赦者免罪徵贓黜降如條未承伏者勿論　諸職
官受贓即改悔還主其主猶執告者勿論　諸職官受財爲人請託者計贓論
罪　諸小吏犯贓並斷罪除名　諸庫子等職已有出身無添給祿米者不與
小吏犯贓同論　諸掾吏出身應入流或以職官轉補但犯贓並同吏員坐除
名府州縣首領官非朝命者同吏員　諸吏員取受非真犯者不除名　諸流
外官越受民詞者笞一十七首領官二十七記過　諸臨民官於無職田州縣

虛徵其入於民者斷罪解職記過　諸職官頻入茶酒市肆及倡優之家者斷罪罷職　諸監臨官私役弓手笞二十七三名已上加一等占騎弓手馬笞一十七並記過各本管官吏輒應付者各減一等　諸內外官吏疾病滿百日者作闕期年後仕　諸職官連犯二罪輕罪已斷重罪始發罪從已斷殿降從後發　諸有過被問詐死逃罪者杖六十七有官者罷職不敘贓多者從重論　諸行省以下大小司存長官非理折辱其首領官者禁之首領官有過失聽申上司不得擅問長官處決不公首領官執覆不從許直申上司　諸隨朝官無故不公聚者坐罪選待　諸職官已受宣勑以地遠官卑輒稱故不赴者奪所受命讁種田或在任詐稱病而去者三年後降二等敘其同僚徇私與文書者降一等敘　諸受命職官闕期已及或有辨證勾稽喪葬疾病公私諸務妨阻不能之任者許具始末詰本處有司自陳保勘給據再敘並任元注地方有司保勘不實者並坐之　諸受除官員闕次未及輒先往任所居住守代者從本管上司究之　諸各衙門輒將聽除及罷閑無祿私己之人差遣者禁　諸職

官親死不奔喪杖六十七降先職二等雜職敘未終喪赴官笞四十七降一等終制日敘若有罪詐稱親喪杖八十七除名不敘親久沒稱始死笞五十七解見任雜職敘凡不丁父母憂者罪與不奔喪同　諸官吏私罪被逮無問已招未招罹父母大故者聽其奔赴丁憂終制日追問公罪並矜恕之　諸職官父母亡匿喪縱宴樂遇國哀私家設音樂並罷不敘　諸外任官員謁告應有假故具曹狀報所屬仍置籍以記之有託故者風憲官糾而罪之　諸官吏遷葬祖父母父母給假二十日並除馬程日七十里限內俸錢仍給之違限不至者勒停　諸職官任滿解由應給而不給不應給而給及有過而不開寫者罪及有司解由到部增損功罪不以實者亦如之　諸罷免官吏敘復給由而匿其過名者罪及初給由有司　諸匿過求仕已除事覺者笞四十七追奪不敘

諸職官年及致仕而不知止者廉訪司糾黜之　諸職官被罪理算殿年以被問停職月日爲始　諸遠方官員親年七十以上者許元籍有司保勘量注近闕便養冒濫者坐罪　諸職官沒於王事者其應繼之人降二等蔭敘　諸內

外百司五品以上進上表章並以蒙古字書毋敢不敬仍以漢字書其副　諸
內外百司凡進賀表箋繕寫謄籍印識各以式其輒犯廟諱御名者禁之　諸
內外百司應出給劄付有額設譯史者並以蒙古字書寫　諸內外百司有兼
設蒙古回回譯史者每遇行移及勘合文字標譯關防仍兼用之　諸內外百
司公移尊卑有序各守定制惟執政出典外郡申部公文書姓不書名　諸人
臣口傳聖旨行事者禁之　諸大小機務必由中書惟樞密院御史臺徽政宣
政諸院許自言所職其餘不由中書而輒上聞既上聞而又不由中書徑下所
司行之者以違制論所司亦不稟白而輒受以行之者從監察御史廉訪司糾
之　諸中書機務有泄其議者量所泄事聞奏論罪　諸省部官名隸宿衛者
晝出治事夜入番直　諸檢校官勾檢中書及六曹之務其有稽違省掾呈省
論罰部吏就錄罪名開呈　諸行省擅役軍人營繕雖公廨不奏請猶議罪
諸行省差使軍官非軍情者禁之　諸行省長官一二員給金虎符典軍惟雲南
行省官皆給符　諸各處行省所轄軍官軍情怠慢從提調軍馬長官斷遣其

餘雜犯受宣官以上咨稟受敕官以下就斷　諸行省歲支錢糧各處行官季一照勘歲終會其成于行省以式稽考濫者徵之實者籍之總其概咨都省臺憲官閱實之　諸方面人臣受金縱賊成亂者斬僚佐受金或阿順不能匡正並坐罪會赦仍除名　諸樞密院及各省所部軍官其麾下征者戍者出者處者饑寒不贍役使不均代以私人舉債倍息在家曰逃有力曰乏惟單窮是使惟貨賄是圖以苦士卒以耗兵籍百戶有罪罪及千戶千戶有罪罪及萬戶萬戶有罪從樞密院及行省帥府以其狀聞隨事論罪　諸宣徽院所抽分馬牛羊官嚴其程期制其供億謹其鈐束之法以譏察之其有欺官擾民者廉訪司糾之　諸翰林院應譯寫制書必呈中書省共議其稾其文卷非邊遠軍情重事並從監察御史考閱之　諸宣政院文卷除修佛事不在照刷外其餘文卷及所隸內外司存並照刷之　諸徽政院及怯憐口人匠舊設諸府司文卷並從臺憲照刷　諸臺官職掌飭官箴稽吏課內秩羣祀外察行人與聞軍國奏議理達民庶冤辭凡有司刑名賦役銓選會計調度徵收營繕鞫勘審讞勾稽

及庶官廉貪厲禁張弛編民惸獨流移強暴兼幷悉糾舉之　諸行臺官主察
行省宣慰司已下諸軍民官吏之作姦犯科者窮民之流離失業者豪強家之
奪民利者按察官之不稱職任者餘視內臺立法同　諸御史臺所轄各道憲
司民有冤滯赴愬于臺者咸著于籍歲終則會以考其各道之殿最而黜陟之
諸臺憲所察天下官吏贓污欺詐稽違罪入于刑書者歲會其數及其罪狀
上之藏于中書　諸內外臺歲遣監察御史刷磨各省文卷幷察各道廉訪司
官吏臧否官弗稱者呈臺黜罰吏弗稱者就罷之　諸風憲薦舉必考其最績
彈劾必著其罪狀舉劾失當並坐之　諸殿中侍御史凡遇廷臣奏事必隨入
內在廷有不可與聞之人卽糾斥之朝會祭祀一切行禮失儀越次及託故不
至者卽糾罰之文武百官謁假事故三日以外者以曹狀報之凡官府搬置百
官禮任及被差往還報曹狀並同　諸廉訪分司官每季孟夏初旬出錄囚仲
秋中旬出按治明年孟夏中旬還其憚遠違期託故避事者從監察御史劾之
諸廉訪司分巡各路軍民官吏有過得罪狀明白者六品以下牒總司論罪

五品以上申臺聞奏　諸廉訪司官擅封點軍器庫者笞三十七解職別敘　諸官吏受贓事主雖不告言監察御史廉訪司察之實者糾之　諸行省官及首領官受賂隨省廉訪司察知者上之臺已下就問　諸行省理問所見問公事廉訪司輒逮問者禁之　諸職官受贓廉訪司必親臨聽決有必不能親臨者摘敵品有司老成廉能正官問之　諸被按官吏有冤抑者詣御史臺陳理所言實罪被告所言虛罪告者仍加等其有故摭按問官吏以事者禁之　諸按問職官贓毋遽施刑惟衆證已明而不款伏者加刑問之軍官則先奪所佩符而問之　諸風憲官吏但犯贓加等斷罪雖不枉法亦除名　諸方面之臣入覲輒斂所部官吏俸錢備禮物者禁之違者罪之　諸湖南北江西兩廣接境溪洞蠻獠竊發諸監臨禁治不嚴及故縱者軍官笞三十七管民官二十七並削所受階一等記過　諸邊隅鎮守不嚴他盜輒入境殺掠者軍官坐罪民官不坐　諸軍民官鎮撫邊陲三年無嘯聚之盜者民官減一資軍官陞散官一階五年無者軍民官各陞散官一等　諸郡縣版籍所司謹庋置之正官相

沿掌之　諸勸農官每歲終則上其所治農桑水利之成績于本屬上司本屬上司會所部之成績以上于大司農若部部考其勤惰成否以上于省而殿最之其在官怠其事隳其法者罪之　諸職官行田受民戶齊斂錢者以一多科斷　諸受財占民差徭者以枉法論　諸額課所在管民正官董其事若以他故出次官通攝之　諸額收錢糧各處計吏歲一詣省會之有齊斂者從按治官舉劾　諸郡縣歲以三限徵收稅糧初限十月終中限十一月終末限十二月終違者初限笞四十再犯杖八十但結攬及自願與結攬人等並沒入其家財仍依元科之數倍徵之若不差正官部糧而以權官部之或致失陷及輸不足者達魯花赤管民官同坐　諸州縣義倉糧數不實監臨失舉察者罪之　諸職官於禁刑之日決斷公事者罰俸一月吏笞二十七記過　諸有司斷諸小罪輒以杖頭非法杖人致死罪坐判署官吏　諸曾訴官吏之人有罪其被訴官吏勿推　諸有司輒憑妄言帷薄私事逮繫人者笞四十七解職期年後敘　諸職官得代及休致凡有追會並同見任其婚姻田債諸事止令子孫弟

姪陳訴有司輒相侵陵者究之　諸職官告吏民毀罵非親聞者勿問違者罪之　諸職官聽訟者事關有服之親幷婚姻之家及曾受業之師與所讐嫌之人應迴避而不迴避者各以其所犯坐之有輒以官法臨決尊長者雖會赦仍解職降敘　諸有司事關蒙古軍者與管軍官約會問　諸管軍官奥魯官及鹽運司打捕鷹坊軍匠各投下管領諸色人等但犯強竊盜賊僞造寶鈔略賣人口發塚放火犯姦及諸死罪並從有司歸問其鬭訟婚田良賤錢債財產宗從繼絕及科差不公自相告言者從本管理問若事關民戶者從有司約會歸問並從有司追逮三約不至者有司就便歸斷　諸州縣鄰境軍民相關詞訟元告就被論官司歸斷不在約會之例斷不當理許赴上司陳訴罪及元斷官吏　諸僧道儒人有爭有司勿問止令三家所掌會問　諸哈的大師止令掌教念經回回人應有刑名戶婚錢糧詞訟並從有司問之　諸僧人但犯姦盜詐僞致傷人命及諸重罪有司歸問其自相爭告從各寺院住持本管頭目歸問若僧俗相爭田土與有司約會約會不至有司就便歸問　諸各寺院稅糧

除前宋所有常住及世祖所賜田土免納稅糧外已後諸人布施幷己力典買者依例納糧　諸管民官以公事攝所部並用信牌其差人擾衆者禁之　諸掩骼埋胔有司之職或饑歲流莩或中路暴死無親屬收認應聞有司檢覆者檢覆既畢就付地主鄰人收葬不須檢覆者亦就收葬　諸救災卹患鄰邑之禮歲饑輒閉糴者罪之　諸郡縣災傷過時而不申或申不以實及按治官不以時檢踏皆罪之　諸蟲蝗爲災有司失捕路官各罰俸一月州官各笞一十七縣官各二十七並記過　諸水旱爲災人民艱食有司不以時申報賑卹以致轉徙饑莩者正官笞三十七佐官二十七各解見任降先職一等敘　諸有司檢覆災傷或以熟作荒或以可救爲不可救一頃已上者罰俸二十頃者笞一十七二百頃已上者笞二十七五百頃已上笞三十七惟以荒作熟抑民納糧者笞四十七罷之託故不行妨誤檢覆者笞三十七　諸義夫節婦孝子順孫其節行卓異應旌表者從所屬有司舉之監察御史廉訪司察之但有冒濫罪及元舉　諸賜高年帛絮受賜而有司不以實報者正官笞四十七解職別

敘　諸州縣舉茂異秀才非經監察御史廉訪司體察者不得開申　諸民犯弒逆有司稱故不聽理者杖六十七解見任殿三年雜職敘　諸檢屍有司故遷延及檢覆牒到不受以致屍變者正官笞三十七首領官吏各四十七其不親臨或使人代之以致增減不實移易輕重及初覆檢官相符同者正官隨事輕重論罪黜降首領官吏各笞五十七罷之仵作行人杖七十七受財者以枉法論　諸有司在監囚人因病而死虛立檢屍文案及關覆檢官者正官笞三十七解職別敘已代會赦者仍記其過　諸職官覆檢屍傷屍已焚瘞止傳會初檢申報者解職別敘若已改除仍記其過　諸藩王及軍馬經過郡縣委積館勞並許於應給官物內支遣隨申行省知會或擅移易齊斂者禁之　諸郡縣非遇聖旨令旨諸王駙馬大臣經過官吏並免郊迎妨奪公務仍不得贐以錢物按治官常糾察之　諸職官但犯軍情違誤受敕官各路就斷受宣官從都省行省處分其餘公罪各路並不得輒斷　諸部送囚徒中路所次州縣不寄囚於獄而監收旅舍以致反禁而亡者部送官笞三十七還職本處防護官

笞四十七就責捕賊仍通記過名　諸有司各處遞至流囚輒主意故縱者杖六十七解職降先品一等敘刑部記過　諸和顧和買依時置估對物給價官吏權豪因緣結攬營私害公者罪之　諸有司和買諸物多餘估計分受其價者準盜官錢論不分受以冒估多寡論監臨及當該官吏詭名中納者物價全沒之剋落價鈔者準不枉法贓論不卽支價者臺憲官糾之　諸職官輒以親故人事之物爲散之民鳩斂錢財者計其時直以餘利爲坐減不枉法贓二等科罪錢物各歸其主　諸職官私用民力者笞二十七記過追顧直給其民諸剋除所屬官吏俸錢爲公用及備進上禮物旣去職者並勿論　諸在任官斂屬吏俸贈去官者笞四十七還職　諸職官輒借騎所部內驛馬者笞三十七降先職一等敘記過　諸職官於所部非親故及理應往復之家輒行慶弔之禮者禁之違者罪之

元史卷一百三

明翰林學士亞中大夫知制誥兼修國史宋　濂等修

刑法志第五十一

刑法二

職制下

諸職官戶在軍籍管軍官輒追逮其身者禁之　諸中外大小軍官不能以法撫循軍人而又害之者從監察御史廉訪司糾察之行省官及宣慰司元帥府官無故以軍官自衞者亦如之　諸軍官不法各處憲司就問之樞府不得委官同問　諸管軍官輒以所佩金銀符充典質者笞五十七降散官一等受質者減二等　諸軍官犯贓應罷職殿降者上所佩符再敘日給之　諸軍官役使軍人萬戶八名千戶減萬戶之半彈壓減千戶之半過是數者坐罪　諸軍官驅役軍人致死非命者量事斷罪並罷職徵燒埋銀給苦主　諸管軍官擅放正軍及分受雇役錢者以枉法論除名不敘　諸管軍官吏尅除軍人衣糧

鹽菜錢幷全未給散會赦尅除已招者追給未招者免徵未給散者給散其私
役軍人官牛帶種官地幷管民官占種官地所收子粒已招者追沒未招者免
徵　諸軍官役其出征軍人家屬又借之錢而多取息者並坐之　諸軍官輒
縱軍人誣民以罪嚇取錢物而分贓自厚者計贓科罪除名不敘　諸民間失
火鎮守軍官坐視不救而反縱軍剽掠者從臺憲官糾之　諸軍官輒斷民訟
者禁之違者罪之　諸軍官挾仇犯分輒持刃欲殺連帥者杖六十七解職別
敘　諸投下官吏受贓與常選官同論　諸投下雜職犯贓罪者罷之不以常
調殿降論　諸投下妄稱上旨影占民站除其徭役故縱爲民害者杖七十七
沒其家財之半所占民杖一百七還元籍　諸王傅文卷監察御史考閱與有
司同　諸位下置財賦營田等司歲終則會會畢從廉訪司者閱之　諸投下
輕重囚徒並從廉訪司審錄　諸藩邸事務大者奏裁小者移中書擅以教令
行者禁之　諸倉庾官吏與府州司縣官吏人等以百姓合納稅糧通同攬納
接受折價飛鈔者十石以上各刺面杖一百七十石以下九十七官吏除名不

敘退閑官吏豪勢富戶行鋪人等違犯者十石之上杖九十七十石之下八十七其部糧官吏知情分受笞五十七除名不敘有失覺察者監臨部糧官吏二十七府州總部糧官吏一十七若能捕獲犯人者與免本罪若倉官人吏等盜糶官糧與攬納飛鈔同論知情糴買十石以上杖一百七十石之下九十七其漕運官吏有失覺察者驗糧數多寡治罪其盜糶糧價結攬飛鈔追徵沒官正糧於倉官并結攬糴買人均徵還官　諸倉庫官吏人等盜所主守錢糧一貫以下決五十七至十貫杖六十七每二十貫加一等一百二十貫徒一年每三十貫加半年二百四十貫徒三年三百貫處死計贓以至元鈔爲則諸物以當時價估折計之　諸倉庫官知庫子攢典斗脚人等侵盜移易官物匿不舉發者與犯人同罪失覺察者減犯人罪四等　諸倉庫錢糧出納所設首領官及提舉監支納以下攢典合千人以上互相覺察若有違法短少一體均陪任內收支錢糧正收倒除皆完方許給由　諸典守鈔庫官已倒昏鈔不用退印笞五十七解見任提調官失計點笞一十七並記過名　諸鈔庫官輒以自己昏

鈔詭名倒換者笞三十七記過　諸平準行用庫倒換昏鈔多取工墨錢庫官
知而不曾分贓者減一等並解職別敍主謀又受贓者以枉法論除名不敍
諸白紙坊典守官私受桑楮皮折價者計贓以枉法論除名不敍仍追贓收買
本色還官　諸京倉受糧部官董之外倉收糧州縣長官董之收不如法致腐
敗者按治官通究之　諸倉官委任親屬爲家丁致盜糶官糧者笞五十七解
職殿敍同僚相容隱四十七解職　諸倉官輒翻釘官斛多收民租主謀者笞
五十七同僚初不知情既知而不能改正者三十七並解職別敍　諸京師每
日散糶官米人止一斗權豪勢要及有祿之家輒糶買者笞二十七追中統鈔
二十五貫付告人充賞　諸官局造作典守輒剋除材料者計贓以枉法論除
名不敍　諸運司辦課官取受事發辦課畢日追問受代離職者就問之　諸
鹽場官勘問人致死者從轉運司差官攝其職發犯人歸有司　諸稅務官輒
以民到務文契枉作匿稅稅私其罰錢者以枉法論除名不敍　諸財賦總管
淘金提舉司等雖有護持制書事應糾劾者監察御史廉訪司準法行之　諸

守庫藏軍官夜不直宿致有盜者笞二十七還職捕盜不獲者圍宿軍官軍人追陪所失物貨俟獲盜徵贓給還若遇強劫軍官軍人力所不及者不在追斷之限　諸雜造局院輒與諸人帶造軍器者禁之　諸兩浙財賦府隸徽政者掌治錢穀造作歲終報成以次年正月至于二月從廉訪司稽其文書違者糾之　諸有司橋梁不修道塗不治雖修治而不牢強者按治及監臨官究治之　諸有司不以時修築隄防霖雨既降水潦並至漂民廬舍溺民妻子爲民害者本郡官吏各罰俸一月縣官各笞二十七典史各一十七並記過名　諸漕運官輒拘括水陸舟車阻滯商旅者禁之　諸漕運官輒受贓縱水手人等以稻糠盜換官糧者以枉法計贓論罪除名不敘　諸海道都漕運萬戶府所轄千戶已下有罪萬戶問之萬戶有罪行省問之徇情者監察御史廉訪司察之　諸海道運糧船戶盜糶官糧詐稱遭風覆沒漕事畢然後廉訪司考其案牘　諸使臣行李脫脫禾孫及驛吏輒敢搜檢者禁者計贓刺斷雖會赦仍刺之　諸使臣行橐過重壓損驛馬而脫脫禾孫與使臣交贈爲好不以法稱盤之

者笞二十七記過　諸急遞鋪輒開所遞實封文書妄入無名文字者笞五十七　諸急遞鋪每上下半月府州判官縣主簿親臨檢視所遞文字但有稽違磨擦沉匿鋪司鋪兵即驗事重輕論罪各路正官一員總之廉訪司察之其有弗職親臨官初犯笞一十七再犯加一等三犯呈省別議總提調官減親臨官一等每季具申上司有無稽違仍於各官任滿日解由開寫而黜陟之　諸使臣輒騎壞驛馬者取與各笞五十七及以車易馬者俱坐之　諸公主下嫁迎送往還並不得由傳置　諸使臣在城輒騎占驛馬者禁之違者罪之　諸驛使在路奪回馬易所乘馬馳至死者償其直若以私事故選良馬馳至死者笞二十七仍償其直　諸使臣多取分例笞一十七追所多還官記過使還人員除軍情急務外日不過三驛驛官仍於關文標寫起止程期違者各笞二十七再犯罷役　諸乘驛使臣或枉道營私横索祗待或訪舊逸遊餓損馬乘並申聞斷治　諸使臣枉道馳驛者笞五十七脫脫禾孫擅依隨給驛者依例科罰諸驛使詐改公牒多起馬者杖八十七其部押官馬輒夾帶私馬多取草料

者并沒入其私馬　諸朝廷軍情大事奉旨遣使者佩以金字圓符給驛其餘小事止用御寶聖旨諸王公主駙馬亦為軍情急務遣使者佩以銀字圓符給驛其餘止用御寶聖旨若濫給者從臺憲官糾察之　諸高麗使臣所帶徒從來則俱來去則俱去輒留中路郡邑買賣者禁之易馬出界者禁之　諸出使官員所至輒受官吏筵宴及官吏輒相邀請並從風憲糾察　諸使臣所過州縣無故不得入城有故入城者止於公館安宿輒宿於官民之家者從風憲糾之　諸遣使開讀詔書所過州郡就便開讀者聽非所經由而輒往者禁之若本宗事須親往者不在此限　諸使臣所至之處有親戚故舊禮應追往者聽

諸受命出使還匿給驛文字符節及錫貢之物久不進者杖六十七記過

諸進表使臣五日外不還職托故稽留他有營者止所給驛籍其姓名罷黜之

諸出使郡國使事之外毋有所與有必須上聞者實封以聞　諸銜命出使輒將有司刑囚審斷者罪之　諸奉使循行郡縣有告廉訪司官不法者若其人嘗為風憲所黜罷則與監察御史雜問之餘聽專問　諸官吏公差輒受人

贓行禮物者隨事論罪官還職吏發隣道貼補　諸捕盜境內若失過盜賊刦
獲他境盜賊許令功過相補如獲他境强盜或僞造寶鈔二起各準境內强盜
一起無强者準竊盜二起如獲竊盜準亦如之如境內無失但獲强竊盜賊依
例理賞若應捕之人及事主等告指捕獲者不賞　諸捕盜官不得差遣違者
臺憲官糾之　諸捕盜官任內失過盜賊除獲别境盜準折外三限不獲强盜
三起竊盜五起各笞一十七强盜五起竊盜十起各笞二十七强盜十起竊盜
十五起各笞三十七鎭守軍官一體捕限者同罪親民提控捕盜減罪二等其
限內獲賊及半者免罪若諸人獲盜應賞者賞之　諸南北兵馬司職在巡警
非違捕逐盜賊輒理民訟者禁之　諸南北兵馬司罪囚八十七以下決遣應
刺配者就刺配之　諸各路在城錄事錄判分番巡捕若有失盜止坐巡捕官
諸職官非應捕之人告獲反賊者陞二等用　諸告獲强盜每名官給賞錢
至元鈔五十貫竊盜二十五貫親獲者倍之獲强盜至五人與一官　諸捕獲
弑逆兇徒比獲强盜給賞　諸隨處鎭守軍官軍人親獲强竊盜賊者減半給

賞　諸郡城失盜一年不獲者勒巡軍陪償所盜財物其敢差占巡軍者禁之
諸捕盜官捕獲強竊盜賊不即牒發淹禁死亡者杖七十七罷職　諸盜牛
馬悔過放還者以竊盜已行不得財論不徵倍贓賞錢有司輒以常盜刺斷者
以刑名違錯科罰　諸捕盜官輒受人遞至匿名文字枉勘平人爲盜致囚死
獄中者杖九十七罷職不敘正問官六十七降先職二等敘首領官笞四十七
注邊遠一任承吏杖六十七罷役不敘主意寫匿名文書者杖一百七流遠遞
送匿名文書者減二等受命主事遞送者減三等　諸捕盜官搜捕逆賊輒將
平人審問蹤跡乘怒毆之邂逅致死者杖六十七解職別敘記過徵燒埋銀給
苦主　諸捕盜官受財故縱賊因者與犯人同罪已敗獲者徒杖並減一等
諸父有罪不坐其子兄有罪不坐其弟　諸大宗正府理斷人命重事必以漢
字立案牘以公文移憲臺然後監察御史審覆之　諸有司非法用刑者重罪
之已殺之人輒臠割其肉而去者禁之違者重罪之　諸鞫獄不能正其心和
其氣感之以誠動之以情推之以理輒施以大披挂及王侍郎繩索幷法外慘

酷之刑者悉禁止之　諸鞫問罪囚除朝省委問大獄外不得寅夜問事廉訪司察之　諸各路推官專掌推鞫刑獄平反冤滯董理州縣刑名之事其餘庶務毋有所與按治官歲錄其殿最秩滿則上其事而黜陟之凡推官若受差不聞上司輒離職者亦坐罪　諸處斷重囚雖叛逆必令臺憲審錄而後斬於市曹　諸內外囚禁從各路正官及監察御史廉訪司以時審錄輕者斷遣重者結案其有冤滯就糾察之　諸正蒙古人除犯死罪監禁依常法有司毋得拷掠仍日給飲食犯真姦盜者解束帶佩囊散收餘犯輕重者以理對證有司勿執拘之逃逸者監收　諸奏決天下囚值上怒勿輒奏上欲有所誅必遲回一二日乃覆奏　諸有司因公依理決罰邂逅身死者不坐　諸累過不悛年七十以上應罰贖者仍減等科決　諸犯罪二罪俱發以重者論罪等從一若一罪先發已經論決餘罪後發其輕若等勿論重者更論之通計前罪以充後數　諸職官輒以微故乘怒不取招詞斷決人邂逅致死又誘苦主焚瘞其屍者笞五十七解職別敘記過　諸鞫獄輒以私怨暴怒去衣鞭背者禁之　諸鞫

問囚徒重事須加拷訊者長貳僚佐會議立案然後行之違者重加其罪　諸弓兵祗候獄卒輒毆死罪囚者爲首杖一百七爲從減一等均徵燒埋銀給苦主其枉死應徵倍贓者免徵　諸有司輒收禁無罪之人者正官並笞一十七記過無招枉禁致自縊而死者笞三十七期年後敘　諸有司輒將無辜枉禁瘐死者解職降先品一等敘　諸有司承告被盜輒將景迹人非理枉勘身死却獲正賊者正問官笞五十七解職期年後降先職一等敘首領官及承吏各五十七罷役不敘均徵燒埋銀給苦主通記過名　諸有司受財故縱正賊誣執非罪非法拷訊連逮妻子銜冤赴獄事未曉白身已就死正官杖一百七除名佐官八十七降二等雜職敘仍均徵燒埋銀　諸有司故入人罪若未決者及因自死者以所入罪減一等論入人全罪以全罪論若未決放仍以減等論

諸故出人之罪應全科而未決放者從減等論仍記過　諸失入人之罪者減三等失出人罪者減五等未決放者又減一等並記過　諸有司失出人死罪者笞五十七解職期年後降先品一等敘記過正犯人追禁結案　諸有司

輒將軍前雜犯承問斷遣者以故入論　諸監臨挾仇違法枉斷所監臨職官
者抵罪不敘　諸審囚官強愎自用輒將蒙古人刺字者杖七十七除名將已
刺字去之　諸為盜並從有司歸問各投下輒擅斷遣者坐罪　諸鬭毆殺人
無輕重並結案上省部詳讞有司輒任情擅斷者笞五十七解職期年後降先
品一等敘　諸禁囚因械梏不嚴致反獄者直日押獄杖九十七獄卒各七十
七司獄及提牢官皆坐罪百日內全獲者不坐　諸罪在大惡官吏受贓縱令
私和者罷之　諸司獄受財縱犯姦囚人在禁疎枷飲酒者以枉法科罪除名
諸流囚強盜持仗不曾傷人但得財若得財至二十貫為從不持仗不曾傷
人得財四十貫為從及竊盜割車剜房傷事主為從不曾傷事主但曾得財不
曾得財內有舊賊初犯怯烈司盜駞馬牛為從略賣良人為奴婢一人詐雕都
省行省印套畫省官押字動支錢糧干礙選法或妄造妖言犯上並杖一百七
流奴兒干初犯盜駞馬牛為首及盜財三百貫以上盜財十貫以下經斷再犯
發塚開棺傷屍內應流者挑剜裨湊寶鈔以真作僞再犯知情買使僞鈔三犯

並杖一百七發肇州屯種　諸犯罪流遠逃歸再獲仍流若中路遭亂而逃不再犯及已老病并會赦者釋之　諸流囚居役非遇元正寒食重午等節並勿給假　諸配役囚徒遇閏月通理之　諸應徒流未行會赦者釋之已行未至會赦者亦釋之　諸囚徒配役役所停罷者會赦免放　諸有罪奉旨流遠雖會赦非奏請不得放還　諸徒罪晝則帶鐐居役夜則入囚牢房其流罪發各處屯種者止令監臨關防屯種　諸流遠囚徒惟女直高麗二族流湖廣餘並流奴兒干及取海青之地　諸徒罪無配役之所者發鹽司居役　諸主守失囚者減囚罪三等長押流囚官中路失囚者視提牢官減主守罪四等既斷還職　諸大小刑獄應監繫之人並送司獄司分輕重監收　諸掌刑獄輒縱囚徒在禁飲博及帶刀刃紙筆陰陽文字入禁者罪之　諸獄具枷長五尺以上六尺以下闊一尺四寸以上一尺六寸以下死罪重二十五斤徒流二十斤杖罪一十五斤皆以乾木爲之長闊輕重各刻誌其上杻長一尺六寸以上二尺以下橫三寸厚一寸鎖長八尺以上一丈二尺以下鐐連環重三斤笞大頭徑

二分七釐小頭徑一分七釐罪五十七以下用之杖大頭徑三分二釐小頭徑二分二釐罪六十七以上用之訊杖大頭徑四分五釐小頭徑三分五釐長三尺五寸並刊削節目無令筋膠諸物裝釘應決者並用小頭其決笞及杖者臀受拷訊者臀若股分受務令均停　諸郡縣佐貳及幕官每月分番提牢三日一親臨點視其有枉禁及淹延者卽舉問月終則具囚數牒次官其在上都囚禁從留守司提之　諸南北兵馬司每月分番提牢仍令提控案牘兼掌囚禁

諸鹽運司監收鹽徒每月佐貳官分番董視與有司同　諸內郡官仕雲南者有罪依常律土官有罪罰而不廢　諸左右兩江所部土官輒興兵相讐殺者坐以叛逆之罪其有妄相告言者以其罪罪之有司受財妄聽者以枉法論

諸上官有能愛撫軍民境內寧謐者三年一次保勘陞官其有勳勞及應陞賞承襲文字至帥府輒非理疏駁故爲難阻者罷之

祭令

諸國家有事於郊廟凡獻官及百執事之人受誓戒之後散齋宿於正寢致齋

於祀所散齊日治事如故不弔喪問疾不作樂不判署刑殺文字不決罰罪人不與穢惡事致齊日惟祀事得行餘悉禁之　諸嶽鎭名山國家之所秩祀小民輒僭禮犯義以祈禱褻瀆者禁之　諸五嶽四瀆五鎭國家秩祀有常諸王公主駙馬輒遣人降香致祭者禁之　諸郡縣宣聖廟凡官員使臣軍馬輒敢館穀於內有司輒敢聽訟宴飲於內工官輒敢營造於內並行禁之諸書院同

諸每月朔望郡縣長吏率其參佐僚屬詣孔子廟拜謁禮畢從學官升堂講說其鄉村市鎭亦擇有學問德行可爲師長者於農隙之時以教導民其有視爲迂緩而不務者糾之

學規

諸蒙古漢人國子監學官任內驗其教養出格生員多寡以爲陞遷博士教授有闕從監察御史舉之其不稱職者黜之坐及元舉之官　諸國子生悖慢師長及行禮失儀言行不謹講誦不熟功課不辦無故廢學有故不告輒出告假違限執事失誤忿戾鬭爭並委正錄糾舉除悖慢師長別議餘者初犯戒論再

犯三犯酌量責罰其廚人僕夫門子常切在學供給使令違者就便決責　諸國學居首善之地六館諸生以次陞齋毋或躐等其有未應陞而求陞及曾犯學規者輕者降之重者黜之其教之不以道者監察御史糾之　諸國子監私試積分生員其有不事課業及一切違戾規矩初犯罰一分再犯罰二分三犯除名已補高等生員其有違戾規矩初犯殿試一年再犯除名並從學正錄糾舉正錄知見不糾舉者從本監議罰在學生員歲終實歷坐齋不滿半周歲者並除名除月假外其餘告假不用準算學錄歲終通行考較漢人生員三年不能通一經及不肯篤勤者勒令出學　諸奎章閣授經郎生員每月朔望上弦下弦給假四日當入宿衛者給假三日餘有故須請假者於授經郎稟說附曆給假無故不入學第一次罰當日會食第二次於師席前罰拜及當日會食第三次於學士院及師席前罰拜及當日會食三次不改奏聞懲戒黜退　諸隨路學校計其錢糧多寡養育生徒提調正官時一詣學督視必使課講有程訓迪有法賞勤罰惰作成人材其學政不舉者究之　諸教官在任侵盜錢糧荒

廢廟宇教養無實行止不臧有忝師席從廉訪司糾之任滿有司輒朦朧給由者究之　諸贍學田土學官職吏或賣熟爲荒減額收租或受財縱令豪右占佃陷沒兼幷及巧名冒支者提調官究之　諸貧寒老病之士必爲衆所尊敬者保申本路體覆無異下本學養贍仍移廉訪司察之但有冒濫從提調官改正　諸各處學校爲講習作養之地有司輒侵借其錢糧者禁之教官不稱職者廉訪司糾之　諸在任及己代教官輒攜家入學褻瀆居止者從廉訪司糾之　諸各路醫學大小生員不令坐齋肄業有名無實及在學而訓誨無法課講鹵莽苟應故事者教授正錄提調官罰俸有差　諸醫人於十三科內不能精通一科者不得行醫太醫院不精加考試輒以私妄舉充隨朝太醫及內外郡縣醫官內外郡縣醫學不依法考試輒縱人行醫者並從監察御史廉訪司察之

軍律

諸軍官離職屯軍離營行軍離其部伍者皆有罪　諸軍官不得擅離部署赴

闕言事有必合言者實封附遞以聞　諸隨處軍馬有久遠營屯或時暫經過並從官給糧食輒妨擾農民阻滯客旅者禁之　諸臨陣先退者處死　諸統軍捕逐寇盜分守要害約相爲聲援稽留失期致殺死將士仍不即追襲者處死雖會赦罷職不敘　諸軍民官鎮守邊陲帥兵擊賊紀律無統變易號令背約失期形分勢格致令破軍殺將或未戰逃歸或棄城退走復能建招徠之功者減其罪無功者各以其罪罪之　諸防戍軍人於屯所逃者杖一百七再犯者處死若科定出征逃匿者斬以徇　諸軍戶貧乏已經存恤而復逃者杖八十七發遣當軍隱藏者減二等兩隣知而不首者又減隱藏罪二等　諸軍戶告乏求替者從有司覆實之其詐妄者廉訪司究之　諸各衛扈從漢軍每戶選練習壯丁一人常充仍於貼戶內選兩人輪番供役其有故必合替換者自萬戶及千百戶相視所換之可用然後用之百戶千戶萬戶私換者驗名數多寡論罪解降　諸管軍官吏受錢代替軍空名者驗入已錢數以枉法科罪除名令兄弟子姪驅丁代替者驗名數多寡論罪解降　諸軍馬征伐虜掠良民

兇徒射利略賣人口或自賊殺或以病亡棄屍道路暴骸溝壑者嚴行禁止

戶婚

諸匠戶子女使男習工事女習黹繡其輒敢拘刷者禁之　諸係官當差人戶非奉朝省文字輒投充諸王及各投下給使者論罪　諸僧道還俗兄弟析居奴放爲良未入于籍者應諸王諸子公主駙馬毋拘藏之民有敢隱藏者罪之　諸庶民有妄以漏籍戶及土田於諸王公主駙馬呈獻者論罪諸投下輒濫收者亦罪之　諸官吏占人戶供給私用者治罪　諸有司治賦斂急致貧民鬻男女爲輸者追還所鬻男女而正有司罪價勿償　諸生女溺死者沒其家財之半以勞軍首者爲奴即以爲良有司失舉者罪之　諸民戶流移所在有司起遣復業輒以闌遺人收之者禁之　諸鰥寡孤獨老弱殘疾窮而無告者於養濟院收養應收養而不收養不應收養而收養者罪其守宰按治官常糾察之　諸被災流民有司招諭復業其年深不能復業及失所在者蠲其賦輒抑民包納者從臺憲官糾之　諸年穀不熟人民轉徙所至既經賑濟復聚黨

持仗剽劫財物毆傷平民者除孤老殘疾不能自贍任便居住有司依前存養其餘有子弟者驗其家口計程遠近支與行糧次第押還元籍沿路復爲民害者從所在有司斷遣　諸蒙古回回契丹女直漢人軍前所俘人口留家者爲奴婢居外附籍者卽爲良民已居外復認爲奴婢者沒入其家財　諸收捕叛亂軍人掠取生口並從按治官及軍民官一同審閱實爲賊黨妻屬者給公據付之無公據者以掠良民之罪罪之　諸羣盜降附以所劫掠男女充收捕官饋獻者勿受仍還爲民無親屬可收係者使男女相配聽爲民其留賊所者悉縱之　諸收到被掠婦人忘其鄉里幷無親屬可歸者有司與之嫁聘所得聘財與資粧束　諸軍民官輒隱藏降附人民不令復業者罪之　諸籍沒人口元主私典賣者追收入官徵價還主　諸投下官員招占已籍係官民匠戶計者沒其家財所占戶歸本籍　諸投下所籍戶令出五戶絲餘悉勿與其有橫斂於民從憲臺究之　諸願棄俗出家爲僧道若本戶丁多差役不闕及有兄弟足以侍養父母者於本籍有司陳請保勘申路給據簪剃違者斷罪歸俗

諸河西僧人有妻子者當差發稅糧鋪馬次舍與庶民同其無妻子者蠲除之

諸父母在分財異居父母困乏不共子職及同宗有服之親鰥寡孤獨老弱殘疾不能自存寄食養濟院不行收養者重議其罪親族亦貧不能給者許養濟院收錄

諸典賣田宅從有司給據立契買主賣主隨時赴有司推收稅糧若買主權豪官吏阿徇不即過割止令賣主納稅或爲分派別戶包納或爲立詭名但受分文之贓笞五十七仍於買主名下驗元價追徵以半沒官半付告者首領官及所掌吏斷罪罷役

諸典賣田宅須從尊長書押給據立帳歷問有服房親及鄰人典主不願交易者限十日批退違限不批退者笞一十七願者限十五日議價立契成交違限不酬價者笞二十七任便交易親鄰典主故相邀阻需求書字錢物者笞二十七業主虛張高價不相由問成交者笞三十七仍聽親鄰典主百日收贖限外不得爭訴業主欺昧故不交業者笞四十七親鄰典主在他所者百里之外不在由問之限若違例事覺有司不以理聽斷者監察御史廉訪司糾之

諸軍官軍人不歸營屯到任官員不歸官舍往來

使臣不歸館驛輒於民家居止爲民害者行省行臺起遣究治到任官無官舍
出私錢僦居者聽　諸造謀以已賣田宅誣買主占奪脅取錢物者計贓論罪
仍紅泥粉壁書過于門　諸婚田訴訟必於本年結絕已經務停而不結絕者
從廉訪司及本管上司正官吏之罪累經務停而不結絕者即與歸結不在務
停之限違者罪亦如之其所爭田內租入納稅之外並從有司收貯斷後隨田
給付　諸以女子典雇於人及典雇人之子女者並禁止之若已典雇願以婚
嫁之禮爲妻妾者聽　諸受錢典雇妻妾者禁其夫婦同雇而不相離者聽
諸受財嫁賣妻妾及過房弟妹者禁　諸乞養過房男女者聽轉賣爲奴婢者
禁之奴婢過房良民者禁之　諸守宰抑取部民男女爲奴婢者杖七十七期
年後降二等雜職敘　諸妄認良人爲奴非理殘虐者杖八十七有官者罷之
諸訴良得實給據居住候元籍親屬收領無親屬者聽令自便　諸奴婢背
主在逃杖七十七　諸男女議婚有以指腹割衿爲定者禁之　諸嫁娶之家
飲食宴好求足成禮以華侈相尚暮夜不休者禁之　諸男女婚姻媒氏違例

多索聘財及多取媒利者諭衆決遣　諸女子已許嫁而未成婚其夫家犯叛逆應沒入者若其夫爲盜及犯流遠者皆聽改嫁已成婚有子其夫雖爲盜受罪勿改嫁　諸男女既定婚其女犯姦事覺夫家欲棄則追還聘財不棄則減半成婚若夫家輒誣以風聞姦事恐脅成親者笞五十七離之　諸遭父母喪忘哀拜靈成婚者杖八十七離之有官者罷之仍沒其聘財婦人不坐　諸服內定婚各減服內成親罪二等仍離之聘財沒官　諸有女許嫁已報書及有私約或已受聘財而輒悔者笞三十七更許他人者笞四十七已成婚者五十七後娶知情者減一等女歸前夫男家悔者不坐不追聘財五年無故不娶者有司給據改嫁　諸有女納壻復逐壻納他人爲壻者杖六十七後壻同其罪女歸前夫聘財沒官　諸職官娶娼爲妻者笞五十七解職離之　諸有妻妾復娶妻妾者笞四十七離之在官者解職記過不追聘財　諸先通姦被斷復娶以爲妻妾者雖有所生男女猶離之　諸轉嫁已歸未成婚男婦者杖六十七婦歸宗聘財沒官　諸受財以妻轉嫁者杖六十七追還聘財娶者不知情

不坐婦人歸宗　諸以書幣娶人女爲妾復受財轉嫁他人者笞五十七聘財沒官妾歸宗有官者罷之　諸僧道悖教娶妻者杖六十七離之僧道還俗爲民聘財沒官　諸典賣佃戶者禁佃戶嫁娶從其父母　諸兄收弟婦者杖一百七婦九十七離之雖出首仍坐主婚笞五十七行媒三十七　諸居父母喪姦收庶母者各杖一百七離之有官者除名　諸漢人南人父沒子收其庶母兄沒弟收其嫂者禁之　諸姑表兄弟嫂叔不相收收者以姦論　諸奴收主妻者以姦論強收主女者處死　諸爲子輒以亡父之妾與人人輒受而私之與者杖七十七受者笞五十七　諸受財強嫁所監臨妻以枉法論杖七十七除名追財沒官妻還前夫　諸良家女願與人奴爲婚者卽爲奴婢娶良家女爲妻以爲奴婢賣之者卽改正爲良賣主買主同罪價沒官　諸以童養未成婚男婦轉配其奴者笞五十七婦歸宗不追聘財　諸逃奴有女嫁爲良人妻已有男女而本主覺察者追其聘財歸本主婦人不離　諸棄妻已歸宗改嫁者從其後夫　諸棄妻改嫁後夫亡復納以爲妻者離之　諸夫婦不相睦賣

休買休者禁之違者罪之和離者不坐　諸出妻妾須約以書契聽其改嫁以手模爲徵者禁之　諸婦人背夫棄舅姑出家爲尼者杖六十七還其夫　諸賣買良人爲娼賣主買主同罪婦還爲良價錢半沒官半付告者或婦人自陳或因事發覺全沒入之良家婦犯姦爲夫所棄或娼優親屬願爲娼者聽　諸娼女孕勒令墮胎者犯人坐罪娼放爲良　諸勒妻妾爲娼者杖八十七以乞養良家女爲人歌舞給宴樂及勒爲娼者杖七十七婦人並歸宗勒奴婢爲娼者笞四十七婦人放從良　諸受財縱妻妾爲娼者本夫與姦婦姦夫各杖八十七離之其妻妾隨時自首者不坐若日月已久纔自首者勿聽

元史卷一百三

元史卷一百四

明翰林學士亞中大夫知制誥兼修國史宋　濂等修

刑法志第五十二

刑法三

食貨

諸犯私鹽者杖七十徒二年財産一半沒官於沒物内一半付告人充賞鹽貨犯界者減私鹽罪一等提點官禁治不嚴初犯笞四十再犯杖八十本司官與總管府官一同歸斷三犯聞奏定罪如監臨官及竈户私賣鹽者同私鹽法諸僞造鹽引者斬家産付告人充賞失覺察者鄰佑不首告杖一百商賈販鹽到處不呈引發賣及鹽引數外夾帶鹽引不相隨並同私鹽法鹽已賣五日内不赴司縣批納引目杖六十徒一年因而轉用者同賣私鹽法犯私鹽及犯界斷後發鹽場充鹽夫帶鐐居役役滿放還　諸給散煎鹽竈户工本官吏通同尅減者計贓論罪　諸大都南北兩城關廂設立鹽局官爲發賣其餘州縣鄉

村並聽鹽商興販　諸賣鹽局官煎鹽竈戶販鹽客旅行鋪之家輒插和灰土硝鹻者笞五十七　諸蒙古人私煮鹽者依常法　諸犯私鹽會赦家產未入官者革撥　諸私鹽再犯加等斷徒如初犯三犯杖斷同再犯流遠婦人免徒其博易諸物不論巨細科全罪　諸轉買私鹽食用者笞五十七不用斷沒之令　諸捕獲私鹽止理見發之家勿聽攀指平民有權貨無犯人以權貨解官無權貨有犯人勿問　諸巡捕私鹽非承告報明白不得輒入人家搜檢　諸犯私鹽被獲拒捕者斷罪流遠因而傷人者處死　諸巡鹽軍官輒受財脫放鹽徒者以枉法計贓論罪奪所佩符及所受命罷職不敘　諸茶法客旅納課買茶隨處驗引發賣畢三日內不赴所在官司批納引目者杖六十因而轉用或改抹字號或增添夾帶斤重及引不隨茶者並同私茶法但犯私茶杖七十茶一半沒官一半付告人充賞應捕人同若茶園磨戶犯者及運茶船主知情夾帶同罪有司禁治不嚴致有私茶生發罪及官吏茶過批驗去處不批驗者杖七十其僞造茶引者斬家產付告人充賞　諸私茶非私自入山採者不從

斷沒法　諸產金之地有司歲徵金課正官監視人戶自執權衡兩平收受其有巧立名色廣取用錢及多稱金數尅除火耗爲民害者從監察御史廉訪司糾之　諸出銅之地民間敢私鍊者禁之　諸鐵法無引私販者比私鹽減一等杖六十鐵沒官內一半折價付告人充賞僞造鐵引者同僞造省部印信論罪官給賞鈔二錠付告人監臨正官禁治私鐵不嚴致有私鐵生發者初犯笞三十再犯加一等三犯別議黜降客旅赴冶支鐵引後不批月日出給引鐵不相隨引外夾帶鐵沒官鐵已賣十日內不赴有司批納引目笞四十因而轉用同私鐵法凡私鐵農器鍋釜刀鎌斧杖及破壞生熟鐵器不在禁限江南鐵貨及生熟鐵器不得於淮漢以北販賣違者以私鐵論　諸衞輝等處販賣私竹者竹及價錢並沒官首告得實者於沒官物約量給賞犯界私賣者減私竹罪一等若民間住宅內外并闌檻竹不成畝本主自用外貨賣者依例抽分有司禁治不嚴者罪之仍於解由內開寫　諸私造唆魯麻酒者同私酒法杖七十徒二年財產一半沒官有首告者於沒官物內一半給賞　諸蒙古漢軍輒醞

造私酒醋麴者依常法　諸犯禁飲私酒者笞三十七　諸犯界酒十瓶以下
罰中統鈔一十兩笞二十七十瓶以上罰鈔四十兩笞四十七酒給元主酒雖
多罰止五十兩罪止六十　諸匿稅者物貨一半沒官於沒官物內一半付告
人充賞但犯笞五十入門不弔引同匿稅法　諸辦課官估物收稅而輒抽分
本色者禁之其監臨官吏輒於稅課務求索什物者以盜官物論取與同坐
諸辦課官所掌應稅之物並三十分中取一輒冒估直多收稅錢別立名色巧
取分例及不應收稅而收稅者各以其罪罪之廉訪司常加體察　諸在城及
鄉村有市集之處課稅有常法其在城稅務官吏輒於鄉村妄執經過商賈匿
稅者禁之　諸辦課官侵用增於稅課者以不枉法贓論罪　諸職官印契不
納稅錢者計應納稅錢以不枉法論　諸市舶金銀銅錢鐵貨男女人口絲綿
段疋銷金綾羅米糧軍器等不得私販下海違者舶商船主綱首事頭火長各
杖一百七船物沒官有首告者以沒官物內一半充賞廉訪司常加糾察　諸
市舶司於回帆物內三十分抽稅一分輒以非理受財者計贓以枉法論　諸

舶商大船給公驗小船給公憑每大船一帶柴水船八櫓船各一驗憑隨船而行或有驗無憑及數外夾帶即同私販犯人杖一百七船物並沒官內一半付告人充賞公驗內批寫物貨不實及轉變滲泄作弊同漏舶法杖一百七財物沒官舶司官吏容隱斷罪不敘　諸番國遣使奉貢仍具貢物報市舶司稱驗若有夾帶不與抽分者以漏舶論　諸海門鎮守軍官輒與番邦回舶頭目等人通情滲泄舶貨者杖一百七除名不敘　諸中賣寶貨耗蠹國財者禁之

諸雲南行使䝹法官司商賈以他䝹入境者禁之

大惡

諸大臣謀危社稷者誅　諸無故議論謀逆爲倡者處死和者流　諸潛謀反亂者處死宅主及兩鄰知而不首者同罪內能悔過自首者免罪給賞不應捕人首告者官之　諸謀反已有反狀爲首及同情者凌遲處死爲從者處死知情不首者減爲從一等流遠並沒入其家其相須連坐者各以其罪罪之　諸父謀反子異籍不坐　諸謀反事覺捕治得實行省不得擅行誅殺結案待報

諸匿反叛不首者處死　諸妖言惑衆嘯聚爲亂爲首及同謀者處死沒入其家爲所誘惑相連而起者杖一百七　諸假託神異狂謀犯上者處死　諸亂言犯上者處死仍沒其家　諸指斥乘輿者非特恩必坐之　諸妄撰詞曲誣人以犯上惡言者處死　諸職官輒指斥詔旨亂言者雖會赦仍除名不敘　諸子孫弒其祖父母父母者凌遲處死因風狂者處死　諸醉後毆其父母父母無他子告乞免死養老者杖一百七居役百日　諸子弒其繼母者與嫡母同　諸部內有犯惡逆而鄰佑社長知而不首有司承告而不問皆罪之　諸子弒其父母雖瘐死獄中仍支解其屍以徇　諸毆傷祖父母父母者處死　諸謀殺已改嫁祖母者仍以惡逆論　諸挾讎毆死義父及殺傷幸獲生免者皆處死　諸圖財殺傷義母者處死　諸爲人子孫或因貧困或信巫覡說誘發掘祖宗墳墓盜其財物賣其塋地者驗輕重斷罪移棄屍骸不爲祭祀者同惡逆結案買者知情減犯人罪二等價錢沒官不知情臨事詳審有司仍不得出給賣墳地公據　諸爲人子孫爲首同他盜發掘祖宗墳墓盜取財物者

以惡逆論雖遇大赦原免仍刺字徙遠方屯種　諸婦毆舅姑者處死　諸因姦毆死其夫及其舅姑者凌遲處死　諸弟殺其兄者處死　諸父子同謀殺其兄欲圖其財而收其嫂者父子並凌遲處死　諸兄因爭毆其弟弟還毆其兄邂逅致死會赦仍以故殺論　諸嫂叔爭殺死其嫂者處死　諸因爭虐殺其兄者雖死仍戮其屍　諸因爭移怒戮傷其兄者於市曹杖一百七流遠

諸挾讐毆死其伯叔母者處死　諸因爭兄弟同謀毆死諸父者皆處死　諸挾讐故殺其從父偶獲生免者罪與已死同　諸妻因爭殺其夫者處死　諸婦人問醫人買毒藥殺其夫者醫人同處死　諸妻殺傷其夫幸獲生免者同殺死論　諸壻因醉殺其婦翁偶獲生免者罪與已死同　諸奴殺傷本主者處死　諸奴詬詈其主不遜者杖一百七居役二年役滿日歸其主　諸奴故殺其主者凌遲處死　諸奴毆死主壻者處死　諸挾仇殺傷人一家倶獲生免者與已死同其同謀悔過不至者減等論　諸以姦盡殺其母黨一家者凌遲處死　諸兄挾仇與子同謀殺其弟一家者皆處死　諸支解人責以爲食

者以不道論雖瘐死仍徵燒埋銀給苦主　諸魘魅大臣者處死　諸妻魘魅其夫子魘魅其父會大赦者子流遠妻從其夫嫁賣　諸造蠱毒中人者處死　諸採生人支解以祭鬼者淩遲處死仍沒其家產其同居家口雖不知情並徙遠方已行而不曾殺人者比強盜不曾傷人不得財杖一百七徒三年謀而未行者九十七徒二年半其應死之人能自首或捕獲同罪者給犯人家產應捕者減半

姦非

諸和姦者杖七十七有夫者八十七誘姦婦逃者加一等男女罪同婦人去衣受刑未成者減四等強姦有夫婦人者死無夫者杖一百七未成者減一等婦人不坐其媒合及容止者各減姦罪三等止理見發之家私和者減四等　諸指姦不坐　諸無夫婦人有孕稱與某人姦即同指姦罪止本婦　諸宿衛士與宮女姦者出軍　諸翁欺姦男婦已成者處死未成者杖一百七男婦歸宗　和姦者皆處死男婦虛執翁姦已成有司已加翁拷掠男婦招虛者處死虛執

翁姦未成已加翁拷掠男婦招虛者杖一百七發付夫家從其嫁賣婦告或翁告同若男婦告翁強姦已成却問得翁欲欺姦未成男婦妄告重事笞三十七歸宗　諸欺姦義男婦杖一百七欺姦不成杖八十七婦並不坐婦及其夫異居當差雖會赦仍異居　諸男婦與姦夫謀誣翁欺姦買休出離者杖一百七從夫嫁賣姦夫減一等買休錢沒官　諸與弟妻姦者各杖一百七姦夫流遠姦婦從夫所欲　諸嫂寡守志叔強姦者杖九十七　諸與同居姪婦姦各杖一百七有官者除名　諸強姦姪婦未成者杖一百七　諸與兄弟之女姦皆處死與從兄弟之女姦減一等與族兄弟之女姦減二等　諸居父母喪欺姦父妾者各杖九十七婦人歸宗　諸姦私再犯者罪加二等婦人聽其夫嫁賣

諸因姦偷遞家財止以姦論　諸雇人之妻爲妾年滿而歸雇主復與通即以姦論因又與殺其夫者皆處死　諸子犯姦父出首仍坐之諸姦不理首原

諸姦生男女男隨父女隨母　諸僧尼道士女冠犯姦斷後並勒還俗　諸強姦人幼女者處死雖和同強女不坐凡稱幼女止十歲以下　諸年老姦人

幼女杖一百七不聽贖　諸十五歲未成丁男和姦十歲以下女雖和同強減死杖一百七女不坐　諸強姦十歲以上女者杖一百七　諸強姦妻前夫男婦未成及強姦妻前夫女已成並杖一百七妻離之　諸三男強姦一婦者皆處死婦人不坐　諸職官犯姦者如常律仍除名但有祿人犯者同　諸職官求姦未成者笞五十七解見任雜職敘　諸職官因謔部民妻致其夫棄妻者杖六十七罷職降二等雜職敘記過　諸職官強姦部民妻未成杖一百七除名不敘　諸職官因姦買部民妾姦非姦所捕獲止以買部民妾論笞三十七解職別敘　諸監臨官與所監臨囚人妻姦者仗九十七除名　諸職官與倡優之妻姦因娶爲妾者杖七十七罷職不敘　諸監臨令人姦污所部寡婦者杖八十七除名　諸蠻夷官擅以籍沒婦人爲妻者杖八十七罷職記過婦人笞四十七　諸主姦奴妻者不坐　諸奴有女已許嫁爲良人妻卽爲良人其主輒欺姦者杖一百七其妻縱之者笞五十七其女夫家仍願爲婚者減元議財錢之半不願者追還元下聘財令父收管爲良改嫁　諸奴姦主女者處死

諸以傔從與命婦姦以命婦從姦夫逃者皆處死　諸強姦主妻者處死
諸奴與主妾姦者各杖九十七　諸良民竊奴婢生子子隨母還主奴竊良民
生子子隨母爲良仍異籍當差　諸奴婢相姦笞四十七　諸夫受財縱妻爲
娼者夫及姦婦姦夫各杖八十七離之若夫受財勒妻妾爲娼者妻量情論罪
諸和姦同謀以財買休却娶爲妻者各杖九十七姦婦歸其夫　諸夫妻不
睦夫以威虐逼其妻指與人姦者杖七十七妻不坐離之　諸壻誣妻父與女
姦者杖九十七妻離之　諸夫指姦而棄其妻所指姦夫輒停妻而娶之者兩
離之　諸姦夫姦婦同謀殺其夫者皆處死仍於姦夫家屬徵燒埋銀　諸因
姦殺其本夫姦婦不知情以減死論　諸妻與人姦同謀藥死其夫偶獲生免
者罪與已死同依例結案　諸婦人爲首與衆姦夫同謀親殺其夫者淩遲處
死姦夫同謀者如常法　諸夫獲妻姦妻拒捕殺之無罪　諸與無夫妻姦約
爲妻却毆死正妻者處死　諸與姦婦同謀藥死其正妻者皆處死　諸妻妾
與人姦失於姦所殺其姦夫及其妻妾及爲人妻殺其強姦之夫並不坐若於

姦所殺其姦夫而妻妾獲免殺其妻妾而姦夫獲免者杖一百七　諸姦夫殺死姦婦者與故殺常人同　諸求姦不從毆死其婦以強盜持杖殺人論　諸兩姦夫與一姦婦皆有宿約其先至者因鬬殺其後至者以故殺論

盜賊

諸盜賊共盜者併贓論仍以造意之人爲首隨從者各減一等或二罪以上俱發從其重者論之　諸竊盜初犯刺左臂謂已得財者再犯刺右臂三犯刺項強盜初犯刺項並充景跡人官司以法拘檢關防之其蒙古人有犯及婦人犯者不在刺字之例　諸評盜賊者皆以至元鈔爲則除正贓外仍追倍贓其有未獲賊人及雖獲無可追償並於有者名下追徵　諸犯徒者徒一年杖六十七一年半杖七十七二年杖八十七二年半杖九十七三年杖一百七皆先決訖然後發遣合屬帶鐐居役應配役人隨有金銀銅鐵洞冶屯田隄岸橋道一切等處就作令人監視日計工程滿日放還充景跡人　諸盜未發而自首者原其罪能捕獲同伴者仍依例給賞其於事主有所損傷及准首再犯不在原

免之例　諸杖罪以下府州追勘明白即聽斷決徒罪總管府決配仍申合干上司照驗流罪以上須牒廉訪司官審覆無冤方得結案依例待報其徒伴有未獲追會有不完者如復審既定贓驗明白理無可疑亦聽依上歸結　諸強盜持仗但傷人者雖不得財皆死不曾傷人不得財徒二年半但得財徒三年至二十貫爲首者死餘人流遠不持仗傷人者惟造意及下手者死不曾傷人不得財徒一年半十貫以下徒二年每十貫加一等至四十貫爲首者死餘人各徒三年若因盜而姦同傷人之坐其同行人止依本法謀而未行者於不得財罪上各減一等罪之　諸竊盜始謀而未行者笞四十七已行而不得財者五十七得財十貫以下六十七至二十貫七十七每二十貫加一等一百貫徒一年每一百貫加一等罪止徒三年　諸盜庫藏錢物者比常盜加一等贓滿至五百貫以上者流　諸盜駝馬牛驢騾一陪九盜駱駞者初犯爲首九十七徒二年半爲從八十七徒二年再犯加等三犯不分首從一百七出軍盜馬者初犯爲首八十七徒二年爲從七十七徒一年半再犯加等罪止一百七出軍

盜牛者初犯爲首七十七徒一年半爲從六十七徒一年再犯加等罪止一百七出軍盜驢騾者初犯爲首六十七徒一年爲從五十七刺放再犯加等罪止徒三年盜羊猪者初犯爲首五十七刺放爲從四十七刺放再犯加等罪止徒三年盜係官駝馬牛者比常盜加一等　諸劇賊既款附得官復以捕賊爲由虐取民財者計贓論罪流遠　諸強盜再犯仍刺　諸強盜殺傷事主不分首從皆處死　諸強奪人財以強盜論　諸以藥迷瞀人取其財者以強盜論

諸白晝持仗剽掠得財毆傷事主若得財不曾傷事主並以強盜論　諸官民行船遭風著淺輒有搶虜財物者比同強盜科斷若會赦仍不與真盜同論徵贓免罪　諸強盜出外國其邊臣執以來獻者賜金帛以旌之　諸盜乘輿服御器物者不分首從皆處死知情領賣剋除價錢者減一等　諸盜官錢追徵未盡到官禁繫既久實無可折償者除之　諸守庫軍但盜庫中財物者處死會赦者仍刺之　諸內藏典守輒盜庫中財物者處死　諸造鈔庫工匠私藏合毀之鈔出庫者杖一百七監臨失關防者笞三十七　諸盜印鈔庫鈔者處

死　諸檢昏鈔行人盜取昏鈔爲監臨搜獲不得財者以盜庫藏錢物不得財加等論杖七十七　諸燒鈔庫合干檢鈔行人輒盜昏鈔出庫分使者刺斷　諸盜局院官物雖贓不滿貫仍加等杖七十七刺字　諸工匠已關出庫物料成造及額餘外不曾還官因盜出局者斷罪免刺　諸盜已到倉官糧而未離倉事覺者以不得財論免刺　諸盜官員符節比常盜加一等計贓坐罪　諸盜守府文卷作故紙變賣者杖七十七同竊盜刺字買卷人笞四十七　諸圖財謀故殺人多者淩遲處死仍驗各賊所殺人數於家屬均徵燒埋銀　諸圖財陷溺人于死幸獲生免者罪與已死同　諸圖財殺死他人奴婢者同圖財殺人論　諸奴盜主財而逃送其逃者輒殺其奴而取其財即以強盜殺人論

諸發塚已開塚者同竊盜開棺槨者同強盜毀屍骸者同傷人仍於犯人家屬徵燒埋銀　諸挾仇發塚盜棄其屍者處死　諸發塚得財不傷屍杖一百七刺配　諸盜發諸王駙馬墳寢者不分首從皆處死看守禁地人杖一百七三分家產一分沒官同看守人杖六十七　諸事主殺死盜者不坐　諸寅夜

潛入人家被毆傷而死者勿論　諸於迥野盜伐人材木者免刺計贓科斷
諸被脅從上盜至盜所復逃去不以爲從論　諸竊盜贓不滿貫斷罪免刺
諸子爲盜父殺之不坐　諸爲盜初經刺斷再犯姦私止以姦爲坐不以爲盜
再犯論　諸奴婢數爲盜應識過於門者其主不知情不得輒書於其主之門
諸被誘脅上盜不曾分贓而容隱不首者杖六十七免刺　諸先盜親屬財
免刺再盜他人財止作初犯論　諸先犯誘姦婦人在逃後犯竊盜二事俱發
以誘姦爲重杖從姦刺從盜　諸瘖啞爲盜不論瘖啞　諸詐稱搜稅攔頭剽
奪行李財物者以盜論刺斷充景跡人　諸盜米糧非因饑饉者仍刺斷　諸
盜塔廟神像服飾無人看守者斷罪免刺　諸事主及盜私相休和者同罪所
盜錢物頭疋倍贓等沒官　諸竊盜應徒若有祖父母父母年老無兼丁侍養
者刺斷免徒再犯而親尚存者候親終日發遣居役　諸女直人爲盜刺斷同
漢人　諸年饑民窮見物而盜計贓斷罪免刺配及徵倍贓　諸竊盜一歲之
中頻犯者從一重論刺斷　諸爲盜以所得贓與人博不勝失所得贓事覺追

正贓仍坐博者罪 諸父以子同盜子年未出幼不曾分贓免罪 諸年饑迫

其子若壻同持杖行劫子若壻減死一等坐免刺充景跡人　諸父爲人誘爲

盜疾不能往命其子從之而分其贓者父減爲從一等免刺子以爲從論　諸

兄逼未成丁弟同上盜減爲從一等論仍罰贖　諸兄弟同盜罪皆至死父母

老而乏養者內以一人情罪可逭者免死養親　諸兄弟同盜皆刺　諸父子

兄弟頻同上盜從凡盜首從論　諸父子兄弟同爲強盜者皆處死　諸夫謀

爲強盜妻不諫反從之盜者減爲從一等論罪　諸親屬相盜謂本服緦麻以

上親及大功以上共爲婚姻之家犯盜止坐其罪並不在刺字倍贓再犯之限

其別居尊長於卑幼家竊盜若強盜及卑幼於尊長家行竊盜者緦麻小功減

凡人一等大功減二等期親減三等強盜者準凡盜論殺傷者各依故殺傷法

若同居卑幼將人盜己家財物者五十貫以下笞二十七每五十貫加一等罪

止五十七他人依常盜減一等　諸姑表姪盜姑夫財同親屬相盜論　諸女

在室喪其父不能自存有祖父母而不之卹因盜祖父母錢者不坐　諸弟爲

首強劫從兄財即以強盜論　諸嘗過房他人子孫以爲子孫輒盜所過房之家財物者即以親屬相盜論　諸奴盜主財應流遠而主求免者聽　諸奴盜主財斷罪免刺　諸盜雇主財者免刺不追倍贓盜先雇主財者同常盜論

諸佃客盜地主財同常盜論　諸同主奴相盜斷罪免刺配不追倍贓　諸盜同受雇人財不以同居論　諸賃屋與房主同居而盜房主財者與常盜論

諸盜同本財者笞五十七不以真盜計贓論　諸巡捕軍兵因自爲盜者比常盜加一等論罪若自相覺察告捕到官或曾共爲盜首獲同伴者免罪給賞

諸軍人爲盜刺斷免充景跡人仍追賞錢給告者　諸守庫藏軍人輒爲首誘引外人偷盜官物但經二次三次入庫爲盜及提鈴把門軍人受贓縱賊者皆處死爲從者杖一百七刺字流遠　諸見役軍人在逃因爲竊盜得財杖一百七仍刺字杖從逃軍刺從盜　諸軍人在路奪人財物又迫逐人致死非命者爲首杖一百七爲從七十七徵燒埋銀給苦主　諸婦人爲盜斷罪免刺配及景跡人免徵倍贓再犯幷坐其夫　諸婦人寡居與人姦盜舅姑財與姦夫令

娶己爲妻者姦非姦所捕獲止以同居卑幼盜尊長財爲坐笞五十七歸宗姦夫杖六十七　諸爲僧竊取佛像腹中裝者以盜論　諸僧道爲盜同常盜刺斷徵倍贓還俗充景跡人　諸僧道盜其親師祖師父及同師兄弟財者免刺不追倍贓斷罪還俗　諸幼小爲盜事發長大以幼小論未老疾爲盜事發老疾以老疾論其所當罪聽贖仍免刺配諸犯罪亦如之　諸年未出幼再犯竊盜者仍免刺贖罪發充景跡人　諸竊盜年幼者爲首年長者爲從爲首仍聽贖免刺配爲從依常律　諸掏摸人身上錢物者初犯再犯三犯刺斷徒流並同竊盜法仍以赦後爲坐　諸以七十二局欺誘良家子弟富商大賈博塞錢物者以竊盜論計贓斷配　諸夜發同舟橐中裝取其財者與竊盜真犯同論

諸略賣良人爲奴婢者略賣一人杖一百七流遠二人以上處死爲妻妾子孫者一百七徒三年因而殺傷人者同強盜法若略而未賣者減一等和誘者又各減一等及和同相賣爲奴婢者各一百七略誘奴婢貨賣爲奴婢者各減誘略良人罪一等爲妻妾子孫者七十七徒一年半知情娶賣及藏匿受錢者

各遞減犯人罪一等假以過房乞養爲名因而貨賣爲奴婢者九十七引領牙
保知情減二等價沒官人給親如無元買契券有司輒給公據者及承告不即
追捕者並笞四十七關津主司知而受財縱放者減犯人罪三等除名不敘失
檢察者笞二十七如能告獲者略人每人給賞三十貫和誘每人二十貫以至
元鈔爲則於犯人名下追徵無財者徵及知情安主牙保應捕人減半其事未
發而自首者若同黨能悔過自首擒獲其徒黨者並原其罪仍給賞之半再犯
及因略傷人者不在首原之例　諸婦人誘賣良人罪應徒者免徒　諸職官
誘略良人爲奴軰後不首仍除名不敘所誘略人給親　諸兄盜牛脅其弟同
宰殺者弟不坐　諸白晝剽奪驛馬爲首者處死爲從減一等流遠　諸盜親
屬馬牛事未覺自首願償價不從既送官仍以自首論免刺　諸強盜行劫爲
主所逐分散奔走爲首者殺傷隣人爲從者不知不以殺傷事主不分首從論
爲首者處死爲從者杖一百七刺配　諸竊盜棄財拒捕毆傷事主者杖一百
七免刺　諸爲盜先竊後強會赦其下手殺傷事主者不赦餘仍刺而釋之

諸盜賊分贓不均從賊欲首爲首賊所殺者仍以謀故殺人論　諸盜賊聞赦故殺捕盜之人者不赦　諸藏匿強竊盜賊有主謀糾合指引上盜分受贓物者身雖不行合以爲首論若未行盜及行盜之後知情藏匿之家各減強竊從賊一等科斷免刺其已經斷怙終不改者與從賊同　諸謀欲圖人所質之田輒遣人強劫贖田之價者主謀下手一體刺斷其卑幼爲尊長驅役者免刺

諸盜賊應徵正贓及燒埋銀貧無以備令其折庸凡折庸視各處庸價而會之庸滿發元籍充景跡人婦人日準男子工價三分之二官錢役於旁近之處私錢役於事主之家　諸盜賊得財用於酒肆倡優之家不知情止於本盜追徵其所盜即官錢雖不知情於所用之家追徵若用買貨物還其貨物徵元贓

諸奴婢盜人牛馬既斷罪其贓無可徵者以其人給物主其主願贖者聽　諸盜官錢追徵未盡到官禁繫既久實無可折償者除之　諸係官人口盜人牛馬免徵倍贓　諸盜賊正贓已徵給主倍贓無可追理者免徵　諸盜賊正贓或典質於人典主不知情而歸其贓仍徵還元價　諸退荒盜賊盜駞馬牛驢

羊倍贓無可徵者就發配役出軍　諸盜先犯後發與後犯先發罪同者勿論
諸先犯強盜刺斷再犯竊盜止依再犯竊盜刺配　諸出軍賊徒在逃初犯
杖六十七再犯加二等罪止一百七仍發元流所出軍　諸強竊盜充景跡人
者五年不犯除其籍其能告發及捕獲強盜一名減二年二名比五年竊盜一
名減一年應除籍之外所獲多者依常人獲盜理賞不及數者給憑通理籍既
除再犯終身拘籍之凡景跡人緝捕之外有司毋差遣出入妨其理生　諸景
跡人有不告知隣佑輒離家經宿及游惰不事生産作業者有司究之隣佑有
失覺察者亦罪之　諸景跡人受命捕盜既獲其盜却挾恨殺其盜而取其財
不以平人殺有罪賊人論　諸色目人犯盜免刺科斷發本管官司設法拘檢
限內改過者除其籍無本管官司發付者從有司收充景跡人　諸爲盜經刺
自除其字再犯非理者補刺五年不再犯已除籍者不補刺年未滿者仍補刺
諸盜賊赦前擅去所刺字不再犯赦後不補刺　諸應刺左右臂而臂有雕
青者隨上下空歇之處刺之　諸犯竊盜已經刺臂却偏文其身覆蓋元刺再

犯竊盜於手背刺之　諸累犯竊盜左右項臂刺徧而再犯者於項上空處刺之　諸子盜父首弟盜兄首壻盜翁首並同自首者免罪　諸奴盜主首者斷罪免刺不徵倍贜仍付其主爲奴　諸脅從上盜而不受贜者止以不首之罪罪之杖六十七不刺　諸爲盜悔過以所盜贜還主者免罪　諸爲盜得財者聞有涉疑根捕却以贜還主者減二等論罪免徒刺及倍贜　諸竊盜因事主盤詰而自首服其贜未還主者計贜減二等論罪刺字　諸盜賊爲首者自首免罪爲從不首仍全科　諸無服之親相首爲盜止科其罪免刺配倍贜　諸竊盜悔過以贜還主不盡其餘贜猶及刺罪者仍刺之

元史卷一百四

元史卷一百五

明翰林學士亞中大夫知制誥兼修國史宋　濂等修

刑法志第五十三

刑法四

詐僞

諸主謀僞造符寶及受財鑄造者皆處死同情轉募工匠及受募刻字者杖一百七僞造制敕者與符寶同　諸妄增減制書者處死　諸近侍官輒詐傳上旨者杖一百七除名不敘　諸僞造省府印信文字但犯制敕者處死若僞造省府劄付者杖一百七再犯流遠知情不首者八十七其文理訛謬不堪行用者九十七若僞造司縣印信文字追呼平民勒取財物者初犯杖七十七累犯不悛者一百七　諸僞造宣慰司印信契本及商稅務青由欺冒商賈者杖一百七　諸赦前僞造省印赦後不曾銷毀杖七十七有官者奪所受宣敕除名不敘　諸掾屬輒造省官押字盜用省印賣放官職者雖會赦流遠　諸僞造

稅物雜印私熬顏色偽稅物貨者杖八十七告捕得實者徵中統鈔一百貫充賞物主知情減犯人罪一等其匿稅之物一半沒官於沒官物內一半付告人充賞不知情者不坐物給元主其捕獲人擅自脫放者減犯人罪二等受財者與犯人同罪　諸省部小史為人誤毀行移檢扎輒自刻印信偽補署押求蓋本罪無他情弊者杖七十七發元籍　諸僧道偽造諸王印信及令旨抄題者處死　諸盤獲偽造印信之人同獲強盜給賞　諸告獲私造曆日者賞銀一百兩如無太史院曆日印信便同私曆造者以違制論　諸受財賣他人敕牒及收買轉賣者杖一百七刺面發元籍買者杖八十七發元籍　諸職官被差以疾輒令人代乘驛傳而往者杖六十七代者笞五十七　諸公差於官船夾帶從人冒支分例者笞一十七記過支過分例米追徵還官　諸詐稱使臣偽寫給驛文字起馬匹舟船者杖一百七有司失覺察輒憑無印信關牒倒給者判署官笞三十七首領官吏四十七　諸職官詐傳上司言語擅起驛馬者杖六十七脫脫禾孫依隨擅給驛馬者笞五十七並解職別敘記過驛官二十七

還職　諸詐稱按部官恐嚇官吏者杖六十七　諸詐稱監臨長官署置差遣欺取錢物者杖八十七錢物沒官　諸詐稱奉使所委官聽理民訟者杖九十七詐稱隨行令史者笞五十七　諸僞造寶鈔首謀起意并雕板抄紙收買顏料書填字號窩藏印造但同情者皆處死仍沒其家產兩鄰知而不首者杖七十七坊正主首社長失覺察并巡捕軍兵各笞四十七捕盜官及鎮守巡捕軍官各三十七未獲賊徒依強盜立限緝捕買使僞鈔者初犯杖一百七再犯加徒一年三犯科斷流遠　諸捕獲僞鈔賞銀五錠給銀不給鈔　諸父子同造僞鈔者皆處死　諸父造僞鈔子聽給使不與父同坐子造僞鈔父不同造不與子同坐　諸夫僞造寶鈔者妻不坐　諸僞造寶鈔印板不全者杖一百七

諸僞造寶鈔沒其家產不及其妻子　諸赦前收藏僞鈔赦後行使者杖一百七不曾行使而不首者減一等　諸僞造鈔罪應死者雖親老無兼丁不聽上請　諸捕獲僞造寶鈔之人雖已身故其應得賞鈔仍給其親屬　諸奴婢買使僞鈔其主陳首者不在理賞之例　諸挑剜裨輳寶鈔者不分首從杖一

百七徒一年再犯流遠年七十以上者呈稟定奪毋輒聽贖買使者減一等
諸燒造僞銀者徒　諸造賣僞銀買主不知情價錢給主僞銀內銷提真銀沒
官依本犯科罪　諸僞造各倉支發糧籌者笞五十七已支出官糧者準盜係
官錢物科罪倉官人等有犯者依監主自盜法贓重者從重論　諸冒支官錢
計贓以枉法論並除名不敘　諸冒名入仕者杖六十七奪所受命追俸發元
籍會赦不首笞四十七仍追奪之　諸奴受主命冒充職官者杖九十七其主
及同僚相容隱者八十七　諸子冒父官居職任事者杖七十七犯在革前革
後不出首者笞四十七並追回所受宣敕及支過俸祿還官　諸邊臣輒以子
壻詐稱招徠蠻獠保充土官者除名不敘拘奪所授官　諸軍官承襲僞增年
者監察御史廉訪司糾察之濫保官吏並坐罪　諸職官妄報出身履歷者除
名不敘　諸驛史令史有過不敘詐稱作闕別處補用者笞五十七罷役不敘
諸輸納官物輒增改朱鈔者杖六十七罷之　諸有司長官輒以追到盜贓
支使却虛立給主文案者雖會赦解職降先職二等敘承吏除名不敘　諸帥

府上功文字詐添有功軍人名數主謀者杖八十七除名不敘隨從書寫者笞五十七　諸詐以軍功受舉入仕者罷之仍奪所受命　諸擅改已奏官員選目姓名者雖會赦除名發元籍　諸曹吏輒於公牘改易年月圖逭罪責者笞五十七罷役別敘記過　諸譁強之人輒爲人僞增籍面者杖八十七紅泥粉壁識過其門　諸蒙古譯史能辨出詐僞文字二起以上者減一資陞轉

訴訟

諸告人罪者須明注年月指陳實事不得稱疑誣告者抵罪反坐越訴者笞五十七本屬官司有過及有冤抑屢告不理或理斷偏屈并應合迴避者許赴上司陳之　諸訴訟本爭事外別生餘事者禁其本爭事畢別訴者聽　諸軍民風憲官有罪各從其所屬上司訴之　諸民間雜犯赴有司陳首者聽　諸告言重事實輕事虛免坐輕事實重事虛反坐　諸中外有司發人家錄私書輒興獄訟者禁之若本宗事須引用證驗者仍聽追照其搆飾傅會以文致人罪者審辨之除本宗外餘事並勿聽理　諸教令人告緦麻以上親及奴婢告主

者各減告者罪一等若教令人告子孫各減所告罪二等其教令人告事虛應反坐或得實應賞者皆以告者爲首教令爲從　諸老廢篤疾事須爭訴止令同居親屬深知本末者代之若謀反大逆子孫不孝爲同居所侵侮必須自陳者聽　諸致仕得代官不得已與齊民訟許其親屬家人代訴所司毋侵撓之
諸婦人輒代男子告辨爭訟者禁之若果寡居及雖有子男爲他故所妨事須爭訟者不在禁例　諸子證其父奴訐其主及妻妾弟姪不相容隱凡干名犯義爲風化之玷者並禁止之　諸親屬相告並同自首　諸妻訐夫惡比同自首原免凡夫有罪非惡逆重事妻得相容隱而輒告訐其夫者笞四十七
諸妻曾背夫而逃被斷復誣告其夫以重罪者抵罪反坐從其夫嫁賣　諸職官同僚相言者並解職別敘記過　諸告人罪者自下而上不得越訴諸府州司縣應受理而不受理雖受理而聽斷偏屈或遷延不決者隨輕重而罪罰之
諸訴官吏受賂不法徑赴憲司者不以越訴論　諸陳訴有理路府州縣不行訴之省部臺院省部臺院不行經乘輿訴之未訴省部臺院輒經乘輿訴者

罪之　諸職官誣告人枉法贓者以其罪罪之除名不敘　諸奴婢告其主者處死本主求免者聽減一等　諸以奴告主私事主同自首奴杖七十七

鬭毆

諸鬭毆以手足擊人傷者笞二十七以他物者三十七傷及拔髮方寸以上四十七若血從耳目出及內損吐血者加一等折齒毀缺耳鼻眇一目及折手足指若破骨及湯火傷人者杖六十七折二齒二指以上及髡髮幷刃傷折人肋眇人兩目墮人胎七十七以穢物污人頭面者罪亦如之折跌人肢體及瞎其目者九十七辜內平復者各減二等即損二事以上及因舊患令致篤疾若斷舌及毀敗人陰陽者一百七　諸訴毆詈有闌告者勿聽違者究之　諸保辜者手足毆傷人限十日以他物毆傷者二十日以刃及湯火傷人者三十日折跌支體及破骨者五十日毆傷不相須餘條毆傷及殺傷者準此限內死者各依殺人論其在限外及雖在限內以他故死者各依本毆傷法他故謂別增餘患而死者　諸娼女鬭傷良人辜限之外死者杖七十七單衣受刑　諸毆傷

人辜限外死者杖七十七　諸以非理毆傷妻妾者罪以本毆傷論並離之若
妻不爲父母稅以致非理毆傷者罪減三等仍離之　諸職官毆妻墮胎者笞
三十七解職期年後降先品一等注邊遠一任妻離之　諸以非理苦虐未成
婚男婦者笞四十七婦歸宗不追聘財　諸舅姑非理陵虐無罪男婦者笞四
十七男婦歸宗不追聘財　諸蒙古人與漢人爭毆漢人漢人勿還報許訴于
有司　諸蒙古人斫傷他人奴知罪願休和者聽　諸以他物傷人致成廢疾
者杖七十七仍追中統鈔一十錠付被傷人充養濟之資　諸因鬬毆斫傷人
成廢疾者杖八十七徵中統鈔一十錠付被告人充養濟之資爲父還毆致傷
者徵其鈔之半　諸豪橫輒誣平人爲盜捕其夫婦男女於私家拷訊監禁非
理陵虐者杖一百七流遠其被害有致殘廢者人徵中統鈔二十錠充養贍之
資　諸職官輒將義男去勢以充閹官進納者杖一百七除名不敘記過義男
歸宗　諸以微故殘傷義男肢體廢疾者加凡人折跌肢體一等論義男歸宗
仍徵中統鈔五百貫充養贍之貲　諸尊長輒以微罪刺傷弟姪雙目者與常

人同罪杖一百七追徵贍養鈔二十錠給苦主免流識過于門無罪者仍流

諸弟雖聽其兄之仇同謀剜其兄之眼卽以弟爲首各杖一百七流遠而弟加遠　諸卑幼挾仇輒刺傷尊長雙目成廢疾者杖一百七流遠　諸以刃刺破人兩目成篤疾者杖一百七流遠仍給中統鈔二十錠充養贍之貲主使者亦如之　諸挾讐傷人之目者若一目元損又傷其一目與傷兩目同論雖會赦仍流　諸因爭誤瞎人一目者杖七十七徵中統鈔五十兩充醫藥之資　諸脫脫禾孫輒毆傷往來使臣者笞四十七解職記過　諸職官輒以他物毆傷使臣者杖六十七　諸司屬官輒毆本管上司幕官者笞四十七解職記過　諸方鎭僚屬輒以他物毆傷主帥者杖六十七幕官使酒駡長官者笞四十七並解職別敘記過　諸按部官因爭辯輒毆有司官有司官還毆者各笞三十七解職　諸監臨官挾怨當廳扯捽屬官屬官輒毆之者笞四十七解職　諸方面大臣不能以正率下輒與幕屬公堂鬭爭雖會赦並罷免記過赦前無招者還職　諸職官輒毆傷所監臨以所毆傷法論罪記過　諸職官毆傷同署

長官者笞五十七解見任降先品一等敘仍記過名　諸有司長官輒毆同位正官者笞三十七毆佐貳官者二十七並解職記過　諸同僚改除復以私忿相毆詈者皆罷其所受新命　諸在閑職官輒毆詈本籍在任長官者杖六十七　諸職官相毆其官等從所傷輕重論罪　諸軍官縱酒因戲而怒故毆傷有司官者笞三十七記過　諸幕僚因公輒以惡言詈長官者笞四十七長官輒還毆者笞一十七並記過名　諸職官乘醉當街毆傷平人者笞四十七記過　諸職官閑居與庶民相毆者職官減一等聽罰贖　諸以他物毆傷職官者加一等笞五十七　諸小民恃年老毆詈所屬官長者杖六十七不聽贖

諸惡少無賴輒毆傷禁近之人者杖七十七

殺傷

諸殺人者死仍於家屬徵燒埋銀五十兩給苦主無銀者徵中統鈔一十錠會赦免罪者倍之　諸部民毆死官長主謀及下手者皆處死同毆傷非致命者杖一百七流遠均徵燒埋銀　諸殺人還自殺不死者仍處死　諸殺人從而

加功無故殺之情者會赦仍釋之　諸鬬毆殺人先誤後故者卽以故殺論
諸因鬬毆以刃殺人及他物毆死人者並同故殺　諸因爭以刃毆人幸獲生
免者杖一百七　諸持刃方殺人人覺而逃却移怒殺所解勸者與故殺同
諸有司徵科急民弗堪致殺其徵科者仍以故殺論　諸醉中欲殺其妻不得
移怒殺死其紛解之人者處死　諸欲誘倡女逃不從輒殺之者與殺常人同
諸鬬毆殺人者結案待報　諸人殺死其父子毆之死者不坐仍於殺父者
之家徵燒埋銀五十兩　諸蒙古人因爭及乘醉毆死漢人者斷罰出征並全
徵燒埋銀　諸因鬬爭一人誤蹂死小兒一人毆人致死毆者結案蹂者杖一
百七並徵燒埋銀　諸有人戲調其妻夫遇而毆之因傷而死者減死一等論
罪仍徵燒埋銀　諸毆死應捕殺惡逆之人者免罪不徵燒埋銀　諸以他物
傷人傷毒流注而死雖在辜限之外仍減殺人罪三等坐之　諸因爭以頭觸
人與人俱仆肘抵其心邂逅致死者杖一百七全徵燒埋銀　諸出使從人毆
死館夫者以毆殺論　諸因戲言相毆致傷人命者杖一百七　諸父亡母復

納他人爲夫即爲義父若逐其子出居於外即同凡人其有所闘毆殺傷即以凡人闘毆殺傷論　諸彼此有罪之人相格致死者與殺常人同　諸職官以微故毆死齊民者處死　諸職官受贓爲民所告輒毆死告者以故殺論　諸軍官因公乘怒輒命麾下毆人致死者杖八十七解職期年後降先品一等敘徵燒埋銀給苦主若會赦仍殿降徵銀　諸閫帥侵盜係官錢糧怒吏發其姦輒令人毆死者以故殺論雖會大赦仍追奪不敘倍徵燒埋銀　諸局院官輒以微故毆死匠人者處死　諸父無故以刃殺其子者杖七十七　諸子不孝父與弟姪同謀置之死地者父不坐弟姪杖一百七　諸女已嫁聞女有過輒殺其女者笞五十七追還元受聘財給夫別娶　諸父有故毆其子女邂逅致死者免罪　諸後夫毆死前夫之子者處死　諸妻故殺妾子者杖九十七從其夫嫁賣　諸男婦雖有過舅姑輒加殘虐致死者杖一百七　諸子不孝父殺其子因及其婦者杖七十七婦元有粧奩之物盡歸其父母　諸以細故殺其弟者處死　諸兄以立繼之子主謀殺其嫡弟者主謀下手皆處死其田宅

人口財物盡歸死者妻子其子歸宗　諸弟先毆其兄兄還殺其弟卽兄殺有罪之弟不以凡人鬬殺論　諸因爭誤毆死異居弟者杖七十七徵燒埋銀之半　諸因爭故殺族弟者與殺常人同　諸妹爲尼與人私兄聞而諫之不從反詬詈扯捽其兄兄殺之卽兄殺有罪之妹不以凡人鬬殺論　諸兄毆弟妻因傷而死者杖一百七徵燒埋銀　諸嫂溺死其小姑者以故殺論　諸因爭毆死族兄弟之子者杖一百七故以刃殺之者處死並徵燒埋銀　諸毆死兄弟之子而圖其財者處死　諸夫婦同謀殺其兄弟之子者皆處死　諸尊長誤毆卑幼致死者杖七十七異居者仍徵燒埋銀　諸以微過輒殺其妻者處死　諸因夫妻反目輒藥死其妻者與故殺常人同　諸妻悖慢其舅姑其夫毆之致死者杖七十七　諸夫臥疾妻不侍湯藥又詬詈其舅姑以傷其夫之心夫毆之邂逅致死者不坐　諸夫惡妻而愛妾輒求妻微罪而殺之者處死　諸風聞涉疑故殺定婚妻者與殺凡人同論　諸妻以殘酷毆死其妾者杖一百七去衣受刑　諸舅以無實之罪故殺其甥者與殺常人同論　諸因爭

挾仇毆死其壻者與殺常人同　諸奴毆詈其主主毆傷奴致死者免罪　諸故殺無罪奴婢杖八十七因醉殺之者減一等　諸毆死擬放良奴婢者杖七十七　諸謀殺已放良奴婢者與故殺常人同　諸良人以鬬毆殺人奴杖一百七徵燒埋銀五十兩　諸良人戲殺他人奴者杖七十七徵燒埋銀五十兩　諸奴毆死其弟弟亦爲同主奴主乞貸死者聽　諸異主奴婢相犯死者同常人同主相犯至重刑者仍依例結案　諸地主毆死佃客者杖一百七徵燒埋銀五十兩　諸醉中誤認他人爲仇人故殺致命者雖誤同故　諸奴受本主命執仇殺人者減死流遠　諸挾仇殺人會赦爲首下手者不赦爲從不曾下手者免死徒一年　諸以老病殺人者不以老病免　諸謀故殺人年七十以上並枷禁歸勘結案　諸兩家之子昏暮奔還中路相迎撞仆于地因傷致死者不坐仍徵鈔五十兩給苦主　諸十五以下小兒過失殺人者免罪徵燒埋銀　諸十五以下小兒因爭毆傷人致死者聽贖徵燒埋銀給苦主　諸瞽者毆人因傷致死杖一百七徵燒埋銀給苦主　諸病風狂毆傷人致死免罪

徵燒埋銀　諸庸醫以鍼藥殺人者杖一百七徵燒埋銀　諸颺磚石剝隣之果誤傷人致死者杖八十七徵燒埋銀　諸軍士習射招箭者不謹致被傷而死射者不坐仍徵燒埋銀　諸過誤踏死小兒杖七十七徵燒埋銀給苦主　諸昏夜馳馬誤觸人死杖七十七徵燒埋銀　諸驅車走馬致傷人命者杖七十七徵燒埋銀　諸昏夜行車不知有人在地誤致轢死者笞三十七徵燒埋銀之半給苦主　諸幼小自相作戲誤傷致死者不坐　諸戲傷人命自願休和者聽　諸兩人作戲爭物一人放手一人失勢跌死放者不坐　諸以物戲驚小兒成疾而死者杖六十七追徵燒埋銀五十兩　諸以戲與人相逐致人跌傷而死者其罪徒仍徵燒埋銀給苦主　諸駱駝在牧囓人而死者牧人笞一十七以駱駝給苦主　諸驛馬在野囓人而死者以其馬給苦主馬主別買當役　諸奴故殺其子女以誣其主者杖一百七　諸因爭以妻前夫男女溺死誣賴人者以故殺論　諸後夫置毒飲食與前夫子女食而死者與藥死常人同　諸故殺無罪子孫以誣賴仇人者以故殺常人論　諸殺人無苦主者

免徵燒埋銀犯人財產人口並付其妻子仍爲民當差　諸殺有罪之人免徵燒埋銀　諸圖財謀故殺人多者皆淩遲處死驗各賊所殺人數於家屬均徵燒埋銀　諸同居相毆而死及殺人罪未結正而死者並不徵燒埋銀　諸殺人者被殺之人或家住他所官徵燒埋銀移本籍得其家屬給之　諸鬭毆殺人應徵燒埋銀而犯人貧窶不能出備幷其餘親屬無應徵之人官與支給　諸致傷人命應徵燒埋銀者止徵銀價中統鈔一十錠　諸因爭同毆死人會赦應倍徵燒埋銀者爲首致命徵中統鈔一十錠爲從均徵一十錠　諸毆死人雖不見屍招證明白者仍徵燒埋銀　諸僧道殺人燒埋銀於常住追徵　諸庸作毆傷人命徵燒埋銀不及庸作之家　諸奴毆人致死犯在主家於本主徵燒埋銀不犯在主家燒埋銀無可徵者不徵於其主

禁令

諸度量權衡不同者犯人笞五十七司縣正官初犯罰俸一月再犯笞二十七三犯別議仍記過名路府州縣達魯花赤長官提調失職初犯罰俸二十日再

犯別議　諸奏目及官府公文並用國字其有襲用畏兀字者禁之　諸但降詔旨條畫民間輒刻小本賣于市者禁之　諸內外應佩符職官輒以符付其傔從佩服者禁之　諸官員朝會服其朝服私致敬於人臣者罰　諸隨朝文武百官朝賀不至者罰中統鈔十貫失儀者罰中統鈔八貫　諸宰相出入輒敢衝犯者罪之　諸章服惟蒙古人及宿衞之士不許服龍鳳文餘並不禁謂龍五爪二角者職官一品二品許服渾金花三品服金答子四品五品服雲袖帶襴六品七品服六花八品九品服四花職事散官從一高命婦一品至三品服渾金四品五品服金答子六品以下惟服銷金幷金紗答子首飾一品至三品許用金珠寶玉四品五品用金玉珍珠六品以下用金惟耳環用珠玉同籍者不限親疎期親雖別籍幷出嫁同車輿並不得用龍鳳文一品至三品許用間金粧飾銀螭頭繡帶青幔四品五品用素獅頭繡帶青幔六品至九品用素雲頭素帶青幔內外有出身考滿應入流見役人員服用與九品同受各投下令旨鈞旨有印信見任人員亦與九品同庶人惟許服暗花紵絲絲紬綾羅毛

毳不許用赭黃冒笠不得飾以金玉鞾不得裁置花樣首飾許用翠花金釵篦
各一事惟耳環許用金珠碧甸餘並用銀車輿黑油齊頭平頂皁幔諸色目人
除行營帳外餘並與庶人同職官致仕與見任同解降者依應得品級不敘者
與庶人同父祖有官既歿年深非犯除名不敘其命婦及子孫與見任同諸樂
人工藝人等服用與庶人同凡承應粧扮之物不拘上例皁隸公使人惟許服
紬絹倡家出入止服皂背不許乘坐車馬應服色等第上得兼下下不得僭上
違者職官解見任期年後降一等敘餘人笞五十七違禁之物付告捉人充賞
御賜之物不在禁限　諸官員以黃金飾甲者禁之違者甲匠同罪　諸常人
鞍轡畫虎兎者聽畫雲龍犀牛者禁之　諸段疋織造周身大龍者禁之胸背
小龍者勿禁　諸市造鞍轡箭鏃鞾履及諸雜帶用金爲飾者禁之　諸郡縣
達魯花赤及諸投下擅造軍器者禁之　諸神廟儀仗止以土木紙綵代之用
真兵器者禁　諸都城小民造彈弓及執者杖七十七沒其家財之半在外郡
縣不在禁限　諸打捕及捕盜巡馬弓手巡鹽弓手許執弓箭餘悉禁之　諸

漢人持兵器者禁之漢人爲軍者不禁　諸賣軍器者賣與應執把之人者不禁　諸民間有藏鐵尺鐵骨朵及含刀鐵柱杖者禁之　諸私藏甲全副者處死不成副者笞五十七徒一年零散甲片不堪穿繫禦敵者笞三十七鎗若刀若弩私有十件者處死五件以上杖九十七徒三年四件以下七十七徒二年不堪使用笞五十七弓箭私有十副者處死五副以上杖九十七徒三年四副以下七十七徒二年不成副笞五十七凡弓一箭三十爲一副　諸嶽瀆祠廟輒敢觸犯作踐者禁之　諸伏羲媧皇堯舜禹湯后土等廟軍馬使臣敢沮壞者禁之　諸名山大川寺觀祠廟幷前代名人遺蹟敢拆毀者禁之　諸改寺爲觀改觀爲寺者禁之　諸祠廟寺觀模勒御寶聖旨及諸王令旨者禁之　諸爲子行孝輒以割肝刲股埋兒之屬爲孝者並禁止之　諸民間喪葬以紙爲屋室金銀爲馬雜綵衣服帷帳者悉禁之　諸墳墓以甎瓦爲屋其上者禁之　諸家廟春秋祭祀輒用公服行禮者禁之　諸民間祖宗神主稱皇字者禁之　諸小民房屋安置鵝項銜脊有鱗爪瓦獸者笞三十七陶人二十七

諸職官居見任雖有善政不許立碑已立而犯贓汙者毀之無治狀以虛譽立碑者毀之　諸夜禁一更三點鐘聲絶禁人行五更三點鐘聲動聽人行違者笞二十七有官者聽贖其公務急速及疾病死喪產育之類不禁　諸有司曉鐘未動寺觀輒鳴鐘者禁之　諸江南之地每夜禁鐘以前市井點燈買賣曉鐘之後人家點燈讀書工作者並不禁其集衆祠禱者禁之　諸犯夜拒捕斲傷徼巡者杖一百七　諸城郭人民鄰甲相保門置水瓮積水常盈家設火具每物須備大風時作則傳呼以徇于路有司不時點視凡救火之具不備者罪之　諸遺火延燒係官房舍杖七十七延燒民房舍笞五十七因致傷人命者杖八十七所毀房舍財畜公私俱免徵償燒自己房舍者笞二十七止坐失火之人　諸煎鹽草地輒縱野火延燒者杖八十七因致闕用者奏取聖裁鄰接管民官專一關防禁治　諸縱火圍獵延燒民房舍錢穀者斷罪勒償償未盡而會赦者免徵　諸故燒太子諸王房舍者處死　諸故燒官府廨宇及有人居止宅舍無問舍宇大小財物多寡比同強盜免刺杖一百七徒三年因傷人

命同殺人其無人居止空房并損壞財物及田場積聚之物同竊盜免刺計贓斷罪因盜取財物者同強盜刺斷並追陪所燒物價傷人命者仍徵燒埋銀再犯者決配役滿徙千里之外　諸挾仇放火隨時撲滅不曾延燎者比強盜不曾傷人不得財杖七十七徒一年半免刺雖親屬相犯比同常人　諸每月朔望二弦凡有生之物殺者禁之　諸郡縣歲正月五月各禁宰殺十日其饑饉去處自朔日爲始禁殺三日　諸每歲自十二月至來歲正月殺母羊者禁之

諸宴會雖達官殺馬爲禮者禁之其有老病不任鞍勒者亦必與衆驗而後殺之　諸私宰牛馬者杖一百徵鈔二十五兩付告人充賞兩隣知而不首者笞二十七本管頭目失覺察者笞五十七有見殺不告因脅取錢物者杖七十七若老病不任用者從有司辨驗方許宰殺已病死者申驗開剝其筋角即付官皮肉若不自用須投稅貨賣違者同匿稅法有司禁治不嚴者糾之　諸私宰官馬牛爲首杖一百七爲從八十七　諸助力私宰馬牛者減正犯人二等論罪　諸牛馬驢騾死而筋角不盡實輸官者一副以上笞二十七五副以上

四十七卄副以上杖六十七仍徵所犯物價付告人充賞　諸毀傷體膚以行
丐於市者禁之　諸城郭內外放鴿帶鈴者禁之　諸諸王駙馬及諸權貴豪
右侵占山場阻民樵採者罪之　諸關譏不嚴受財故縱者罪之　諸江河津
渡或明知潮信已到及風濤將起貪索渡錢淹延不渡以致中流覆溺傷害人
命者爲首處死爲從減一等　諸棄俗出家不從有司體覆輒度爲僧道者其
師笞五十七受度者四十七發元籍　諸以白衣善友爲名聚衆結社者禁之
諸色目僧尼女冠輒入民家強行抄化者禁之　諸僧道僞造經文犯上惑
衆爲首者斬爲從者各以輕重論刑　諸以非理迎賽祈禱惑衆亂民者禁之
諸俗人集衆鳴鐃作佛事者禁之　諸軍官鳩財聚衆張設儀衛鳴鑼擊鼓
迎賽神社以爲民倡者笞五十七其副二十七並記過　諸陰陽家天文圖讖
應禁之書敢私藏者罪之　諸陰陽家僞造圖讖釋老家私撰經文凡以邪說
左道誣民惑衆者禁之違者重罪之在寺觀者罪及主守居外者所在有司察
之　諸妄言禁書者徒　諸陰陽家者流輒爲人燃燈祭星蠱惑人心者禁之

諸妄言星變災祥杖一百七　諸陰陽法師輒入諸王公主駙馬家者禁之
諸以陰陽相法書符呪水凡異端之術惑亂人聽希求仕進者禁之違者罪
之　諸寫匿名文書所言重者處死輕者流沒其妻子與捕獲人充賞事主自
獲者不賞　諸寫匿名文字訐人私罪不涉官事者杖七十七　諸投匿名文
字於人家脅取錢物者杖八十七發元籍　諸見匿名文書非隨時敗獲者即
與燒毀輒以聞官者減犯人二等論罪凡匿名文字其言不及官府止欲訐人
罪者如所訐論　諸民間子弟不務生業輒於城市坊鎮演唱詞話教習雜戲
聚衆淫謔並禁治之　諸弄禽蛇傀儡藏擫撇鈸倒花錢擊魚鼓惑人集衆以
賣僞藥者禁之違者重罪之　諸棄本逐末習用角觝之戲學攻刺之術者師
弟子並杖七十七　諸亂製詞曲爲譏議者流　諸賭博錢物杖七十七錢物
沒官有官者罷見任期年後雜職內敘開張博房之家罪亦如之再犯加徒一
年應捕故縱笞四十七受財者同罪有司縱令攀指平人及在前同賭人罪及
官吏賭飲食者不坐　諸賭博錢物同賭之人自首者勿論　諸賭博因事發

露追到攤場賭具贓證明白者卽以本法科論不以展轉攀指革撥　諸故縱牛馬食踐田禾者禁之　諸所在鎮守蒙古漢軍各立營所無故輒入人家求索酒食及縱頭疋食踐田禾桑果罪及主將　諸藩王無都省文書輒於各處徵收差發強取飲食草料爲民害者禁之　諸有虎豹爲害之處有司嚴勒官兵及打捕之人多方捕之其有不應捕之人自能設機捕獲者皮肉不須納官就以充賞　諸職官違例放鷹追奪當日所服用鞍馬衣物沒官　諸所撥各官圍獵山場並毋禁民樵採違者治之　諸年穀不登人民愁困諸王達官應出圍獵者並禁治之　諸田禾未收毋縱圍獵於迤北不耕種之地圍獵者聽

諸軍人受財僞造火印將所管官馬盜換與人者杖九十七追贓沒官　諸年穀不登百姓饑乏遇禁地野獸搏而食之者毋輒沒入　諸打捕鷹坊官以合進御膳野物賣價自私者計贓以枉法論除名不敘　諸舟車之靡器服之奇方面大臣非錫貢不得擅進　諸闌遺人口到監卽移所稱籍貫召主識認半年之上無主識認者匹配爲戶付有司當差殘疾老病給以文引而縱遣之

頭匹有主識認者徵還已用草料價錢然後給主無主識認則籍其毛齒而收養之　諸闌遺奴婢私相配合雖生育子女有主識認者各歸其主無本主者官與收係　諸隱藏闌遺鷹犬者笞三十七沒其家財之半其收拾闌遺鷹犬之人因以爲民害者罪之　諸鋤獲宿藏之物在他人地內者與地主中分在官地內者一半納官在己地內者卽同業主得古器珍寶之物者聞官進獻約量給價若有詐僞隱匿斷罪追沒　諸監臨官輒舉貸於民者取與俱罪之

諸稱貸錢穀年月雖多不過一本一息有輒取贏於人或轉換契券息上加息或占人牛馬財產奪人子女以爲奴婢者重加之罪仍償多取之息其本息沒官　諸典質不設正庫不立信帖違例取息者禁之　諸關廂店戶居停客旅非所知識必問其所奉官府文引但有可疑者不得容止違者罪之　諸官戶行錢商船輒豎旗號置弓箭鑼鼓揭錢主衙門職名往來江河者禁之　諸經商或因事出外必從有司會問鄰保出給文引違者究治　諸投下幷其餘有印信衙門並不得濫給文引　諸有毒之藥非醫人輒相賣買致傷人命者買

者賣者皆處死不曾傷人者各杖六十七仍追至元鈔一百兩與告人充賞不通醫術製合僞藥於市井貨賣者禁之　諸下海使臣及舶商輒以中國生口寶貨戎器馬匹遺外番者從廉訪司察之　諸商賈收買金銀下番者禁之違者罪之　諸海濱豪民輒與番商交通貿易銅錢下海者杖一百七　諸娼妓之家所生男女每季不過次月十日會其數以上于中書省有未生墮其胎已生輒殘其命者禁之　諸娼妓之家輒買良人爲娼而有司不審濫給公據稅務無憑輒與印稅並嚴禁之違者痛繩之

雜犯

諸鬬爭折辨輒提大名字者罪之　諸職官因公失口亂言者笞二十七　諸快意中或酒後及害風狂疾失口亂言別無情理者免罪　諸惡少無賴結聚朋黨陵轢善良故行鬬爭相與羅織者與木偶連鎖巡行街衢得後犯人代之然後決遣　諸惡少白晝持刀劍於都市中欲殺本部官長者杖九十七　諸無賴軍人輒受財毆人因奪取錢物者杖八十七紅泥粉壁識過其門免徒

諸先作過犯曾經紅泥粉壁後犯未應遷徙者於元置紅泥粉壁添錄過名　諸豪右權移官府威行鄉井淫暴貪虐累犯不悛者徙遠惡之地屯種　諸頻犯過惡累斷不改者流遠　諸兇人殘害良善彊將男子去勢絕滅人後幸獲生免者杖一百七流遠　諸貴勢之家奴隸有犯輒私置鐵枷釘項禁錮及擅刺其面者禁之　諸獲逃奴輒刺面劓鼻非理殘苦者禁之　諸無故擅刺其奴者杖六十七　諸囉哩回回爲民害者從所在有司禁治

捕亡

諸失盜捕盜官不立限捕盜却令他戶陪償事主財物者罰俸兩月仍立限追捕　諸強盜殺人三限不獲會赦捕盜官合得罪罰革撥仍令捕盜任滿不獲解由內通行開寫依例黜降　諸他境盜入境逃藏捕盜官輒分彼疆此界不即捕捉者笞四十七解職別敘記過　諸已斷流囚在禁未發反獄毆傷禁子已逃復獲者處死未出境者杖一百七發已擬流所　諸發解囚徒經過州縣止宿不寄收牢房輒於逆旅監繫以致脫監在逃者長押官笞二十七還役防

送官四十七記過　諸囚徒反獄而逃主守減犯人罪二等提牢官又減主守
四等隨時捉獲及半以上者罰俸一月　諸奴婢背主而逃杖七十七誘引窩
藏者六十七隣人社長坊里正知不首捕者笞三十七關譏應捕人受贓脫放
者以枉法論寺觀軍營勢家影蔽及投下冒收爲戶者依藏匿論自首者免罪
諸告獲逃奴者於所將財物內三分取一付告獲人充賞　諸逃奴拒捕不
曾致傷人命者杖一百七

恤刑

諸獄囚必輕重異處男女異室毋或參雜司獄致其慎獄卒去其虐提牢官盡
其誠　諸在禁囚徒無親屬供給或有親屬而貧不能給者日給倉米一升三
升之中給粟一升以食有疾者凡油炭席薦之屬各以時具其饑寒而衣糧不
繼疾患而醫療不時致非理死損者坐有司罪　諸各處司獄司看守囚徒夜
支清油一斤　諸路府州縣但停囚去處於鼠耗糧內放支囚糧　諸在禁無
家屬囚徒歲十二月至于正月給羊皮爲披蓋袴襪及薪草爲暖匣熏炕之用

諸獄訟有必聽候歸對之人召保知在如無保識有司給糧養濟勿寄養於民家　諸流囚在路有司日給米一升有疾命良醫治之疾愈隨時發遣　諸獄醫因之司命必試而後用之若有弗稱坐掌醫及提調官之罪　諸獄囚病至二分申報漸增至九分爲死證若以重爲輕以急爲緩誤傷人命者究之

諸獄囚有病主司驗實給醫藥病重者去枷鎖杻聽家人入侍職事散官五品以上聽二人入侍犯惡逆以上及強盜至死奴婢殺主者給醫藥而已　諸有司在禁囚徒饑寒衣食不時病不督醫看候不脫枷杻不令親人入侍一歲之內死至十人以上者正官笞二十七次官三十七還職首領官四十七罷職別敘記過　諸孕婦有罪產後百日決遣臨產之月聽令召保產後二十日復追入禁無保及犯死罪者產時令婦人入侍　諸犯死罪有親年七十以上無兼丁侍養者許陳情奏裁　諸有罪年七十以上十五以下及篤廢殘疾罰贖者每笞杖一罰中統鈔一貫　諸疑獄在禁五年之上不能明者遇赦釋免

平反

諸官吏平反冤獄應賞者從有司保勘廉訪司體覆而後議之其有冒濫不實者罪及保勘體覆官吏　諸路府軍民長官因收捕反叛輒羅織平民強姦室女殺虜人口財產幷覆人之家其同僚能理平民之冤正犯人之罪歸其俘虜活其死命者於本官上優陞一等遷用凡職官能平反重刑一起以上陞等同

諸職官能平反冤獄一起之上與減一資　諸路府曹吏能平反冤獄者於各道宣慰司部令史補用

元史卷一百五

明翰林學士亞中大夫知制誥兼修國史宋　濂等修

表第一

后妃表

后妃之制厥有等威其來尚矣元初因其國俗不娶庶姓非此族也不居嫡選當時史臣以為舅甥之貴蓋有周姬齊姜之遺意歷世守之固可嘉也然其居則有曰斡耳朵之分沒復有繼承守宮之法位號之淆名分之瀆則亦甚矣累朝常詔有司脩后妃傳而未見成書內廷事祕今莫之考則其氏名之僅見簡牘者尚可遺而不錄乎且一代之制存焉闕疑而慎言斯可矣作后妃表

太祖	孛兒台旭真太皇后弘吉烈氏至元二年追諡光獻至大二年加諡光獻翼聖皇后	忽魯渾皇后	闊里桀擔皇后	
太宗	正宮孛剌合真皇后	脫列哥那六皇后乃馬真氏歲壬寅太宗崩后攝國凡四年至元二年追諡昭慈皇后		
定宗	斡兀立海迷失三皇后至元二年追諡欽淑皇后			
憲宗	火里差皇后火魯剌部人	忽都台皇后弘吉剌氏按陳從孫女至元二年追諡貞節皇后	也速兒皇后貞節妹也	出卑三皇后歲己未從憲

脫忽思皇后
帖木倫皇后
亦憐真八剌皇后
不顏渾禿皇后
忽勝海妃子
右大斡耳朵
忽蘭皇后
哈兒八真皇后
亦乞剌真皇后
脫忽茶兒皇后
也真妃子
也里忽禿妃子
察真妃子
哈剌真妃子
右第二斡耳朵
也速皇后
忽魯哈剌皇后
阿失倫皇后
禿兒哈剌皇后
察兒皇后
阿昔迷失皇后
完者忽都皇后
渾魯忽歹妃子
忽魯灰妃子
剌伯妃子

昂灰二皇后
乞里吉忽帖尼三皇后
禿納吉納六皇后
業里訖納妃子滅里之母

宗南伐七月憲宗崩九月
八日后亦薨于六盤
明里忽都魯皇后泰定三
年詔守班禿營帳

右第三斡耳朵

也速干皇后

忽答罕皇后

哈答皇后

斡者忽思皇后

燕里皇后

禿干妃子

完者妃子

金蓮妃子

完者台妃子

奴倫妃子

卯真妃子

鎖郎哈妃子

右第四斡耳朵

八不別歹妃子

右見歲賜錄不知所守斡耳朵故附于此

世祖	
帖古倫大皇后	
右大斡耳朵	
察必皇后弘吉烈氏魯忠	

成宗	
卜魯罕皇后伯岳吾氏勳臣普化之孫駙馬脫里忽思之女元貞初立為皇后大德三年授冊寳十一年帝崩武宗立廢后徙東安州尋賜死	

武宗	
真哥皇后弘吉烈氏至大三年冊為皇后泰定四年上尊謚曰宣慈惠聖皇后	
速哥失里皇后真哥妹也	

仁宗	
阿納失舍里皇后弘吉烈氏皇慶二年冊為皇后延祐七年上尊謚曰莊懿慈聖皇后	
荅里麻失里皇后	

武王按嗔那顏女也中統初立為皇后至元十年授册寶尋又上尊號曰貞懿昭聖順天睿文光應皇后十八年崩三十一年上尊諡曰昭睿順聖皇后后性明敏達於事機至元之政左右彌縫當時以為蓋有力焉

喃必皇后弘吉烈氏至元二十年納為皇后時世祖春秋高后頗預政相臣常不得見帝輒因后奏事焉

右第二斡耳朶

塔剌海皇后

奴罕皇后

右第三斡耳朶

伯要兀真皇后

闊闊倫皇后

右第四斡耳朶

八八罕妃子

右見歲賜錄不知所守斡耳朶

速哥答思皇后

成宗晚年多疾后居中用事而能信任相臣哈剌哈孫以卒成大德之治識者猶有取焉

失憐荅里元妃弘吉烈氏早薨至大元年追尊諡曰貞慈靜懿皇后配享成廟

乞里吉忽帖尼皇后

完者歹皇后

妃子亦乞烈氏明宗母也天曆二年追諡仁獻章聖皇后

妃子唐兀氏文宗母也天曆二年追諡文獻昭聖皇后

泰定三年詔守世祖斡耳朵

撒不忽妃子

英宗

速哥八剌皇后亦乞烈氏昌國公主益里海涯女也至治元年冊為皇后泰定四年崩謚曰莊靖懿聖皇后

牙八忽都魯皇后

朵兒只班皇后

泰定

八不罕皇后弘吉烈氏泰定元年冊為皇后兗王買住罕女也

亦怜真八剌皇后昌國公主益里海涯女也

忽剌皇后

也速皇后

撒荅八剌皇后帝姊壽寧公主女也

卜顏怯里迷失皇后

失烈帖木兒皇后

鐵你皇后

必罕皇后八不罕妹也

速哥荅里皇后必罕妹也

撒荅巴剌帝姊壽寧公主女

明宗

按出罕皇后

月魯沙皇后

不顏忽都皇后

八不沙皇后

野蘇皇后

脫忽思皇后

邁來迪貞裕徽聖皇后

文宗

卜荅失里皇后弘吉烈氏魯國公主桑哥吉剌女也天曆元年立為皇后二年授冊寶至順三年尊為皇太后臨朝稱制元統元年又尊為太皇太后仍稱制至元六年黜太皇太后之號徙東安州卒徙所

烈祖

宣懿皇后諱月倫至元二年追上尊諡曰宣懿皇后

睿宗

唆魯忽帖尼妃亦怯烈氏至元二年追上尊諡曰莊聖皇后至大三年加諡曰顯懿莊聖皇后

裕宗

伯藍也怯赤妃子弘吉烈氏至元三十一年尊為皇太后太德四年崩諡曰徽仁裕聖皇后

安真迷失妃子

顯宗

普顏怯里迷失妃子泰定元年追尊諡曰宣懿淑聖皇后

拜拜海妃子

忽上海妃子

順宗

荅吉妃子弘吉烈氏太德十一年尊為皇太后延祐二年上尊號曰儀天興聖慈仁明懿壽元合德泰寧福慶皇太后七年又尊曰太皇太后加徽文崇祐尊號至治三年崩諡曰昭獻元聖皇后后性聰慧然不事檢飭及正位東朝淫恣益甚內則黑驢母亦列失八用事外則幸臣失

列門紐鄰等及時宰迭木帖兒怗寵作非濁亂朝政及英宗立羣倖誅而後勢燄少熄焉

元史卷一百六

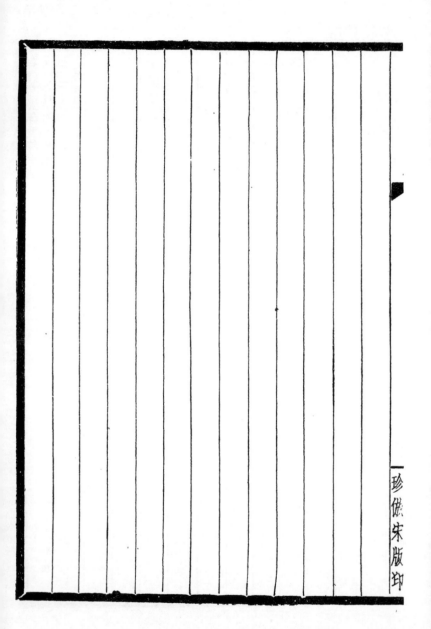

明翰林學士亞中大夫知制誥兼脩國史宋　濂等修

表第二

宗室世系表

自昔帝王之興莫不衆建子弟以蕃王室所以崇本支隆國勢也觀其屬籍有圖玉牒有紀大統小宗秩乎不紊蓋亦慎矣然以唐室之盛自玄宗後諸王不出閤而史已失其世次況後世乎元之宗系藏之金匱石室者甚祕外廷莫能知也其在史官固特其概而考諸簡牘又未必盡得其詳則因其所可知而闕其所不知亦史氏法也作宗室世系表

脫奔咩哩犍 阿蘭果火		
博寒葛	博合覩撒里吉	始祖孛端乂兒 子一
		八林昔里剌禿哈必畜 子一
		咩麻篤敦 子七
		既拏篤兒罕 子一
		海都 子二

海都位

海都

拜住忽兒子一

敦必乃子六

葛尤虎　今那哈合兒其子孫也

葛忽剌急哩怛　今大八魯剌斯其子孫也

合產　今小八魯剌斯其子孫也

哈剌喇歹　今博歹阿替其子孫也

葛赤渾　今阿答里急其子孫也

葛不律寒子七

窠斤八剌哈哈　今岳里斤其子孫也

納真　今兀察兀禿其子孫也

某

某

某

某

某

				八里丹四子	蒙哥睹黑顏
					聶昆大司
					烈祖也速該
					答里真一子
				忽都魯咩聶兒	
				忽魯剌罕	
				合丹八都兒	
				撥端斡赤斤	
				忽蘭八都兒庶子	
	察剌罕寧兒 收兄拜住忽兒妻生一子	直拏斯 今大丑兀禿其子孫也			
	撥忽真兀禿迭葛 今昔只兀剌其子孫也				
答里真位					
答里真	大納耶耶	小哥大王			

寧王闊闊出

也里干大王

哈魯罕王

宣靖王買奴

阿魯大王

寧海王亦思蠻

寧海王拔都兒

寧海王阿海

烈祖神元皇帝五子長太祖皇帝次二搠只哈兒王次三哈赤温大王次四鐵木哥斡赤斤所謂皇太弟國王斡嗔那顏者也次五別里古台王

搠只哈兒王位

搠只哈兒淄川王也苦

愛哥阿不干王

移相哥大王

勢都兒王

齊王八不沙

必烈虎大王

黃兀兒王

伯木兒王

齊王王龍帖木兒

齊王月魯帖木兒

				別兒帖木兒王	
	脫忽大王				
哈赤温大王位					
哈赤温	濟南王按只吉歹	合丹大王	隴王忽刺出	濟南王勝納哈	
		察忽剌大王	濟南王也里只		
		忽列虎兒王	吳王木喃子	西寧王阿答里迷失	
		吳王朶列納	濟陽王潑皮		
鐵木哥斡赤斤國王位					
鐵木哥斡赤斤	斡端大王	阿朮魯大王			
		愛牙哈赤王			
	只不干大王	塔察兒國王	壽王乃蠻台	孛羅大王	遼王脫脫
			也不干大王		

兀剌兒吉歹大王

奧速海大王

察剌海大王

孛羅歹大王

西寧王搠魯蠻

卯罕大王

本伯大王

也只大王

不只兒大王

帖木迭兒王

八乞出大王

襲剌謀大王

撥里吉大王

八里牙大王

三寶大王

撒答吉大王

哈失歹大王

								別里古台大王位	別里古台			
察只剌大王	壽王脫里出		斡魯台大王				白虎大王		也速不花大王		口温不花大王	
	愛牙哈赤大王		哈八兒都大王	帖實大王	氣都哥大王				廣寧王瓜都		滅里吉歹大王	
	別里帖帖木兒王		某大王	脫帖大王	脫帖木兒大王				帖木兒大王	乃顏大王	瀆察大王	抹扎兒王
	囊家大王	斡羅思罕王	思剌歹大王		燕鍚大王	也堅黃兀兒王				脫鐵木兒大王		
						忻都大王						

撒里蠻王

闊闊出大王
定王薛徹干
定王察兒台

瓮吉剌歹王
廣寧王徹里帖木兒
廣寧王運按察

罕禿忽大王
霍歷極大王
塔出大王

太祖皇帝六子長朮赤太子次二察合台太子次三太宗皇帝次四拖雷即睿宗也次五兀魯赤無嗣次六闊列堅太子

朮赤太子位

朮赤
拔都大王
撒里答大王
忙哥帖木兒王
脫脫蒙哥王
寧肅王脫脫
肅王寬徹

	伯忽大王				
	月卽列大王	札尼列大王			
察合台太子位					
察合台	也速蒙哥王				
	合剌旭烈大王	阿魯忽大王			
		八剌大王	兗王買住韓		
		威遠王阿只吉	威遠王忽都鐵木兒 赤因鐵木兒	越王禿剌	豫王阿剌忒納失里
		帖木而不花王	南答失里王		答兒麻
闊列堅太子位					
闊列堅	河間王忽察	忽魯歹大王	也不干大王	八八大王	兀禿思帖木兒王
					合賓帖木兒王
			八八剌大王	安定王脫歡	安定王朵兒只班
			也滅干大王	伯答罕王	

太宗皇帝七子長定宗皇帝次二闊端太子次三闊出太子次四哈剌察兒王次五合失大王次六合丹大王次七滅里大王

按憲宗紀有云太宗以子月良不材故不立爲嗣今考經世大典帝系篇及歲賜錄並不見月良名字次序故不敢列之世表謹著于此以俟知者

闊端太子位

闊端	滅里吉歹王	也速不花大王		
	蒙哥都大王	亦憐真大王		
	只必帖木兒王			
	帖必烈大王			
	曲烈魯大王	汾陽王別帖木兒荊王也速也不干		

闊出太子位

闊出	失烈門太子	孛羅赤大王	靖遠王哈歹	襄寧王也速不干
			襄寧王阿魯灰	

哈剌察兒王位					
哈剌察兒	脫脫大王位	月別吉 沙藍朵兒只			
合失大王位					
合失	海都大王	汝寧王察八兒	汝寧王完者帖木兒	汝寧王忽剌台	
合丹大王位					
合丹	靚爾赤王	小薛大王	星吉班大王		
	也不干大王	隴王火郎撒			
	也迭兒大王				
	也孫脫大王				
	火你大王	咬住大王			
		那海大王			

滅里大王位

滅里　脫忽大王　俺都剌大王　愛牙赤大王　陽翟王太平

陽翟王禿滿　陽翟王曲春　陽翟王帖木兒赤

定宗皇帝三子長忽察大王次二腦忽太子次三禾忽大王

忽察大王位

忽察　亦兒監藏王

完者也不干王

腦忽太子位

腦忽

禾忽大王位

禾忽　南平王禿魯

睿宗皇帝十一子長憲宗皇帝次二忽覩都次三失其名次四世祖皇帝次五失其名次六旭烈兀大王次七阿里不哥大王次八撥綽大王次九末哥大王次十歲都哥大王次十一雪別台大王

忽覩都大王位					
忽覩都					
旭烈兀大王位					
旭烈兀	阿八哈王	阿魯大王	靖遠王合贊		
			廣平王哈兒班荅	豳王出伯	豳王喃忽里
	亦憐真朶兒只王	脫脫木兒王	某	亦憐真八的王	
阿里不哥大王位					
阿里不哥	威定王玉木忽爾				
	乃剌忽不花大王	魏王孛顏帖木兒			
		完者帖木兒王			

		冀王孛羅	鐵木兒脫	
		定王藥木忽兒	某	燕大王
	剌甘失甘大王	鎮寧王那海		
撥綽大王位				
撥綽	薛必烈傑兒大王	楚王牙忽都	楚王脫烈鐵木兒 楚王八都兒	燕帖木兒王 速哥帖木兒王 朶羅不花王
末哥大王位				
末哥	昌童大王	伯帖木兒大王	永寧王伯顏木兒	
歲都哥大王位				
歲都哥	速不歹大王	荊王脫脫木兒	荊王也速不堅	
		哈魯孫大王		
雪別台大王位				
雪別台	某	月魯帖木兒 買閭也先		

憲宗皇帝五子長班禿大王次二阿速歹大王次三玉龍答失大王次四河平王昔里吉次五辯都早卒無嗣

班禿大王位

班禿

阿速歹大王位

阿速歹

玉龍歹失大王位

玉龍歹失撒里蠻王

衛王完澤

郯王徹徹禿

河平王昔里吉位

昔里吉

兀魯思不花王

弁王晃火帖木兒

嘉王火兒忽

答沙亦思的王

徹里帖木兒王

世祖皇帝十子長朵而只王次二皇太子真金卽裕宗也次三安西王忙哥剌次四北安王那木罕無後次五雲南王忽哥赤次六愛牙赤大王次七西平王奧魯赤次八寧王闊闊出次九鎮南王脫歡次十忽都魯帖木兒王

朵兒只王位

朵兒只

安西王忙哥剌位

忙哥剌 | 安西王阿難答 | 月魯帖木兒王

按檀不花

雲南王忽哥赤位

忽哥赤 | 營王也先帖木兒

愛牙赤大王位

愛牙赤 | 阿木干大王 | 也的古不花王

	孛顏帖木兒王		
西平王奧魯赤位			
奧魯赤	鎮西武靖王鐵木兒不花	雲南王老的罕 武靖王搠思班	豫王阿忒思納失里 乞八大王 亦只班大王
	西平王八的麻的加	貢哥班大王	
寧王闊闊出位			
闊闊出	寧王薛徹禿		
	寧王阿都赤		
鎮南王脫歡位			
脫歡	鎮南王老章	鎮南王脫不花	鎮南王孛羅不花
		威順平王寬徹普化	
		宣讓王帖木兒不花	

文濟王蠻子

宣德王不答失里

忽都魯帖木兒王位

忽都魯帖木兒

阿八也不干王

八魯朵而只王

裕宗皇帝三子長晉王甘麻剌卽顯宗也次二答剌麻八剌太子卽順宗也次三成宗皇帝

顯宗皇帝三子長梁王松山次二泰定皇帝次三湘寧王迭里哥兒不花

梁王松山位

松山

梁王王禪

雲南王帖木兒

湘寧王迭里哥兒不花位

迭里哥兒不花	湘寧王八剌失里

順宗皇帝三子長魏王阿木哥次二武宗皇帝次三仁宗皇帝

魏王阿木哥位

阿木哥	脫不花大王
	蠻子大王
	西靖王阿魯
	魏王孛羅帖木兒
	唐兀台王
	答兒蠻失里王
	孛羅大王

成宗皇帝一子皇太子德壽早薨無後

武宗皇帝二子長明宗皇帝次文宗皇帝

仁宗皇帝二子長英宗皇帝次安王兀都思不花早隕無後
英宗皇帝無子
泰定皇帝四子長皇太子阿里吉八次二晉王八的麻亦兒間卜次三小薛太
子次四允丹藏卜太子俱早隕無後
明宗皇帝二子長子順皇帝次寧宗皇帝
文宗皇帝三子長皇太子阿剌忒答剌早薨無後次二燕帖古思太子次三太
平訥太子俱早隕無後
寧宗皇帝蚤世無子
順皇帝三子長皇太子愛猷識理達臘餘二子蚤世
按十祖世系錄云始祖孛端乂兒收統急里忽魯人氏民戶時嘗得一懷妊
婦人曰插只來納之其所生遺腹兒因其母名曰插只來自後别爲一種亦
號達靼今以非始祖親子故不列之世表附著于此云

元史卷一百七

明翰林學士亞中大夫知制誥兼修國史宋　濂等修

表第三

諸王表

昔周封列國七十而同姓者五十三人漢申丹書之信而外戚侯者恩寖廣矣詩曰大邦維屏大宗維翰其此之謂乎元興宗室駙馬通稱諸王歲賜之頒分地之入所以盡夫展親之義者亦優且渥然初制簡朴位號無稱惟視印章以爲輕重厥後遂有國邑之名而賜印之等猶前日也得諸掌故具著于篇作諸王表

金印獸紐	
燕王	真金中統二年封至元十四年冊爲皇太子 阿剌忒答納天曆二年封三年立爲皇太子其年薨
金印螭紐	
安西王	忙哥剌至元九年封出鎮長安 阿難答至元十七年襲封大德十一年誅 月魯帖木兒至治三年封
北安王	那木罕至元十九年賜印大德五年薨 延祐七年賜謚昭定

秦王

忙哥剌至元十年詔安西王益封秦王別賜金印其府在長安者爲安西在六盤者爲開成皆聽爲宮邸十七年薨二十四年中書奏王次子按檀不花襲秦王印詔阿難答既爲安西王其秦王印宜上之然其後猶稱秦王阿難答

晉王

甘麻剌至元二十九年由梁王改封出鎮大斡耳朶大德六年薨諡獻武卽顯宗也

也孫帖木兒大德六年襲封至治二年立爲皇帝

八的麻赤兒間　泰定元年封天曆元年隕于上都

梁王

甘麻剌至元二十七年封出鎮雲南二十九年改封晉王

松山至元三十年封以皇曾孫出鎮雲南

王禪泰定元年由雲南王進封天曆元年師師與太平王燕帖木兒戰于柳林兵敗見殺

鎮南王

脫歡至元二十一年封出鎮揚州二十二年奉旨征安南大德五年薨

老章大德五年襲封

脫不花　年襲封

帖木兒不花　年襲封天曆二年改封宣讓王

孛羅不花天曆二年襲封

懷寧王

海山大德八年封出鎮稱海十一年立爲皇帝

北寧王

迭里哥兒不花大德十一年封至大二年徙封湘寧王

湘寧王

迭里哥兒不花至大二年徙封

八剌失里至治三年襲封

陽翟王

禿滿至大元年封

曲春

太平泰定元年襲封

帖木兒赤

越王	禿剌大德十一年從仁宗平內難有功封至大二年以怨望誅
營王	也先帖木兒大德十一年由雲南王進封
鄃王	聶古觧駙馬由北平王進封 拙忽難駙馬至大元年襲封
寧王	闊闊出大德十一年由寧遠王進封 薛徹禿皇慶二年由寧遠王進封 阿都赤
齊王	八不沙大德十一年封 玉龍帖木兒　年由恩王改封 月魯帖木兒泰定元年封
楚王	牙忽都大德十一年由鎮遠王進封 朵列帖木兒至大二年封延祐二年被黜天曆元年復故封 八都兒
雲陽王	
恩平王	塔思不花至大四年封
北平王	聶古觧駙馬　封後進封鄃王 那木罕至元二年封十九年改封北安王
安遠王	丑漢駙馬皇慶元年改封
汝寧王	察八兒延祐元年封 忽剌台泰定元年襲封
宣德王	不答失里皇慶二年封

豳王	出伯大德十一年由威武西寧王進封 喃忽里延祐七年襲封
濟王	朵列納大德十一年封皇慶元年改封吳王
魏王	阿木哥 孛羅帖木兒
魯王	蠻子台駙馬由濟寧王進封 阿不歹駙馬大德十一年襲封 阿里加失立至大四年襲封 桑哥八剌駙馬元統元年襲封
定王	藥木忽兒至大元年由定遠王進封 薛徹干至治三年封 察里台泰定四年封
隴王	火郎撒至大元年封 忽魯歹 忻都察
文濟王	蠻子
保恩王	玉龍帖木兒延祐二年封　年進封恩王
武寧王	徹徹禿泰定三年封至順二年進封郯王
威順王	寬徹普化　年賜金印
威靖王	火里兀察兒駙馬泰定皇后父也泰定二年封
西安王	阿忒納答失里天曆九年封

王號	受封者
趙王	主忽駙馬至大元年封 阿魯禿　延祐元年封 馬札罕駙馬泰定元年封
嘉王	晃火帖木兒延祐四年封後徙封幷王 火兒忽
荊王	也速不堅 脫脫木兒 脫火赤　年封至順二年來朝
昌王	忽隣駙馬 阿失駙馬延祐四年封 八剌失里駙馬　年封 沙藍朵兒　年由懿德王進封
衛王	完澤至大三年由衛安王進封

王號	受封者
宣讓王	帖木兒不花天曆二年由鎮南王改封
西寧王	忽答里迷失天曆二年封 速來蠻天曆二年封
柳城王	亦憐真八天曆二年封
西靖王	阿魯至順元年封
廣寧王	瓜都中統三年封至元十三年賜印徹 里帖木兒 按渾察至順元年封
保寧王	斡即天曆二年封

兗王	買住韓至大三年封
吳王	朵列納皇慶元年由濟王徙封 潑皮　年封天曆三年改封濟陽 王 木南子天曆三年由濟陽王徙封
壽王	脫里出 乃蠻歹至大元年封
周王	木失剌延祐二年封天曆元年立爲皇 帝
安王	兀都思不花延祐二年封十年降封順 陽王尋被殺

無國邑名	移相哥大王　年賜印

金印駝紐

河間王	兀古帶至元二年封
河平王	昔里吉至元四年封
雲南王	忽哥赤 也先帖木兒至元十七年襲封 老的至大二年封
濟南王	也只里至元二十四年封
威武西寧王	出伯大德八年封十一年進封豳王

遼王	冀王	恩王	岐王	幷王
脫脫延祐三年封 牙納失里	孛羅延祐四年由鎮遠王進封	月魯帖木兒延祐四年封 玉龍帖木兒由保恩王進封	脫脫木兒駙馬延祐四年由濮陽王進封 瑣南管卜泰定四年封	晃火帖木兒泰定二年由嘉王徙封

鎮寧王	衞安王	威定王	寧肅王	襄寧王	安南王	武陽王
孛羅大德九年封延祐四年進封冀王 那懷至大三年封	完澤大德九年封至大三年進封衞王	藥木忽爾大德九年由定遠王徙封	脫脫至大元年封	也速不干至大元年封 阿魯灰	迭哥兒不花至大四年封	

懷王	脫脫木兒泰定三年封天曆元年立爲皇帝
豫王	阿忒思納失里天曆元年封
肅王	寬徹天曆二年封
鄭王	徹徹禿至順二年由武寧王進封
邠王	卜顏帖不花至順二年封

安定王	朵兒只班 脫歡皇慶二年封
永豐郡王	丑漢駙馬皇慶元年封旋改封安遠王
安德王	不答失里皇慶二年封
永寧王	卜顏帖木兒 卯澤至順元年封
汾陽王	別帖木兒延祐七年封
威遠王	巴都帖木兒至治三年封
武平王	帖古思不花泰定三年封 禿滿帖木兒延祐五年封 不花帖木兒至順元年封

珍倣宋版印

鄆王	懿璘只班至順　年封至順三年立爲皇帝
慶王	
瀋王	高麗王昛大德十一年以駙馬封 高麗王璋延祐六年以駙馬襲封 高麗王暠泰定三年以駙馬襲封
無國名者	按只吉歹大王
駙馬高麗國王	王諶至元　年封

寧海王	闊闊出 亦思蠻 八朵兒延祐五年封 阿海
昭武王	合伯駙馬大德十年封
順陽王	兀都思不花延祐七年西安王降封尋見殺
延安王	也不干
濟寧王	蠻子台駙馬後進封魯王
高唐王	闊里吉思駙馬
高昌王	紐林的斤駙馬延祐三年封 帖睦爾普化至治三年封天曆三年讓其弟籛吉天曆二年襲封 太平奴至順三年封

緬國王	
安南國王	陳光昞
金鍍銀印駝紐	
西平王	奧魯赤至元　年封 八剌麻力 管不八
鎮西武靖王	鐵木兒不花大德元年封 搠思班
白蘭王	瑣南藏卜至治元年封後出家泰定四年還俗復封
無國邑名	也速不花至元二年賜印 王龍答失大王至元三年賜印 帖失帖木兒王大德二年 南木忽里王至大元年 斡羅温孫王延祐二年 察兀都兒王延祐四年 八八剌大王延祐元年 别失帖木兒王泰定元年
金鍍銀印龜紐	
寧遠王	闊闊出至元二十一年封大德十一年進封寧王 徹徹篤延祐七年封十一年進封寧王
鎮遠王	牙忽都至元二十一年封大德十一年進封楚王

雲南王	忽哥赤至元五年封出鎮雲南 王禪延祐七年封泰定元年進封梁王 帖木兒不花泰定元年襲封
威順王	寬徹普化泰定三年封分鎮武昌
宣靖王	買奴泰定二年由泰寧王徙封鎮益都
綏寧王	阿都赤泰定三年封
靖安王	闊不花泰定四年封
靖遠王	合贊至元二十七年
定遠王	藥木忽兒大德二年封
肅遠王	帖木兒不花至元二十八年封
鎮東王	也先鐵木兒至元二十八年封
泰寧王	買奴至治二年封泰定二年徙封宣靖王 亦連真多兒加泰定元年封
無國邑	完澤大王　年賜印大德九年改封衞安王

廣平王	木剌忽駙馬 哈班天曆二年封
靖恭王	脫驎忽都魯至順元年封
懿德王	沙藍朵兒駙馬至順元年封 後進封昌王
寧海王	
南平王	

銀印龜紐

南平王	禿剌至元九年封仍賜金銀符各五
永豐郡王	孛羅
寧昌郡王	唆都哥駙馬至元二十三年封 不憐吉歹駙馬
宣寧郡王	帖木兒不花至大四年封 阿憐帖木兒至順元年封
懷仁郡王	亦思丹至大四年封

廣寧王	瓜都中統二年封
建昌王	
無名國邑	拜答寒大王至元七年賜印仍賜海青金符 頑答大王 帖木兒大王 伯帖木兒大王 孛羅赤大王 月魯帖木兒王延祐六年封

保德郡王	
寧濮郡王	昌吉駙馬至元二十四年封
駙馬濮陽王	脫帖木兒大德十年封延祐四年進封岐王
無國邑	不花駙馬至元四年 別乞帖木兒王至元十七年 忙里歹郡王至元十一年 阿渾帖木兒王 完者也不干王 那木忽思大王 合必赤大王 八八大王延祐四年詔復以世祖所賜

名者
印賜其子合賓帖木兒王
忽都魯帖木兒王
出伯大王至元二十五年後改封威武西靖王
昌吉駙馬後改封寧濮郡王
岳忽難王大德二年賜印

元史卷一百八

元史卷一百九

明翰林學士亞中大夫知制誥兼修國史宋　濂等修

表第四

諸公主表

昔者史臣有言婦人內夫家雖天姬之貴史氏猶外而弗詳然元室之制非勳臣世族及封國之君則莫得尚主是以世聯戚畹者親視諸王其藩翰屏垣之寄蓋亦重矣則其世次顧可以弗之著耶且秦漢以來惟帝姬得號公主而元則諸王之女亦概稱焉是又不可不知也惜乎記載弗備所可見者僅此而已作諸公主表

昌國公主位	昌國大長公主帖木倫烈祖女適昌忠武王孛禿主薨繼室以太祖女昌國大長公主火臣別吉	昌國大長公主亦乞列思適孛禿子帖堅干繼		
趙國公主位	趙國大長公主阿剌海別吉太祖女適趙武毅王孛要合	獨木干公主睿宗女適拜哈弟鄃王聶古䚟	趙國大長公主月烈世祖女適拜哈子趙武襄	
魯國公主位	魯國大長公主也速不花睿宗女也適皇國舅魯忠武王按嗔那顏子斡陳駙馬	魯國公主薛只干太祖孫女適斡陳弟納陳駙馬		
鄆國公主位	禿滿倫公主適赤窟駙馬	瓮吉八忽公主適赤窟孫懷都駙馬	采真公主適懷都弟愛不哥駙馬	鄆國大長公主忙哥台適愛不哥子寧濮郡王昌吉

室以昌國大長公主茶倫

昌國大長公主安禿太宗子闊出女適孛禿子昌武定王瑣兒哈

吾魯真公主世祖女適帖木干子孛花

昌國大長公主也孫真適鎖兒哈子昌武靖王札忽爾陳魯魯罕公主

適孛花弟寧昌郡王唆都哥繼室以魯倫公主

昌國大長公主伯雅倫憲宗女適札忽爾陳子

昌忠宣王忽隣繼室以昌國大長公主卜蘭奚

普顏可里美思公主適唆都哥子寧昌郡王不隣吉歹

昌國大長公主益里海涯成宗女適忽隣子昌王阿失繼室以

昌國大長公主買的憲宗孫女也

昌國大長公主㮛合牙適昌王八剌失里

王愛不花

趙國大長公主葉里迷失定宗女適孛答子趙忠襄王君不花

趙國大長公主忽答迭迷失裕宗女適君不花子趙忠獻王闊里吉思

繼室以趙國大長公主愛牙迷失成宗女也

趙國大長公主亦憐真適君不花子趙忠烈王囊家台

趙國大長公主回紇適君不花弟趙康禧王喬隣察

趙國大長公主阿失禿魯適愛不花子鄃忠襄王木忽難

大長公主桑哥八剌適囊家台子趙王馬札罕

魯國長公主完澤適斡陳男斡羅陳駙馬

魯國大長公主囊家真世祖女適納陳子斡羅陳再適帖木兒弟蠻子台

魯國大長公主南哥不剌裕宗女適蠻子台

魯國徽文懿福真壽大長公主祥哥剌吉順宗女適帖木兒子琱阿不剌

魯國大長公主普納適帖木兒子魯王桑哥不剌

肅雍賢寧公主朵兒只班適琱阿八剌子阿里嘉實利

大長公主拜塔沙適按陳裔孫買住罕

台忽普都公主適按陳裔孫安遠王丑漢

唆兒哈罕公主太宗女適按陳孫納合

斡可真公主適火忽孫不只兒

大長公主桑哥不剌適愛不哥子岐王脫脫木兒

札牙八剌公主適駙馬

昌國大長公主月魯適八剌失里子昌王沙藍朵兒

奴兀倫公主安西王女適忽隣弟瑣郎哈

高昌公主位

也立可敦公主太祖女適亦都護巴而述阿兒忒的斤

巴巴哈兒公主定宗女適巴而述阿兒忒的斤曾孫亦都護火赤哈兒的斤

不魯罕公主太宗孫女適火赤哈兒子高昌王紐林的斤主薨繼室以其妹八卜叉公主又薨繼室以兀剌真公主世祖之孫安西王阿難荅女也

朵而只思蠻公主太宗之子闊端之女適高昌王帖睦兒補化

高麗公主位

齊國大長公主忽都魯堅迷失世祖之女適高麗王愖即王昛也

薊國大長公主高麗王妃卜荅失利顯宗女適瀋王王謜即王璋也

濮國長公主高麗王妃亦怜只班世祖之孫營王也先帖木兒女適瀋王王燾主薨繼室以曹國長公主高麗王妃金童順宗子魏王女也

國公主顯宗之子梁王松山女適瀋王王暠

不魯罕公主適特薛禪孫脫羅禾繼室以仁宗女闊闊倫公主

阿昔倫公主位

阿昔倫公主適阿脫駙馬

捌思蠻公主適阿脫弟忽都虎駙馬

獨木罕公主位

獨木罕公主適察忽駙馬

伯要真公主適察忽子也先駙馬

也里侃公主適也先子迭木迭兒駙馬

帶魯罕公主位

帶魯罕公主適拔都駙馬

捌思蠻公主適拔都子阿木魯駙馬

脫烈公主位

脫烈公主適阿爾思蘭子也先不花駙馬

八八公主適也先不花子忽納荅兒駙馬

鐵公主適忽納荅兒子剌海涯里那駙馬

延安公主位

火魯公主適哈荅駙馬

闊闊干公主適亦木赤駙馬

脫脫灰公主世祖孫女適禿滿荅兒駙馬

公主適別里迷失駙馬

公主適沙藍駙馬

延安公主適延安王也不干

公主位

公主適塔出駙馬

公主適塔出子朮真伯駙馬

公主適朮真伯子別合剌駙馬

公主適別合剌子塔八駙馬

公主位

公主適忒不歹駙馬

公主適忒不歹曾孫荅賽駙馬

公主適塔賽子哈丹駙馬

公主適哈丹子朵忽駙馬

各公主位

完者台公主適永寧王卯澤

英壽大長公主妥妥輝世祖孫女也

壽寧大長公主顯宗女定皇帝伯姊也

明慧貞懿大長公主不荅昔你明宗之女

公主適合納那顏孫奔忒古兒駙馬

買買公主	阿剌歹公主	木荅里公主	雪雪的斤公主	阿失禿公主	失憐荅里公主

元史卷一百九

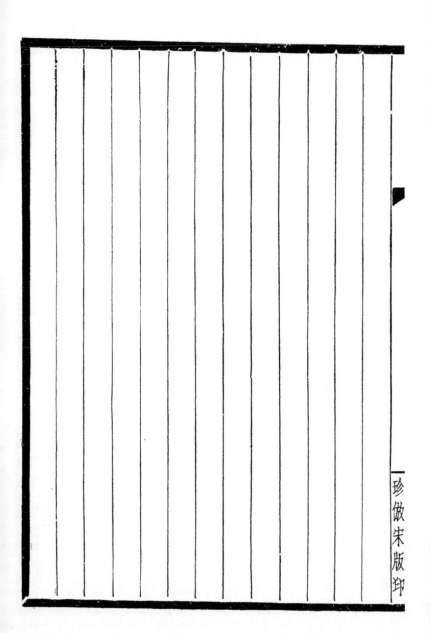

元史卷一百十

明翰林學士亞中大夫知制誥兼修國史宋　濂等修

表第五上

三公表

古者三公之職寅亮天地燮理陰陽以論道經邦者也元初以太師太傅太保爲三公自木華黎國王始爲太師後凡爲三公者皆國之元勳而漢人則惟劉秉忠嘗爲太保其後鮮有聞矣其制又有大司徒司徒太尉司空之屬然其置否不常人品或混故置者又或開府不開府焉若夫東宮亦嘗置三師三少而不恆有也今固不得而悉著之惟自木華黎而下得拜三公者若干人作三公表

太祖皇帝

	太師	太傅	太保
丙寅 元年			

丁卯	二年			
戊辰	三年			
己巳	四年			
庚午	五年			
辛未	六年			
壬申	七年			
癸酉	八年			
甲戌	九年			
乙亥	十年			
丙子	十一年			
丁丑	十二年	木華黎		
戊寅	十三年	木華黎		
己卯	十四年	木華黎		

庚辰	十五年	木華黎		
辛巳	十六年	木華黎		
壬午	十七年	木華黎		
癸未	十八年	木華黎		
甲申	十九年			
乙酉	二十年			
丙戌	二十一年			
丁亥	二十二年			
戊子				
太宗皇帝				
己丑	元年	阿海	禿懷	明安
庚寅	二年	按和林廣記多載國初之事內有太師阿海太傅禿懷		
辛卯	三年	太保明安之名及他公牘所報亦閒見之然拜罷歲月		

壬辰	四年	之先後不可考矣故著于此
癸巳	五年	
甲午	六年	
乙未	七年	
丙申	八年	
丁酉	九年	
戊戌	十年	
己亥	十一年	
庚子	十二年	
辛丑	十三年	
壬寅		
癸卯		
甲辰		

乙巳	
定宗皇帝	
丙午	元年
丁未	二年
戊申	三年
己酉	
庚戌	
憲宗皇帝	
辛亥	元年
壬子	二年
癸丑	三年
甲寅	四年
乙卯	五年

丙辰	六年			
丁巳	七年			
戊午	八年			
己未	九年			
世祖皇帝				
庚申	中統元年			
辛酉	二年			
壬戌	三年			
癸亥	四年			
甲子	至元元年			劉秉忠
乙丑	二年			劉秉忠
丙寅	三年			劉秉忠
丁卯	四年			劉秉忠

戊辰	五年			劉秉忠
己巳	六年			劉秉忠
庚午	七年			劉秉忠
辛未	八年			劉秉忠
壬申	九年			劉秉忠
癸酉	十年			劉秉忠
甲戌	十一年			劉秉忠
乙亥	十二年			
丙子	十三年			
丁丑	十四年			
戊寅	十五年			
己卯	十六年			
庚辰	十七年			

辛巳	十八年
壬午	十九年
癸未	二十年
甲申	二十一年
乙酉	二十二年
丙戌	二十三年
丁亥	二十四年
戊子	二十五年
己丑	二十六年
庚寅	二十七年
辛卯	二十八年
壬辰	二十九年
癸巳	三十年

甲午	三十一年			
成宗皇帝				
乙未	元貞元年			月赤察兒
丙申	二年			月赤察兒
丁酉	大德元年			月赤察兒
戊戌	二年			月赤察兒
己亥	三年			月赤察兒
庚子	四年	月赤察兒	完澤	
辛丑	五年	月赤察兒		
壬寅	六年	月赤察兒		
癸卯	七年	月赤察兒		
甲辰	八年			
乙巳	九年			

丙午十年			
丁未十一年		哈剌哈孫	塔剌海
武宗皇帝			
戊申至大元年			
己酉二年			
庚戌三年	阿剌不花	乞台普濟	三寶奴
	脫兒赤顏		
辛亥四年	脫兒赤顏	忽魯忽答	
		乞台普濟	
		帖可	
仁宗皇帝			
壬子皇慶元年	阿撒罕	帖可	曲出
癸丑二年	阿撒罕	伯忽	曲出

甲寅	延祐元年	阿撒罕	伯忽	曲出
乙卯	二年	阿撒罕	伯忽	曲出
丙辰	三年	鐵木迭兒	伯忽	曲出
丁巳	四年	鐵木迭兒	伯忽	曲出
戊午	五年		伯忽	曲出
己未	六年	鐵木迭兒	伯忽	曲出
庚申	七年	鐵木迭兒	朵䚟	曲出
英宗皇帝				
辛酉	至治元年	鐵木迭兒	朵䚟	曲出
壬戌	二年	鐵木迭兒	朵䚟	曲出
癸亥	三年		朵䚟	
泰定皇帝				
甲子	泰定元年	伯忽	朵䚟	伯顏察兒

乙丑	二年	按塔出	朵䚟	禿忽魯
丙寅	三年		朵䚟	禿忽魯
丁卯	四年		朵䚟	禿忽魯
文宗皇帝				
戊辰	天曆元年	燕鐵木兒	伯荅沙	
己巳	二年	燕鐵木兒	伯荅沙	伯顏
庚午	至順元年	燕鐵木兒	伯荅沙	伯顏
辛未	二年	燕鐵木兒	伯荅沙	伯顏
壬申	三年	燕鐵木兒		

西元二〇二〇年十一月一日重製一版

元史（附考證）冊六（明宋濂撰）

平裝十冊基本定價陸仟伍佰元正
（郵運匯費另加）

發行人 張敏君

發行處 中華書局
臺北市內湖區舊宗路二段一八一巷八號五樓（5FL., No. 8, Lane 181, JIOU-TZUNG Rd., Sec 2, NEI HU, TAIPEI, 11494, TAIWAN）
客服電話：886-2-8797-8396
公司傳真：886-2-8797-8909
匯款帳戶：華南商業銀行西湖分行
179100026931

印刷：維中科技有限公司
海瑞印刷品有限公司

No. N1060-6

國家圖書館出版品預行編目(CIP)資料

元史/(明)宋濂撰. -- 重製一版. -- 臺北市 : 中
華書局, 2020.11
冊 ; 公分
ISBN 978-986-5512-38-5(全套 : 平裝)

1.元史

625.701 109016937